Spaziergänge durch Alt-Kiel

Peter Wenners

ALT

SPAZIERGÄNGE DURCH

KIEL

Historischer Stadtführer auf den Spuren Theodor Storms

BOYENS

ISBN 978-3-8042-1494-1

Herstellung: Boyens Buchverlag GmbH und Co. KG, Heide
Layout und Gestaltung: Dörte Kromrei
Druck: BELTZ Bad Langensalza GmbH, Bad Langensalza
Printed in Germany

1832

Einführung

Was für eine Zeit, die Epoche zwischen 1815 und 1848. Eine aufregende Zeit, eine Zeit voller Widersprüche, eine Zeit des Umbruchs und des Aufbruchs, auch in Kiel und Schleswig-Holstein.

In der Zeit von 1815 (Wiener Kongress) bis 1848 (Märzrevolution) liefen zeitgleich unterschiedliche politische, gesellschaftliche und kulturelle Strömungen ab. Man spricht von Biedermeier und Vormärz oder auch vom Jungen Deutschland.

Nach dem Ende der Napoleonischen Herrschaft und dem Wiener Kongress 1815 wirkten die konservativen Kräfte auf eine Restauration des politischen Systems hin, während fortschrittliche Kräfte Kritik am System übten und auf Veränderungen drängten. Die dem konservativen Biedermeier entgegengesetzte Bewegung wird meist als Vormärz bezeichnet. Die Forderungen nach Veränderung betrafen vor allem den Kampf für eine demokratische Verfassung, aber genauso die Abschaffung jeglicher Zensur und die Pressefreiheit.

Als „Junges Deutschland" wird eine Strömung innerhalb der Bewegung des Vormärz bezeichnet, die sich vehement für demokratische Freiheitsrechte und soziale Gerechtigkeit einsetzte. Die Bezeichnung „Junges Deutschland" wurde durch den Schriftsteller Ludolf Wienbarg verbreitet, der seine Ästhetischen Feldzüge (1834), eine Sammlung aus 22 Vorlesungen an der Christian-Albrechts-Universität Kiel, mit den Worten einleitete: „Dir, junges Deutschland, widme ich diese Reden, nicht dem alten ...".

Die Zeit zwischen 1815 und 1848 war eine Zeit zwischen Ruhe und Unruhe, Idylle und Aufbruch und war geprägt von erheblichen Veränderungen in den Bereichen Politik, Wirtschaft, Gesellschaft und Kultur. Es war eine hochinteressante Zeit, in der sich viel Neues entwickelte, eine Zeit der Unterdrückung und zugleich des politischen Aufbegehrens, der Krise und des Wandels, eine Epoche der gesellschaftlichen Veränderungen und technischen Neuerungen. Die technische Entwicklung, die Industrialisierung und die Politisierung der Gesellschaft waren ihre prägenden Elemente.

Der entscheidende Konflikt herrschte zwischen den deutschen Fürsten als Vertretern der Restauration und dem intellektuellen „Jungen Deutschland", vor allem den Studenten, die für ein einiges und freies Deutschland eintraten und sich in Burschenschaften organisierten. Der einfache Bürger stand häufig dazwischen und entwickelte eine Sehnsucht nach Sicherheit und Ordnung, nach dem einfachen Leben und dem beschaulichen Glück.

In den Beschlüssen des Wiener Kongresses 1815 ging es um eine Ordnung Europas mit dem Ziel der Restauration, d. h. der Wiederherstellung der Verhältnisse, die vor der Französischen Revolution geherrscht hatten. Die Karlsbader Beschlüsse von 1819 bedeuteten eine erhebliche Einschränkung jeder politischen Betätigung und prägten die Zeit zwischen 1815 und 1848 in Deutschland, Österreich und Skandinavien maßgeblich.

Die restaurativen Regierungen unterbanden freie Meinungsäußerung, politische Betätigung und Bürgerverantwortung rigoros. Demokratische Ideen und Reformansätze wurden zurückgedrängt. Von nahezu jedem politischen Einfluss ausgeschlossen und geradezu zur Abkehr vom öffentlichen Leben gezwungen, konzentrierte das Bürgertum seine Kraft und seinen Ehrgeiz auf Wirtschaft, Verwaltung, Vereinswesen, gesellschaftliches Leben und Kultur.

Im Vergleich zur höfischen Prachtentfaltung im 18. Jahrhundert und angesichts der wirtschaftlichen Krise in der Folge der Napoleonischen Kriege war die bürgerliche Welt zwischen 1815 und 1848 durch Bescheidenheit und Einfachheit in allen Lebensbereichen gekennzeichnet: Schlichtheit in der Architektur, der Wohnungseinrichtung, der Kleidung, der Lebensweise. Die politische Entwicklung begünstigte diese Tendenz und den Hang zum Rückzug in das Private durch die Verfolgung der politischen Opposition, also der Anhänger einer staatlichen Neuordnung und eines geeinigten Deutschlands, durch Pressezensur und das Verbot des Turnens. Insgesamt also eine Zeit der Repression.

Aufschwung dagegen nahmen die Wirtschaft, der Handel und das Gewerbe durch Maßnahmen wie die Einführung der Gewerbefreiheit (1815) oder die Gründung des Deutschen Zollvereins (1833/34), durch Erfindungen und Maschinisierung, durch die Revolution im Verkehrswesen mit Eisenbahn, Dampfschifffahrt und modernem Straßenbau.. Der Fortschritt in Technik und Wissenschaften, kurz die industrielle Revolution brachte den Übergang von der agrarischen zu einer industriellen Gesellschaft mit sich. Anfänge dieser Entwicklung, deren wesentliche Kennzeichen der Einsatz von Maschinen, die dadurch veränderten Arbeitsweisen, die Entstehung der Fabriken und eines Marktes waren, zeichneten sich schon in der ersten Hälfte des 19. Jahrhunderts ab.

Für die Epoche zwischen 1815 und 1848 wurde gegen Ende des 19. Jahrhunderts der Begriff „Biedermeier“ gebräuchlich. Der Name ging auf die fiktive Figur des Gottlieb Biedermaier zurück, die der Schriftsteller Ludwig Eichrodt 1855 erfand, den Typus des braven, aber spießigen Bürgers, der sich in seine private heile Welt zurückzog. Die Biedermeierzeit gilt seitdem als eine Epoche der Beschaulichkeit und des Rückzugs ins Private oder auch – in negativer Konnotation – der kleinbürgerlich-engen Geisteshaltung.

Der Ausdruck Biedermeier war vor allem eine Bezeichnung für die Kultur des Bürgertums, die sich in der Wohnkultur, der Kleidermode, der Hausmusik, der Literatur und in der bildenden Kunst zeigte, die häufig als „konservativ“ oder sogar „hausbacken“ kritisiert wurde. Allerdings gab es nicht nur das Bürgertum, das der Biedermeierzeit die entscheidende Prägung aufdrückte, nicht allen ging es gut in dieser Zeit. Die meisten Menschen auf dem Lande und auch in der Stadt lebten in Armut oder sogar am Rande des Existenzminimums. Mit dem Biedermeier verbindet man häufig die Vorstellung von der „guten alten Zeit“. Das war die Zeit zwischen 1815 und 1848 aber keineswegs.

Wie war diese „gute alte Zeit“ in Kiel? Nicht mehr viel erinnert in dieser Stadt an diese Zeit. Und doch gab es sie auch in Kiel. Nicht unbedingt in der besagten Idylle, hingegen war die Zeit zwischen 1815 und 1848 in Kiel eine für die Stadt sehr bedeutsame, sehr bewegte Zeit. Die Charakterisierung als „gute alte Zeit“ trifft weder auf die Realität der Zeit zu noch auf Schleswig-Holstein und Kiel. Für die Stadt Kiel lag diese Epoche zwischen den Ereignissen von 1814, als im Kieler Frieden Nordeuropa völlig neu geordnet wurde, und denen des Jahres 1848, als im Kieler Rathaus die Schleswig-Holsteinische Erhebung und eine von Dänemark unabhängige Provisorische Regierung proklamiert wurde und damit der Prozess der Loslösung vom dänischen Königreich begann.

Eine Zeit der Beschaulichkeit und Gemütlichkeit? Mitnichten. Der Kieler Friede 1814 brachte nichts weniger als die politische Neuordnung Skandinaviens mit sich, und die Ereignisse des

Jahres 1848 signalisierten bürgerliches Selbstverständnis und Selbstbehauptungs- und Gestaltungswillen wie nie zuvor.

Die erste Hälfte des 19. Jahrhunderts hat in Kiel leider kaum noch Spuren hinterlassen. Die rasante und einschneidende Entwicklung, die Kiel in der zweiten Hälfte des 19. Jahrhunderts geprägt hat, hat zu einer nahezu vollständigen Überformung aller vorherigen Bestandteile des Stadtbildes geführt.

Mit der Zeit zwischen 1815 und 1848 ging in der Stadtgeschichte Kiels eine Zeit der Ruhe und Beschaulichkeit zu Ende. Die politische Zufriedenheit oder sogar Gleichgültigkeit war zu Ende. Seit 1815 warb Friedrich Christoph Dahlmann in den von ihm herausgegebenen „Kieler Blättern" bereits für die nationale Bewegung und die Gemeinschaft der Schleswig-Holsteiner mit den Deutschen südlich der Elbe. 1830 forderte Uwe Jens Lornsen in seiner Schrift „Das Verfassungswerk in Schleswigholstein" eine gemeinsame Verfassung für Schleswig und Holstein und beabsichtigte, in seinen Landsleuten das deutsche Nationalgefühl zu erwecken. Der nationale Gegensatz zwischen den schleswigholsteinischen Interessen einerseits und den dänischen andererseits verschärfte sich seitdem von Jahr zu Jahr. In engem Zusammenhang mit den deutschen Revolutionen von 1848 entlud sich schließlich die in der Befreiungsbewegung aufgestaute Spannung in der schleswig-holsteinischen Erhebung.

Hervorzuheben ist für diese ereignisreiche Epoche in der Geschichte der Stadt Kiel vor allem die Entwicklung eines starken bürgerlichen Selbstbewusstseins und einer bürgerlichen Kultur. So ist der Meilenstein, der in der Hamburger Chaussee steht, ein Symbol für diese Epoche der Kieler Geschichte, 1832 errichtet, genau in der Mitte des hier betrachteten Zeitabschnitts.

In diesem Buch werden die Erlebnisse Theodor Storms geschildert, der von 1837 bis 1843 in Kiel studierte, während dieser Zeit die Brüder Theodor und Tycho Mommsen kennenlernte und mit ihnen gemeinsam das „Liederbuch dreier Freunde" (1843) herausgab und Märchen und Sagen sammelte für das Buchprojekt „Sagen, Märchen und Lieder der Herzogthümer Schleswig, Holstein und Lauenburg" (1845). Zwischen den Theodor Storm-Kapiteln, die zum überwiegenden Teil auf biografisch gesicherten Fakten beruhen, ergänzt durch fiktiv gestaltete Alltagsgeschehnisse, werden in 55 lexikonartigen Abschnitten verschiedene Aspekte der Kieler Geschichte und Kultur von 1815 bis 1848 dargestellt.

Kieler Frieden 1814

Napoleon hatte mit seinen Eroberungen ganz Europa durcheinandergebracht. Die alten staatlichen Gebilde gab es zunächst nicht mehr. Nach dem Sieg über den Usurpator verfolgten die Siegermächte sogleich das Ziel, die alte Ordnung wiederherzustellen, diejenige vor der französischen Revolution und vor Napoleon. Aber die Großmächte ließen die Chance nicht vorübergehen, territoriale Veränderungen zu ihren Gunsten zu vollziehen. Im Wiener Kongress vom 18. September 1814 bis zum 9. Juni 1815 unter der Leitung des führenden österreichischen Staatsmannes Fürst von Metternich wurden Grenzen neu festgelegt und neue Staaten geschaffen. Bereits ein halbes Jahr früher wurde am 14. Januar 1814 in Kiel über die Neuordnung Nordeuropas verhandelt.

„Der Buchwaldtsche Hof", Ausschnitt aus: „Kiel von der Brunswik aus gesehen", Aquarell von Adolf Burmester 1852, Schleswig-Holsteinische Landesbibliothek

Der unglückliche Russlandfeldzug Napoleons mündete 1813 in eine verheerende Niederlage und in den Zusammenbruch seines Imperiums.

Nachdem der dänische König Christian VII. eine englische Allianzforderung gegen Napoleon ausgeschlagen hatte und daraufhin die Engländer Kopenhagen einem verheerenden Bombardement ausgesetzt hatten, bei dem 500 Häuser zerstört und 2000 Menschen getötet worden waren, entschloss sich der dänische Monarch 1807, Napoleon, den Gegner Englands, zu unterstützen. Ein fataler Fehler, wie sich herausstellte, denn nun gehörte Dänemark zu den großen Verlierern der Napoleonischen Kriege. Nach dem Prinzip „mitgehangen, mitgefangen" hafteten die unter dänischer Herrschaft stehenden Herzogtümer Schleswig und Holstein mit. Die vernichtende Niederlage in der Völkerschlacht bei Leipzig im Oktober 1813 zwang die dänisch-schleswig-holsteinische Armee, vor den nachrückenden schwedisch-russisch-preußischen Truppen nach Norden zu fliehen. Kurz bevor die Truppen in der dänischen Festung Rendsburg Schutz suchen konnten, kam es bei Sehestedt am 10. Dezember 1813 zu einer verlustreichen Schlacht, in der auf beiden Seiten mehr als 1.700 Männer fielen. Drei Tage später wurde Kiel von den Schweden unter Führung des Oberbefehlshabers der Nordarmee, des schwedischen Kronprinzen Jean Baptiste Bernadotte, besetzt. Bernadotte verfolgte mit der Einnahme Kiels ein eigenes politisches Ziel. Mit Kiel und damit Holstein in der Hand konnte er den dänischen König zur Abtretung Norwegens an Schweden zwingen. Ein solcher diplomatischer Erfolg würde seine Thronbesteigung als schwedischer König befördern.

In Kiel sollten nun die Friedensverhandlungen zwischen Dänemark, Schweden und England stattfinden. Zu seinem Hauptquartier hatte Bernadotte den 1621 erbauten Adelshof „Buchwaldscher Hof", in unmittelbarer Nachbarschaft des heute noch bestehenden Warleberger Hofes, erkoren. In dem Doppelhaus mit Zwillingstreppengiebel, dem größten Kieler Adelshof, wurden die harten Verhandlungen aufgenommen. Der Friedensvertrag von Kiel verpflichtete das unterlegene Dänemark, fortan die Allianz gegen Napoleon zu unterstützen sowie Gebiete an die Sieger abzutreten. Dänemark musste Norwegen an Schweden abgeben, was der seit 1380 bestehenden Personalunion beider Länder ein Ende setzte und letztlich das Ende des Dänischen Gesamtstaates bedeutete. Außerdem musste Dänemark Helgoland an England abtreten. In Norwegen nutzte man den Herrschaftswechsel, um eine eigene moderne Verfassung zu erarbeiten, ein erster Schritt in die spätere Unabhängigkeit des Landes. Dänemark erhielt als Ausgleich zwar Schwedisch-Vorpommern, tauschte diese Region aber ein Jahr später gegen das bis dahin preußische Herzogtum Lauenburg ein. Durch diese territoriale Neuordnung hatten sich die Machtverhältnisse in Nordeuropa extrem verschoben. Dänemark war von einem ansehnlichen Mittelstaat zu einem unbedeutenden Kleinstaat geschrumpft und entsprechend geschwächt. Das dänische Wirtschaftsleben war vollkommen zerrüttet, der Staat war bankrott.

Gedenkstele Dänische Straße, Foto Wenners

Kiel blieb während der Friedensverhandlungen von den Allianztruppen bis zum 23. Januar 1814 besetzt. Zeitweise gab es mehr Soldaten in der Stadt als die 7.000 Einwohner. Weil auch russische Soldaten in der schwedischen Truppe dienten, nannten die Kieler die Besatzungszeit „Kosakenwinter" oder auch „Schwedenwinter". Unter den Einquartierungen, vor allem unter Plünderungen hatten die Bürger in dem darüber hinaus auch noch bitterkalten und besonders schneereichen Winter sehr zu leiden. Brennmaterial war extrem knapp, so dass sich einige Bürger gezwungen sahen, Dielenbretter oder weniger wertvolle Möbel zu verheizen. Lazarette mussten vorgehalten werden, unter anderem im Schloss. Da auch für die Ernährung der Soldaten gesorgt werden musste, litten die Kieler selbst vor allem am Mangel an Lebensmitteln. Der Gottesdienst zum vierten Advent konnte nicht in der Nikolaikirche zelebriert werden, weil diese Kirche wie die anderen auch von den Besatzern als Pferdestall oder Heulager für die Pferde beschlagnahmt war.

Von den Schrecknissen dieser Besatzungszeit erholten sich die Kieler nur langsam, ganz zu schweigen von den wirtschaftlichen und finanziellen Folgen. Im Sog des dänischen Staatsbankrotts fielen auch Schleswig-Holstein und Kiel in eine wirtschaftliche Krise, aus der sich das Land und die Stadt erst Mitte der 1820er Jahre allmählich befreien konnten.

Revolution 1848

Die revolutionären Ereignisse in Paris, Wien und Berlin im Frühjahr 1848 blieben nicht ohne Auswirkungen in anderen Teilen Deutschlands, auch nicht in Schleswig-Holstein, wo sich freiheitliche und nationalstaatliche Bewegungen zusammenfanden.

Die Zeit zwischen 1814 und 1848 fällt in die Epoche des so genannten Dänischen Gesamtstaates, der von 1773 bis 1864 Bestand hatte. Zu diesem mächtigen Staatsgebilde gehörten neben Dänemark, Norwegen (bis 1814) und Grönland auch die Herzogtümer Schleswig und Holstein. Souverän in allen diesen Ländern war der dänische König, der 1815 für das Herzogtum Holstein, später auch für das Herzogtum Lau-

„Beseler verkündet die Provisorische Regierung", Öl von Hans Olde, Schleswig-Holsteinische Landesbibliothek

„Die Mitglieder der Schleswig-Holsteinischen provisorischen Regierung" (von links: Bremer, Schmidt, Beseler, Prinz von Noer, Th. Olshausen, Reventlou-Preetz), Lithographie von Wilhelm Heuer 1848, Schleswig-Holsteinische Landesbibliothek

enburg dem Deutschen Bund beitrat. Im 19. Jahrhundert zeigten sich überall in Deutschland nationalstaatliche Tendenzen; auch in den Herzogtümern traten die nationalen Gegensätze immer schärfer zum Vorschein.

Das einst einvernehmliche Verhältnis zwischen Deutschen und Dänen wurde durch den nationalen Konflikt sowie durch die dänischen Versuche, das Herzogtum Schleswig ganz ins Königreich Dänemark einzugliedern, zerstört. Im Kopenhagener Sprachreskript wurde das Dänische im ländlichen Nordschleswig verbindlich als Gerichts- und Verwaltungssprache eingeführt. Daraufhin erklang auf dem Sängerfest in Schleswig 1844 zum ersten Mal das Schleswig-Holstein-Lied als Ausdruck des Protests, und Fahnen mit den schleswig-holsteinischen Farben blau-weiß-rot wurden geschwenkt.

Der Konflikt eskalierte, als König Christian VIII. von Dänemark seinen „Offenen Brief" veröffentlichte: Die in Dänemark verankerte weibliche Erbfolge sollte auch für die Herzogtümer Holstein und Schleswig gelten. Prinz Friedrich von Schleswig-Holstein-Sonderburg-Augustenburg (Prinz Friedrich von Noer), dessen Erbschaftsansprüche dadurch zunichtewurden, trat aus

Protest als Statthalter und Kommandierender General in den Herzogtümern zurück. Die deutschen Abgeordneten der schleswig-holsteinischen Ständeversammlungen in Itzehoe und in Schleswig verließen aus Protest gegen den „Offenen Brief" die Ständesäle. Nach dem Tod König Christians VIII. legte sein Nachfolger König Frederik VII. den Entwurf einer Gesamtverfassung für Dänemark und die Herzogtümer vor. In der ersten gemeinsamen Sitzung der Stände von Holstein und Schleswig in Rendsburg wurde als Reaktion darauf eine gemeinsame eigene Verfassung für Schleswig und Holstein gefordert.

In Kopenhagen überschlugen sich die Ereignisse. Die nationalliberale eiderdänische Partei ergriff die Macht und forderte vehement die Einverleibung Schleswigs in Dänemark. Die entsprechend heftige Reaktion ließ nicht lange auf sich warten: In der Nacht vom 24. März 1848 riefen die Schleswig-Holsteiner im Kieler Rathaus eine Provisorische Regierung aus und wollten die Geschicke der Herzogtümer nun selbst bestimmen; sie forderten den Anschluss Schleswigs und Holsteins an den Deutschen Bund.

Eine schleswig-holsteinische Armee war schnell gebildet, um die Festung Rendsburg im Handstreich einzunehmen. Auch der Sitz der Provisorischen Regierung wurde dorthin verlegt. An das dänische Volk richtete sich ein Aufruf dieser Regierung mit dem Angebot einer Abstimmung im nördlichen Schleswig über die Staatszugehörigkeit.

Diese politische Zuspitzung mündete in einen dreijährigen Krieg zwischen Schleswig-Holstein und Dänemark. Die schleswig-holsteinische Armee, die durch Freiwillige aus ganz Deutschland unterstützt wurde, errang zwar zunächst Erfolge, wurde aber schon am 9. April 1848 nördlich von Flensburg bei Bov geschlagen. Siege und Niederlagen wechselten einander ab, zuletzt jedoch unterlag die schleswig-holsteinische Armee der militärischen Übermacht Dänemarks und den politischen Zwängen der europäischen Großmächte. Im Ergebnis blieb Schleswig-Holstein vorerst dänisch.

Krieg

Der Widerstand der Schleswig-Holsteiner gegen die Pläne der eiderdänischen Regierung in Kopenhagen, unter Bezugnahme auf die historische Eidergrenze das Herzogtum Schleswig endgültig in das dänische Königreich zu integrieren, gipfelte in dem Aufstand der Bevölkerung gegen die dänische Obrigkeit und der Bildung einer Provisorischen Regierung am 24. März 1848 in Kiel. Schon am nächsten Tag besetzte eine rasch gebildete schleswig-holsteinische Armee die Festung in Rendsburg. Während man in Schleswig-Holstein von der „Erhebung" sprach, nannte man in Dänemark die Auseinandersetzung „oprør" (Aufruhr).

Die anfänglich noch euphorische Stimmung legte sich rasch nach der Schlacht bei Bov am 9. April, in der sich die schleswig-holsteinische Armee der dänischen Übermacht geschlagen geben musste. Nach einem ständigen Wechsel von Siegen und Niederlagen ging dieser drei Jahre dauernde Krieg, der „Treårskrigen" der Schleswig-Holsteiner gegen Dänemark, letztlich verloren. Anfangs wurde die schleswig-holsteinische Sache noch von Preußen und dem Deutschen Bund unterstützt. Doch nachdem sich diese Mächte aus dem Krieg zurückgezogen hatten, standen die Herzogtümer allein da. In der entscheidenden Schlacht bei Idstedt am 25. Juli 1850, in der 1.200 Soldaten ihr Leben verloren, errang Dänemark den endgültigen Sieg. Im Londoner Vertrag zwischen den Großmächten und Dänemark wurden 1852 die alten Zustände, das heißt, der Dänische Gesamtstaat wiederhergestellt, die Herzogtümer bekamen zwar ihre Eigenständigkeit bestätigt, blieben aber dänisch.

Obelisk auf dem Kieler Nordfriedhof mit dem Eisernen Kreuz und der Inschrift: „Hier ruhen gefallene Krieger der Schleswig-Holstein-Armee 1848–1850". Foto Wenners

Um zu verhindern, dass dänische Kriegsschiffe in die Förde einfahren und Kiel als Sitz der provisorischen Regierung beschießen konnten, beschloss der Bürgerverein 1848, die dänisch gehaltene Festung Friedrichsort zu besetzen. Das Kommando über die 150 Mann starke Bürgerwehr wurde einem jungen Leutnant der preußischen Armee namens Werner Siemens übertragen. Die dänische Besatzung der Festung bestand aus nur sechs alten Feuerwehrleuten und Sergeanten, die sich sofort ergaben. Siemens ließ als erstes eine schwarz-rot-goldene Fahne aufziehen. Er entschied, die Friedrichsorter Enge durch neuartige Unterwassersprengkörper zu blockieren und damit den Kieler Hafen gegen die dänische Flotte zu sichern. Als Minenkörper wurden gut gedichtete Fässer verwendet, die etwa sechs Meter unter der Wasseroberfläche verankert wurden. Mit kautschukähnlichem Guttapercha isolierte Unterwasserkabel dienten zur Zündstromübertragung zu den Fässern, um die Minen im richtigen Moment vom Ufer aus zu zünden. Als in der Nacht vom 19. April 1848 eine in der Festung deponierte Mine zufällig explodierte, befürchteten die Besatzungen der drei dänischen Kriegsschiffe, die sich Kiel genähert hatten, weitere Minenexplosionen und zogen sich zurück, mit der Folge, dass Kiel von keinem dänischen Schiff mehr angegriffen wurde.

Die Stadt Kiel, von der der schleswig-holsteinische Befreiungskrieg eigentlich den

Ausgang genommen hatte, blieb somit selbst von direkten Kampfhandlungen und insofern von materiellen Schäden verschont. Aber viele Söhne der Stadt, darunter viele Studenten, mussten ihr Leben lassen.

Auf dem St. Jürgen-Friedhof am Kieler Hauptbahnhof wurde für die Gefallenen der Schleswig-Holstein-Armee ein Denkmal errichtet, das sich seit 1955 auf dem Nordfriedhof befindet.

Liegt eine Zeit zurück in meinem Leben –
Wie die verlaßne Heimat schaut sie aus –,
Wohin im Heimweh die Gedanken streben;
Du kennst sie wohl; auch du warst dort zu Haus.

O folge mir, und laß dich heimatwärts
Durch mein Gedicht zu lieben Stunden bringen,
Die alte Zeit mit neu erregten Schwingen
Noch einmal schlagen an dein friedlich Herz!

Theodor Storm
(in: „Liederbuch dreier Freunde", 1843)

Anfang April 1837

Endlich in Kiel. Ein frisch gebackener Student an der Christian-Albrechts-Universität. Endlich am Ziel seiner Träume angelangt. Wirklich seiner Träume? War das juristische Studium wirklich sein Traum? Nun, Jura war zumindest ein Fach, das man studieren konnte, ohne eine besondere Neigung dazu zu entwickeln. Außerdem war sein Vater schließlich auch Jurist. Es lag also in der Familie.

Bestärkt hatte ihn auch der alte Nikolaus Falck, der an der Husumer Gelehrtenschule bereits seinen Vater, den alten Storm, unterrichtet hatte. Nun war Falck schon seit weit über zwanzig Jahren Professor an der juristischen Fakultät der Kieler Universität und würde ihn zukünftig unterrichten. Bei seiner „Aufnahme in die Zahl der Kieler akademischen Bürger", also bei seiner Immatrikulation, die Falck persönlich vorgenommen hatte, hatte er ihm von den einzigartigen Möglichkeiten der Jurisprudenz vorgeschwärmt und ihm versichert, dass es die einzig richtige Studienwahl sei.

Meilenstein an der Hamburger Chaussee, Foto Wenners

Aber wozu das Grübeln. Er war sich sicher, dass er das Jurastudium ohne sonderliche Schwierigkeiten würde absolvieren können. Schließlich war es die Wissenschaft des gesunden Menschenverstandes, und das war mit Sicherheit etwas für ihn. Und er hegte heimlich die Hoffnung, dass ihm neben dem Beruf des Juristen später noch genügend Zeit bliebe, seinen wahren Neigungen nachzugehen. Eigentlich wollte er schreiben. Seit einiger Zeit schon stand das fest. Außerdem würde ihm nach seinen Ausflügen in das Reich der Phantasie und der Dichtung eine Rückkehr zu den nüchternen Fakten und in die Alltagswelt der Rechtsprechung sicherlich guttun.

Wie gut, dass er sofort ein freundliches kleines Zimmer in Kiel gefunden hatte. Durch die Vermittlung eines Freundes des Vaters war er mitten in der Altstadt im Haus Kehdenstraße 20 untergekommen. Das einfache und eigentlich winzige Haus war kurz vor der Ecke Kehdenstraße zur Faulstraße gelegen. Im Erdgeschoss befand sich ein Laden für Kurzwaren. In dem oberen Stockwerk lebte die Vermieterin, eine Witwe, mit ihren Töchtern. Seine Studentenbude lag im Dachgeschoss. Klein, aber sein eigenes Reich. Mit Stolz betrachtete er das kleine Billet, das er an die Zimmertür geheftet hatte: „Theodor Storm". Sein eigenes Reich war zwar unglaublich klein und eng, bot ihm aber alles, was er benötigte: ein Bett, einen Schrank, einen Tisch und einen Stuhl. In einem niedrigen Regal konnte er alle seine Bücher unterbringen. Mehr ging in das schmale Zimmer mit der schrägen Decke beim besten Willen auch nicht hinein. Er fand es gemütlich in seiner kleinen Bude, wenn es auch kalt war in diesem April. Wie würde es wohl im Winter sein? Mit Heizmaterial musste sparsam umgegangen werden. Nur Holz und Torf standen zur Verfügung. Immerhin hatte er wenigstens einen kleinen Ofen in seiner Bude. Er wusste, dass viele Kommilitonen keine Möglichkeit hatten, ihre Zimmer zu beheizen. Ähnliches galt übrigens auch für das Licht. Auch daran musste gespart werden. Also hieß es, frühmorgens mit dem Sonnenaufgang aufzustehen und nicht bis in die späten Abendstunden hinein bei dem schwachen Licht der Öllampe zu arbeiten. Wachskerzen waren eigentlich unerschwinglich. Einige hatte er von zu Hause mitgenommen. Wenigstens hatte er eine eigene Bude nur für sich. Bei der Wohnungsknappheit hier in Kiel mussten sich die meisten seiner Kommilitonen ein Zimmer zu mehreren teilen. Da sollte man vernünftig arbeiten können!

„Studentenbude bei Mutter Brandis in der Faulstraße", F. Boie 1846, Schleswig-Holsteinische Landesbibliothek

Aus seinem Fenster in der Dachgaube hatte er eine fabelhafte Aussicht über die Dächer und Schornsteine der Stadt bis zum hohen Turm der Nikolaikirche. Alles wirkte eng und klein, die Gassen, die Häuser, einfach alles. Tagsüber konnte er die vielen Passanten unter seinem Fenster beobachten und sogar ihren Unterhaltungen lauschen. Handwerker, Dienstmädchen, Soldaten, was da nicht alles die Straße hinunter- oder hinaufflanierte. Und welch alltägliches Zeug sie schwatzten. Wenn er abends aber nach oben sah, dann hatte er den herrlichen weiten, mit Sternen übersäten Himmelsraum über sich. Wenn er nach unten schaute, blickte er auf die schmale Kehdenstraße und auch auf die noch schmalere Faulstraße; ihm schräg gegenüber in der Faulstraße 7 lag die „Harmonie", das Gebäude der „Gesellschaft der Harmonie". Seine Vermieterin hatte ihm bereits erzählt, dass diese Gesellschaft erst vor drei Jahren dieses Haus bezogen habe, aber bereits im Jahr 1800 als Sammelpunkt der gebildeten Stände der Stadt gegründet worden sei, vorbehalten den Angehörigen der Universität, den Professoren wie den Studenten, den Beamten, zum Teil Offizieren, den Kaufleuten und zunehmend den Fabrikanten und wohlhabenderen Handwerksmeistern. Die „Harmonie" sei rasch zum Mittelpunkt des gesellschaftlichen, kulturellen und politischen Lebens der kleinen Stadt geworden und biete vielfältige Veranstaltungen. Darüber hinaus, so hatte er gehört, hielt man dort diverse in- und ausländische Zeitungen vor. Das war auch für ihn interessant. Er würde sicher auch bald einmal dorthin gehen.

Stadtgestalt

Im frühen 19. Jahrhundert kehrte in vielen Städten, vor allem in aufblühenden Handelsstädten und den Hafenstädten eine neue Zeit ein. Bahnhöfe, Gleisanlagen, Hafenanlagen, Fabriken veränderten in kurzer Zeit das Gesicht der alten Städte.

Kiel zählte um 1815 knapp 10.000 Einwohner und erreichte um 1848 etwa 15.000 Einwohner, war also zu dieser Zeit eine kleine Mittelstadt, die weitgehend kaum über die ursprünglichen Stadtgrenzen der Gründungszeit hinausgewachsen war. Die Stadt bestand aus zwei Teilen. Die Altstadt von 1242 auf einer Halbinsel zwischen der Kieler Förde und dem Kleinen Kiel war fast vollständig von Wasser umflossen und nur im

„Karte von der Stadt Kiel mit der umliegenden Gegend“, kolorierte Radierung von Carl Daniel Voigts 1806, Schleswig-Holsteinische Landesbibliothek

Norden über eine Landbrücke zugänglich, auf der das Schloss errichtet worden war. Die Altstadt zeigte einen regelmäßigen Grundriss, bei dem acht Straßen auf den viereckigen Marktplatz, den einzigen Platz der Stadt, zuführten, die Dänische Straße, die Schloss-, Flämische, Schuhmacher-, Holsten-, Kehden-, Küter- und Haßstraße. Am Markt lag das Rathaus mit den Schlachterschrangen, also -verkaufsständen, sowie der alten, recht baufälligen Veste, einem aus zwei Häusern bestehenden Fachwerkbau, der als Gefängnis und für die Niedere Gerichtsbarkeit genutzt wurde. Hinter einer Scheidewand im Osten des Marktplatzes, die von den so genannten Persianischen Häusern gebildet wurde, erhob sich die Hauptkirche St. Nikolai, auf die man vom Markt aus wegen dieser langen, geschlossenen Häuserfront keinen freien Blick hatte.

„Der Marktplatz in Kiel", Farblithographie von Wilhelm Heuer vor 1845, Schleswig-Holsteinische Landesbibliothek

Die Altstadt war ehemals von einer Stadtmauer umgeben, von der in der Zeit um 1830 noch die Stadttore zeugten, das Schuhmachertor bis 1840, Kütertor, Fischertor, Kattentor, Pfaffentor und das Flämische Tor bis 1845 sowie die zwei Haupttore, das Dänische Tor, das 1830 bis auf einen Turm abgebaut wurde, und das Holstentor, nur noch bestehend aus steinernen Pfosten mit eisernen Gitterflügeln, die 1832 endgültig beseitigt wurden und mit ihnen der Zollbaum an der Klinke.

Die Häuser der Altstadt stammten meist aus dem Mittelalter oder aus den nachfolgenden Jahrhunderten, in denen die mittelalterlichen Häuser ersetzt wurden. Im frühen 19. Jahrhundert fanden praktisch keine Neubauten statt. Allerdings hatten einige Bürgerhäuser im Laufe der Jahrhunderte einen Umbau ihrer Fassade erfahren, vom mittelalterlichen Treppengiebel über die geschweiften Giebel der Barockzeit zur Traufstellung der Häuser, denen man zum Teil durch Putz ein klassizistisches Aussehen verleihen wollte. Bis zur Mitte des 19. Jahrhunderts blieb die Gesamtarchitektur der Altstadt aber praktisch unverändert: verwinkelte Fachwerkhäuser, Hinterhöfe, Speicher, großbürgerliche Giebelhäuser und Adelspalais prägten das Stadtbild. Lediglich das Rathaus wurde 1845 umgebaut, indem der Treppenturm beseitigt wurde. Der Marktplatz war bereits ein Jahr zuvor

„Innenhof in der Kehdenstraße", Georg Zimmermann, Schleswig-Holsteinische Landesbibliothek

eingeebnet und mit neuem Pflaster belegt worden.

Südlich von der Altstadt hatte sich seit dem 16. Jahrhundert jenseits der Holstenbrücke die so genannte Vorstadt entwickelt. Die neue Bebauung reichte bis zur Herzog-Friedrich-Straße und umfasste die Fleethörn, die Waisenhofstraße, das Kuhbergviertel und die Prüne. Der Königsweg, die älteste Zugangsstraße nach Kiel, war ein Feldweg mit Knicks. Am Exerzierplatz endete die Stadt. Zwischen Kleinem Kuhberg und Walkerdamm hatte sich seit Mitte des 18. Jahrhunderts das dicht besiedelte und von engen, verwinkelten Gassen erschlossene Gängeviertel entwickelt. In der völlig planlos wirkenden Bebauung mit kleinen und niedrigen Häusern, Ställen und Schuppen konnte man sich schwer zurechtfinden. Hier wohnte die ärmere Kieler Bevölkerung, vorwiegend Arbeiter, Handwerksgesellen, Kleinhändler, Putzfrauen oder Dienstmädchen. Meist standen die schmalen Häuser, größtenteils Fachwerkhäuser, ungeheuer eng beieinander, die Gassen waren oft nur knapp zwei Meter breit, so dass die Bewohner sich direkt in die Fenster sehen konnten. Ein Verkehr mit Fuhrwerken oder Karren war daher fast unmöglich.

„Die Holstenstraße vom Markt aus gesehen", Aquarell von Johann Christian Wolters um 1860, Schleswig-Holsteinische Landesbibliothek

„Kiel vom Gaardener Ufer gesehen", Johann Ludwig Christian Hansen um 1825, Schleswig-Holsteinische Landesbibliothek

Das Erscheinungsbild der Stadt änderte sich seit den 30er Jahren des 19. Jahrhunderts. In diesen Jahren wurde die 10.000-Einwohner-Marke überschritten. Eine Zuwanderung aus den ländlichen Gebieten um die Stadt herum setzte in nennenswerterem Maße ein. Nur das erste Quartier, also die Vorstadt, bot genügend Platz für zusätzlichen Wohnraum. Seit 1832 existierte eine tägliche Postverbindung nach Hamburg, seit 1832 gab es die allseits gerühmte Kunststraße, die Chaussee von Kiel nach Altona. 1844 wurde die Kiel-Altonaer Eisenbahn eröffnet. Aufgrund des einsetzenden wirtschaftlichen Aufschwungs wurde in Kiel so viel gebaut, dass sich das Stadtbild zum ersten Mal deutlicher veränderte. Am Sophienblatt lagen seit 1844 der Bahnhof für die „König-Christians-VIII-Ostseebahn" sowie unmittelbar dahinter das 1822 erbaute neue Stadtkloster an der Stelle des alten St. Jürgen-Klosters mit 52 Stuben für 52 alte und bedürftige Personen, deren Witwen oder unverheiratete Töchter. Die alte St.-Jürgen-Kapelle diente von nun an den Klosterinsassen als Andachtsstätte. Die Fläche des 1793 vom Vorstand der Nikolaikirche und der Heiliggeistkirche erworbenen St. Jürgen-Friedhofs wurde 1836 in südliche Richtung verdoppelt. Die Straße Sophienblatt wurde nun vollständig mit Häusern im Landhausstil in weitläufigen Gärten bebaut.

Im Norden der Stadt im Anschluss an das Schloss und den Schlossgarten führte, an den Turmresten des Dänischen Tores beginnend, die Neue Dänische Straße zum Dorf Brunswik, das sich im Laufe der Jahre zu einem Vorort von Kiel entwickelte, aber erst 1869 eingemeindet wurde. Hier wohnten Handwerker, im benachbarten Düsternbrook reiche Bürger und Professoren.

Im Westen Kiels schlossen sich die Ländereien des Damperhofes an, die 1842 in den Besitz der Stadt gelangten. Erstmals 1847 unternahm die Stadt planmäßig die Erschließung eines neuen Wohngebietes. Mit dem Lorentzen-Plan (1846–1854) wurde auf den sogenannten Damperhofländereien ein Straßenplan entwickelt mit geradlinigen, rechtwinklig sich kreuzenden Straßen. Es entstanden die zum Stadtteil gehörenden Straßen Bergstraße, Legienstraße, Gartenstraße, Muhliusstraße und Lorentzendamm.

Auf dem östlichen Ufer der Kieler Förde lagen mehrere Dörfer, die sich bis zur Mitte des 19. Jahrhunderts ihren ländlichen Charakter bewahrten und beliebte Ausflugsziele darstellten.

Das Wasser für die Kieler Bevölkerung wurde über Wasserleitungen, die so genannten Pfeifenbäume, aus dem Galgenteich westlich vom Exerzierplatz in die Altstadt geführt. Ab 1821 wurden aus den Mitteln einer Stiftung des Advokaten Carl Schmidt zunächst in der Holstenstraße die alten Wasserleitungen durch Eisenrohre er-

„Brunswik", Ausschnitt aus: „Kiel von Ellerbek", Lithographische Anstalt von W. Loeillot Berlin, Schleswig-Holsteinische Landesbibliothek

„Kiel vom Ostufer", Schleswig-Holsteinische Landesbibliothek

setzt, zugleich wurde die Straße gepflastert. Eine verbesserte zentrale Wasserversorgung erreichte die Stadt erst ab 1862 mit dem Erwerb des Schreventeichs, der durch Vertiefung und Befestigung zum wichtigsten Wasserreservoir Kiels ausgebaut wurde.

Mitte April 1837

Nun wurde es aber Zeit, dass er seine neue Heimat einmal näher kennenlernte. Also auf zu einem kleinen Stadtrundgang. Aus der Kehdenstraße herauskommend, betrat er den Marktplatz, dem er schon an seiner typischen rechteckigen Form seine Gründungszeit im 13. Jahrhundert ansah. Sein Weg führte ihn an dem altehrwürdigen Rathaus entlang. An der Südostseite des Platzes ging er am Eingangsportal der ältesten städtischen Pfarrkirche St. Nikolai vorbei. Hineingehen würde er zu einem späteren Zeitpunkt.

Er schlenderte die Schuhmacherstraße hinunter, ging am Stadttheater vorbei und gelangte schließlich zum Hafen. Dort verweilte er eine Zeit lang und war ganz versunken in den Hinblick der vielen herrlichen Schiffe, etliche mit dem holsteinischen Wappen, viele mit dem Dannebrog, der dänischen Flagge, aber auch einige mit ganz fremden Flaggen.

Nachdem er einige Schritte am Wall entlangspaziert war und die Aktivitäten an den Hafenanlagen und den Schiffbauplätzen beobachtet hatte, bog er in die Flämische Straße ein, die ihn hinter dem Chor der Kirche herum zum Markt zurückführen sollte. Er betrachtete die alten Häuser und kam am Friedrichshospital und am gegenüberliegenden Oberappellationsgericht vorüber. Er wusste, dass die Namengebung dieser Straße auf die Hoffnung der Kieler Bürger hindeutete, Handelsbeziehungen zu dem Land der Flamen aufnehmen zu können.

Auf dem Markt schlug er nun die nördliche Richtung ein und gelangte durch die Schlossstraße zum Schloss, das im Mittelalter auf der einzigen Landverbindung der Stadt als landesherrliche Burg errichtet worden war. Hinter dem Schloss erstreckte sich der weite Schlossgarten, der einen einmaligen Blick auf das Fördeufer bot.

Durch die Dänische Straße wanderte er an den Adelshäusern vorbei zum Markt zurück. Im Nordosten des Marktplatzes lag das ehemalige Franziskanerkloster, dessen Stifter der Stadtgründer Graf Adolf IV. von Schauenburg gewesen war, der bis zu seinem Tod auch als Mönch in diesem Kloster gelebt hatte. Nach der Reformation war hier lange Zeit die 1665 gegründete Christian-Albrechts-Universität untergebracht, bevor sie in die Kattenstraße umziehen konnte, in der der repräsentative Neubau entstanden war.

Er überquerte den Marktplatz diagonal, um in die Holstenstraße zu gelangen. Diese belebte Hauptstraße der Altstadt führte ihn zum Holstentor, das eigentlich gar kein richtiges Tor mehr war, sondern nur ein Torgitter. Von dort aus schlenderte er am Kleinen Kiel und an den Hintergärten der Häuser der Faulstraße entlang und kehrte schließlich in die Kehdenstraße zurück.

„Grundriss der Stadt Kiel mit ihrem Hafen, dem Stadtfelde und nächster Umgebung", Phil Langenbuch 1838, Schleswig-Holsteinische Landesbibliothek

Universität

Die Christian-Albrechts-Universität war ein gutes Jahrhundert nach ihrer Gründung im Jahr 1665 in keinem sonderlich guten Zustand, sowohl was die Studienbedingungen, die Studentenzahlen als auch vor allem die räumlichen Bedingungen betraf. Im Laufe des 18. Jahrhunderts verfielen sowohl das Gebäude als auch der Lehrbetrieb der Universität aufgrund zunehmender Finanznot immer mehr, so dass der Niedergang der erst hundertjährigen Hochschule drohte.

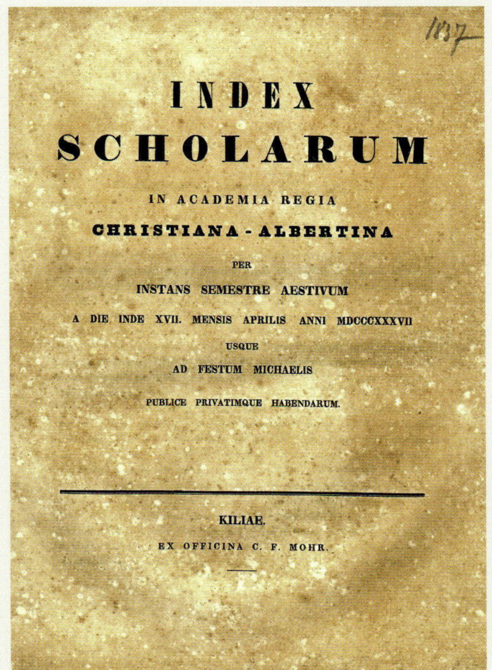

1837

INDEX
SCHOLARUM
IN ACADEMIA REGIA
CHRISTIANA - ALBERTINA
PER
INSTANS SEMESTRE AESTIVUM
A DIE INDE XVII. MENSIS APRILIS ANNI MDCCCXXXVII
USQUE
AD FESTUM MICHAELIS
PUBLICE PRIVATIMQUE HABENDARUM.

KILIAE.
EX OFFICINA C. F. MOHR.

Gelehrtenverzeichnis der Christian-Albrechts-Universität, Sommersemester 1837, Schleswig-Holsteinische Landesbibliothek

Auf Veranlassung der russischen Zarin Katharina der Großen, die seit dem Tod ihres Mannes Peters III. auch Herzogin von Holstein-Gottorf war, war durch den Architekten Ernst Georg Sonnin der Neubau eines Kollegiengebäudes in der Kattenstraße errichtet worden, der von 1768 bis 1876 dem Vorlesungsbetrieb diente.

Nachdem die Zarin im Vertrag von Zarskoje Selo 1773 auf das Herzogtum Holstein verzichtet hatte, gehörten Kiel und damit auch seine Universität zum Dänischen Gesamtstaat. Die Hochschule wurde damit zur nördlichsten deutschen Universität und zugleich zur südlichsten Dänemarks. Damit kam der Christian-Albrechts-Universität eine maßgebliche Rolle in der Kulturvermittlung zwischen Deutschland und Skandinavien im 19. Jahrhundert zu.

Diese Funktion schlug sich vor allem in der Zeit zwischen 1815 und 1848 nieder. Am 7. Juli 1815 feierte die Universität das 150. Jubiläum der Universitätsgründung im Rahmen einer akademischen Feier anläss-

„Kollegiengebäude der Kieler Universität in der Kattenstraße", Stich um 1860, Schleswig-Holsteinische Landesbibliothek

„Universitätsgebäude in der Kattenstraße", Foto, Schleswig-Holsteinische Landesbibliothek

lich des Sieges über Napoleon bei Waterloo. Im großen Hörsaal des Kollegiengebäudes drängten sich etwa vierhundert Besucher. Umrahmt von Mozarts Tedeum und Händels Halleluja hielt Friedrich Christoph Dahlmann seine berühmte, zunächst in akademischen Kreisen umstrittene Waterloo-Rede, in der er sich für eine gemeinsame liberale Verfassung für die Herzogtümer Schleswig und Holstein als Teil der deutschen Nation aussprach.

Seitdem entwickelte sich die Kieler Universität mit ihren zunehmend mehrheitlich deutsch gesinnten Professoren und Studenten zu einem geistigen und politischen Zentrum der nationalstaatlichen Auseinandersetzungen zwischen Deutschen und Dänen. Zu den führenden Köpfen zählten so bekannte Gelehrte wie Friedrich Christoph Dahlmann, Niels Nikolaus Falck, Georg Waitz und Gustav Droysen. Im fernen Kopenhagen betrachtete man voller Argwohn die politische Stimmung an der zweitgrößten dänischen Universität. In patriotischen dänischen Kreisen kursierte der Witz: „Lüge ist auch eine Wissenschaft, sprach der Teufel. Er studierte in Kiel."

Am 10. August 1843 war der Historiker Gustav Droysen im Rahmen einer Tausend-Jahr-Feier des Vertrags von Verdun mit dem Festvortrag betraut worden. In der total überfüllten Aula der Universität hielt dieser eine bahnbrechende Vorlesung. Droysen war berühmt wegen seiner „Geschichte Alexanders des Großen" und wegen der von ihm entdeckten Geisteshaltung, die er „Hellenismus" nannte. In dieser Vorlesung stellte der wortgewaltige Droysen erneut sein beeindruckendes Rednertalent unter Beweis und schlug einen großen Bogen durch die große tausendjährige deutsche Geschichte. Er erinnerte an die große Zeit Deutschlands unter den mittelalterlichen Kaisern der Ottonen, Salier und Staufer. Gegenwart und Zukunft Deutschlands verflocht er aufs engste mit seiner Vergangenheit. Als liberaler Verfassungsfreund betonte er seine These, dass die Grundlage des modernen Staates das Prinzip der Gleichheit aller vor dem Gesetz sei, und unterstützte die Forderungen nach einer Verfassung für Schleswig und Holstein. Damit war an der Christian-Albrechts-Universität der Boden bereitet für die schleswig-holsteinische Bewegung, die in der Loslösung von Dänemark mit der Ausrufung einer Provisorischen Regierung am 24. März 1848 gipfelte.

Nach dem Krieg von 1848–1851 zwischen den deutschgesinnten Schleswig-Holsteinern und Dänemark erlebte die Universität durch die Ausweisung und den Weggang vieler Professoren und auch Studenten vorübergehend einen herben Bedeutungsverlust.

„Westlicher Vorplatz des Schlosses, rechts die alte Universität", Blei- und Farbstiftzeichnung von Adolf Burmester um 1855, Schleswig-Holsteinische Landesbibliothek

Ende April 1837

Heute Morgen fand die feierliche Begrüßung der neuen Studenten in der Aula der Universität statt. Weit hatte er es nicht, nur die Kehdenstraße hinauf und diagonal über den Markt in die Schlossstraße hinein. An deren Ende stieß er auf das in der Kattenstraße gelegene Kollegiengebäude. Er betrat den Haupteingang des schlichten zweistöckigen Backsteinbaus und wandte sich sogleich nach links in den großen Hörsaal, der bereits gut gefüllt war. Alle etwa 230 Studierenden der Universität waren offenbar versammelt, um der Begrüßung der Erstsemester beizuwohnen. In der fünften Reihe fand er noch einen Platz, von dem aus er das Katheder auf der Tribüne gut im Blick hatte. Kaum saß er, da betrat auch schon der diesjährige Rektor die Bühne. Es war der renommierte Orientalist Professor Justus Olshausen.

Der Rektor sprach seine Begrüßungsworte in lateinischer Sprache. Kein Problem für ihn, dem Altphilologen zu folgen. Wie gut, dass er über so viele Jahre Latein und auch Griechisch gelernt hatte, zunächst auf der Husumer Gelehrtenschule, dann im Katharineum in Lübeck, auf das er auf Wunsch des Vaters für eineinhalb Jahre gewechselt war, um das Abitur abzulegen. Seine Abschlussarbeit hatte er über den niederländischen Befreiungskampf geschrieben, und zwar auf Lateinisch. Das war noch gar nicht so lange her. Und nun saß er hier und lauschte den lateinischen Worten des würdigen Ordinarius da vorne.

Olshausen erinnerte zunächst daran, dass es aufgrund einer Regelung durch den Universitätsstifter, den Herzog Christian Albrecht von Holstein, in der ehrwürdigen Kieler Universität üblich sei, das neue Semester mit einigen ermahnenden Worten des Rektors an die neuen Studierenden zu eröffnen. Es gelte, die wissenschaftliche Arbeit mit Ernst und Fleiß aufzunehmen und das gesteckte Ziel stets klar und fest im Auge zu behalten. Er erinnere die Anwesenden an ihre Verpflichtung, die lebendigen Schätze der wissenschaftlichen Forschung und Erkenntnis wissbegierig aufzunehmen, immer im Bewusstsein ihrer gesellschaftlichen Verantwortung, dass sie das hier erworbene geistige Rüstzeug mit in ihre Zukunft tragen und das Erarbeitete weiterentwickeln müssten zum Wohle der Menschen. In diesem Sinne möge ein jeder, ob Lehrender oder Lernender, mit unermüdlichem Eifer und ernstem Fleiß, mit Mut und Freude an dem ihm zugewiesenen Platz die höchste Leistung zu erbringen streben.

Der Professor endete mit dem altbekannten akademischen Spruch „vivat, crescat, floreat“, nahm den wohlwollenden Applaus seiner Zuhörer würdevoll entgegen und verließ das Podium. Auch die neben ihm sitzenden Kommilitonen klatschten begeistert. Er fragte sich, ob die Worte Olshausens wohl auf fruchtbaren Boden fallen würden. Bei ihm selbst ganz sicherlich. Das nahm er sich ganz fest vor. Voller Elan wollte er sich in das nun beginnende Abenteuer namens Studium stürzen. Wenn er ganz ehrlich war, verspürte er eigentlich nach wie vor keine echte Neigung zum Jurastudium, aber dennoch waren seine Erwartungen hoch, was das Arbeiten an der Universität und das Studentenleben betraf.

Die Begrüßung durch Professor Olshausen empfand er als recht aufmunternd. Aufgrund der überschaubaren Zahl von Studenten herrschte an der Christiana Albertina augenscheinlich ein recht familiärer Umgang. Die größte Fakultät war mit etwa 80 Studenten die Juristische, gefolgt von der Theologischen und der Medizinischen. Mit nur eben über 20 Studierenden war die Philosophische Fakultät die kleinste.

Sein Studientag war ab jetzt an jedem Tag der Woche recht dicht gestrickt. Sein Vorlesungsplan beinhaltete selbstverständlich vor allem Vorlesungen der juristischen Professoren. Sein Lieblingsprofessor war und blieb der alte Niels Nikolaus Falck, bei dem er deutsches Recht, deutsches Privatrecht und Kriminalrecht hörte. Aber auch die Vorlesungen des dänischen Professors Paul Detlev Christian Paulsen über dänisches Recht und Schleswig-Holsteinisch-Lauenburgisches Prozessrecht wusste er sehr zu schätzen. Paulsen war bekannt dafür, treu zur dänischen Krone zu stehen und ein Verfechter des Gesamtstaates zu sein, einschließlich der Herzogtümer Schleswig und Holstein. Er war daher nicht sehr beliebt unter den deutschen Studenten, übrigens auch nicht in der Kollegenschaft der Kieler Professoren. Er aber fand ihn eigentlich recht sympathisch.

Diese Vorlesungen wurden nahezu täglich abgehalten. Bei dem Privatdozenten Johannes Christiansen hatte er immer montags Rechtsphilosophie belegt, bei Professor Marcus Tönsen Pfandrecht am Donnerstag und bei dem berühmten Georg Christian Burchardi am Freitag Erbrecht. Außerdem ließ er sich von dem dänischen Lektor Flor in dänischer Sprache unterweisen. Aber auch ein Blick über den Tellerrand täte ihm gewiss gut. Jeden Sonnabend nahm er deshalb die Vorlesung über die Geschichte der Apostel wahr, die der äußerst belesene, wenn auch etwas unbeholfen lehrende Theologe

Nikolaus Thomsen hielt. So viele Veranstaltungen wie er besuchte kaum einer seiner Kommilitonen. Bei den meisten war er schnell als Streber verschrien. Sei's drum. Sollten sie doch denken, was sie wollten. Was kümmerte es ihn.

Auch in der Universitätsbibliothek, die im Ostflügel des alten Schlosses untergebracht war, war er ein häufig gesehener Gast. In der Anwesenheit so vieler Bücher und damit so vieler guter Geister fühlte er sich besonders wohl. Und es gab durchaus Schätze zu entdecken in den langen Regalreihen.

Schloss

Auf der nach Norden ungesicherten Altstadthalbinsel legte bereits der Stadtgründer Graf Adolf IV. von Schauenburg eine Burg an. Die Anlage erlebte im Laufe der Jahrhunderte diverse Umbauten. Im frühen 19. Jahrhundert bot das Schloss das Bild, das der italienische Architekt Domenico Pelli in seiner barocken Neugestaltung am

„Blick auf Schloss und Nikolaiturm von Nordosten", Aquarell von Johann Ludwig Hansen d. Ä. um 1838, Schleswig-Holsteinische Landesbibliothek

„Die Dänische Straße in Kiel", Aquarell von Adolf Burmester 1852, Schleswig-Holsteinische Landesbibliothek

Ende des 17. Jahrhunderts ihm gegeben hatte. Die beiden von ihm geschaffenen schlichten Anbauten an das Haupthaus im Osten schlossen die Anlage gegen Süden und Westen ab, so dass um den Schlosshof eine Dreiflügelanlage entstand.

In den Räumen des Schlosses waren zeitweise Institute der Universität sowie die Universitätsbibliothek untergebracht. In der leerstehenden Schlosskapelle, die schwer unter dem Brand von 1838 gelitten hatte und nicht wieder restauriert worden war, hatte die Kieler Antikensammlung Unterkunft gefunden. Im achteckigen Nordwestturm des Schlosses war 1769 eine kleine Sternwarte eingerichtet worden, deren Betrieb aber 1820 wegen Baufälligkeit des Turms eingestellt werden musste.

Die Nordseite des Schlosses öffnete sich zu dem barocken Schlossgarten mit geome-

„Das Schloss vom Prinzengarten aus", Kreidelithographie um 1825, Schleswig-Holsteinische Landesbibliothek

trischem Wegenetz, Terrassen, Brunnen und Statuen. 1839 wurde der Schlossgarten gemäß dem Zeitgeschmack in einen englischen Landschaftsgarten umgewandelt.

Am 16. März 1838 war das Schloss in Teilen einer verheerenden Feuersbrunst zum Opfer gefallen. Der Großbrand war während der Umbau- und Renovierungsarbeiten am heruntergekommenen Schloss ausgebrochen, in dem bisher Behörden, Teile der Universität und Militär untergebracht waren.

Prinzessin Wilhelmine, Tochter des dänischen Königs, der als Kronprinz zwischen 1806 und 1808 auch bereits im Kieler Schloss residiert hatte, sollte nach ihrer Hochzeit am 19. Mai 1838 mit ihrem Mann, dem Herzog Karl von Glücksburg, dem Kommandanten des in Kiel stationierten Lauenburger Jägercorps, in das renovierte Schloss einziehen. Wahrscheinlich durch eine Überhitzung von Öfen, die für das Austrocknen der Räume Tag und Nacht in Betrieb waren, war im dritten Obergeschoss das Feuer ausgebrochen, das zuerst von Fischern aus dem gegenüberliegenden Ellerbek entdeckt wurde. Sie setzten auch die schwierigen Löscharbeiten in Gange, schlugen Löcher in die Eisdecke des noch zugefrorenen Hafens und pumpten daraus das Löschwasser. Als das Feuer schon eingedämmt schien, flog plötzlich das Dach durch eine Explosion der auf dem Dachboden lagernden Pulvervorräte in die Luft. Der Ostflügel war nun nicht mehr zu retten und wurde völlig vernichtet. Nur mit Mühe konnte ein Übergreifen des Feuers auf andere Teile des Gebäudes, vor allem auf die wertvolle Universitätsbibliothek mit ihren über 100.000 Bänden verhindert werden. Im November 1838 konnten nach erstaunlich kurzer Zeit des Wiederaufbaus der Herzog und die Herzogin von Glücksburg das Schloss beziehen. Der Einzug des Herzogpaares wurde mit einem Fackelzug und einem Feuerwerk im Schlossgarten von der Kieler Bevölkerung gebührend gefeiert. Das Paar schaffte es, das Schloss zu einem gesellschaftlichen Mittelpunkt für den Adel, aber auch für die Bürger sowie für die Universität zu machen.

„Das Schloss in der Brandnacht vom 16. März 1838", Lithographien von Joachim Bünsow, Schleswig-Holsteinische Landesbibliothek

Anfang Juni 1837

Ernüchterung war eingekehrt. Sein erstes Semester als Jurastudent neigte sich bereits zum Ende. Wenn er nun Rückschau hielte, wie fiele sein Resümee aus?

Seit einem Vierteljahr war er nun Student. Nicht alle seine Erwartungen an diesen neuen Status waren erfüllt worden. Die Studenten hatte er sich ganz anders vorgestellt: mit viel mehr Haltung und Würde, zugleich mit der richtigen Portion Heiterkeit und Lebensfreude und mit Begeisterung für das akademische Leben, für ihren besonderen freien Studentenstand sowie mit Sinn für alles Schöne.

Die meisten seiner Kommilitonen aber hatten eigentlich nur eines im Sinn: Kneipen und Trinken, Mensur und Affären mit Dienstmädchen. Im Sommer war das Wirtshaus in Dorfgaarden ihre Heimat, im Winter das Kaffeehaus. Sie sprachen auch von nichts anderem als von feucht-fröhlichen Kneipereien und Paukereien, rauschenden Festen oder wüsten Raufereien, und das alles meist in unflätigen Worten. Im Kolleg sah man sie nur ab und zu. Wie er diese Kneipgenies verachtete. Wenn er sie mit den Menschen verglich, denen er während seiner Schulzeit in Lübeck begegnet war und mit denen er auf einem hohen geistigen Niveau Austausch pflegen konnte.

Und die anderen Kieler Studenten, die nicht so waren? Die wiederum schlugen ins krasse Gegenteil, sie waren zwar arbeitsam, dachten aber ausschließlich an das Studieren, völlig zurückgezogen und verschroben, ohne Interessen für die wahrhaft schönen Dinge des Lebens, letztlich die reinsten Spießbürger. Außer einem, dem er sich ein wenig angeschlossen hatte. Da dieser als Dithmarscher von der Westküste stammte wie er, fühlten sie sich verbunden: Karl Viktor Müllenhoff aus Marne, der vor kurzem erst die Meldorfer Gelehrtenschule verlassen hatte. Nach dem bestandenen Konviktsexamen hatte er das Stipendium erhalten, am Freitisch im Konviktsgebäude regelmäßig kostenlose Mahlzeiten einnehmen zu dürfen. Er wohnte in der Flämischen Straße im Haus des Kolonialwaren- und Porzellangeschäfts Denckmann direkt neben dem Oberappellationsgericht. Mit Müllenhoff verband ihn wenigstens das literarische Interesse. Außerdem war der Kommilitone offensichtlich überdurchschnittlich begabt und wirklich ein besonderer Gesprächspartner. Aber ihr Kontakt blieb leider trotzdem ziemlich lose.

Angesichts dieser ernüchternden Bilanz musste er sich eingestehen, dass er noch keinen einzigen richtigen Gefährten gefunden hatte, keinen Gleichgesinnten, mit dem er über das sprechen konnte, was ihn so tief bewegte, der ihn verstand und ihm erwidern konnte. Mit dem er sich austauschen konnte, über seine Dichtungsversuche etwa.

Burschenschaften

Die Befreiungskriege gegen Napoleon brachten für die Studentenverbindungen an den deutschen Universitäten einen beachtlichen Aufschwung mit sich. Kiel entwickelte sich in dieser Zeit zu einer Hochburg des Verbindungswesens mit den fortschrittlichsten Kräften unter den Korporierten.

In den landsmannschaftlich orientierten Studentencorps entwickelten sich Tendenzen, die Studenten („Burschen") in einer übergreifenden „Burschenschaft" zu vereinigen. Ein einflussreicher Förderer dieser Idee war der berühmte „Turnvater" Friedrich Ludwig Jahn. Die neuen Burschenschaften verstanden sich als Zusammenschlüsse mit einer politischen Zielrichtung, nämlich demokratische Reformen und den Einigungsprozess in Deutschland voranzubringen.

Die Burschenschaft „Teutonia" war die älteste Studentenverbindung der Kieler Universität und die einzige, die die Farben der Christian-Albrechts-Universität lila-weiß tragen durfte. 1817 gründeten die Kieler Teilnehmer am Wartburgfest diese Burschenschaft, die schon bald in eine liberale, demokratische Richtung und eine landsmannschaftliche zerfiel. Nach dem Hambacher Fest und den anschließenden Repressalien gegen oppositionelle Studenten erfolgte am 3. September 1836 in der Gaststätte Krusenrott bei Kiel, in der keine Polizeistunde galt, auf Initiative des Studenten Lorenz von Stein, des späteren Begründers der modernen Staatswissenschaften und der Soziologie, eine Neugründung unter dem Namen „Albertina". Die Namensgeber vermieden dabei absichtlich landsmannschaftliche Namen wie Arminia, Germania oder Teutonia, sondern benannten die Burschenschaft in Anlehnung an den Namen der Christian-Albrechts-Universität. Meist bezeichnete man sich aber nicht als „Burschenschaft", sondern als „Studentenschaft". Der Wahlspruch der „Albertina" „Gott, Ehre, Freiheit, Vaterland!" wies auf die politischen Ziele der Vereinigung hin, Liebe zum Vaterland, Begeisterung für die Freiheit, Selbstständigkeit und Einheit des Volkes. Die Mitglieder trugen die Farben lila-weiß, heimlich aber auch schwarz-rot-gold. Dazu gab es eine weiße Mütze mit gold-rotem Rand.

Die Verbindung wurde 1843 in „Kieler Burschenschaft" umbenannt, wurde aber nach der schleswig-holsteinischen Erhebung und dem Krieg zwischen Schleswig-Holsteinern und Dänemark, in dem die Studenten aktiv waren, aufgelöst. Erst 1855 gab es eine Neuauflage unter dem Namen „Kieler Studentenverbindung Teutonia".

Prominente Mitglieder der „Albertina" waren in der Zeit zwischen 1815 und 1848 Georg Beseler, Friedrich von Esmarch, Uwe Jens Lornsen, Theodor Mommsen, Karl Müllenhoff, Justus Olshausen und Lorenz von Stein, die ebenfalls zu den maßgeblichen politischen Kräften der schleswig-holsteinischen Bewegung zählten. Zu den Unterstützern gehörten auch Theodor Olshausen, der bedeutendste Verleger der Universitätsstadt und Herausgeber des „Kieler Correspondenzblattes", der größten Zeitung am Ort, sowie der Arzt Franz Hegewisch.

Das Corps Holsatia Kiel war das älteste schlagende und farbentragende Corps an der Kieler Universität. Seine Farben waren rot-weiß-rot. Gegründet wurde das Corps 1823. 1833 fand die Vereinigung mit dem 1829 gegründeten Corps Slesvicia statt. Das zweite wichtige Corps war die 1838 gegründete Saxonia mit den Farben grün-weiß-rot. Die Teilnehmer der Corps nahmen aktiv am Schleswig-Holsteinischen Krieg 1848–1851 teil, waren aber eher ge-

„Studenten des Corps Holsatia im Vieburger Gehölz", Lithographie 1861, Schleswig-Holsteinische Landesbibliothek

mäßigt liberal und an einer Fortsetzung der Verbindung mit Dänemark interessiert.

Die eher linksliberale Burschenschaft Albertina unterschied sich von den Corps wie der Holsatia durch ihre demokratischen Ideale, die deutsch-patriotische Gesinnung und die Betonung sexueller Enthaltsamkeit, eine Folge ihres Sittlichkeitsprinzips. Deswegen wurde die Burschenschaft von den Corpsmitgliedern gern als Vereinigung der „Keuschheitsritter" verspottet, was immer wieder Anlass zu Duellforderungen gab.

In der Schleswig-Holsteinischen Erhebung im März 1848 spielten die Professoren und Studenten der Christian-Albrechts-Universität und damit auch die Kieler Studentenverbindungen eine maßgebliche Rolle. Die politische Auseinandersetzung der deutschen Bewegung in den Herzogtümern Schleswig und Holstein mit dem Königreich Dänemark endete im Ersten Schleswig-Holsteinischen Krieg, einem dreijährigen Krieg von 1848 bis 1851. In der entscheidenden Schlacht am 9. April 1848 bei Bov nördlich von Flensburg unterlagen die schleswig-holsteinischen Truppen mit ihren 6.000 Soldaten der mit 11.000 Männern überlegenen dänischen Armee. Einen erheblichen Teil der deutschen Truppen stellte das Kieler Turner- und Studentencorps.

Im Laufe des Juni 1837: Rückblick auf die Lübecker Zeit

Wie anders war da Ferdinand Röse gewesen, der gute Freund aus der Zeit am Lübecker Katharineum. Wie viel hatte er ihm zu verdanken. Gleich nach seinem Abschluss an der Husumer Gelehrtenschule hatte ihn sein Vater, der alte Storm, im Herbst 1835 für drei Semester nach Lübeck geschickt, um dort wie alle begabten Bürgersöhne seiner Vaterstadt sein Abitur abzulegen. Das Katharineum galt als eine der besten Schulen Deutschlands. Der Vater hatte ihn und seinen Schulfreund, den Pastorensohn Peter Ohlhues aus Hattstedt, mit der Extrapost in die alte Hansestadt begleitet. Lübeck, wie eine Weltstadt war die Königin der Hanse ihm erschienen, jedenfalls im Vergleich zu dem provinziellen Husum. Unterkunft fand er in einer Dachkammer, die er bei der Witwe Luetjens im Eckhaus von Fischstraße und Untertrave gemietet hatte.

Gleich am ersten Tag, er erinnerte sich genau, es war der 5. Oktober gewesen, hatte er in der Prima den zwei Jahre älteren Ferdinand kennengelernt, seinen neuen Klassenkameraden. Von seinem Äußeren her war dieser wenig anziehend erschienen, seine fahle Gesichtsfarbe hatte darauf schließen lassen, dass er stets kränklich war. Im Gegensatz dazu hatten seine Augen allerdings wohltuende Offenheit und Freundlichkeit ausgestrahlt.

Ohne Ferdinand, den Sohn eines wohlhabenden Lübecker Getreidemaklers, hätte er keinen Zugang gehabt zur feinen Gesellschaft der Hansestadt. Im Salon des kunstbeflissenen schwedischen Konsuls Nölting, in dem sich alles um Musik, Kunst und Literatur drehte, hatte Ferdinand ihn auch mit seinem Schulfreund Emanuel Geibel, der gerade zur Universität abgegangen war, bekannt gemacht. Dieser galt trotz seiner Jugend in seiner Heimatstadt bereits als begnadeter Dichter. Dessen kunstvolle Gedichte hatte er aber damals schon als recht konstruiert empfunden. Ihm war klar gewesen: Das könnte er selbst wohl auch.

Wie manche in ihrem Kreis hatte sich auch Ferdinand zum Dichter berufen gefühlt. Ein weihevoller Augenblick, als Ferdinand ihm in seiner behaglichen Stube im elterlichen Patrizierhaus mit dem hohen Giebel an der Untertrave des Nachts am wärmenden Ofen und bei Kerzenschein einige Szenen aus seinem Dramenentwurf „Ahasver“ vorgelesen hatte. Der Einfluss von Goethes „Faust“ war unverkennbar gewesen. Das hatte ihn selbst ermutigt, dem Freund auch einen seiner neuen Texte vorzulegen, seine Erzählung „Celeste“.

Mit dem neuen Freund war er von nun an nahezu täglich durch die alte Hansestadt gestreift, von deren Geschichte Ferdinand mit unverhohlenem patriotischen Stolz so viel Interessantes zu berichten gewusst hatte. Würdevoll hatte der junge Lübecker ihn zu allen Schätzen seiner Vaterstadt geführt. Wenn Ferdinand aus der Vergangenheit der stolzen Hansestadt erzählte, nahm seine Stimme immer einen ganz besonderen Klang an. Wenn Geibel in den Semesterferien zu Besuch gekommen war, waren sie gemeinsam ins Theater gegangen, auch in den Ratsweinkeller oder hatten Ausflüge in die Umgebung unternommen.

Ferdinand war es auch gewesen, der ihn an die moderne Literatur herangeführt hatte. An der Husumer Schule schien die deutsche Literatur gar nicht zu existieren. Lediglich mit Schiller und den Dichtern des Göttinger Hainbundes hatte er dort schon Bekanntschaft schließen können. Heimlich hatte er die Romane Karl Spindlers gelesen, auch wenn sie nicht besonders niveauvoll waren, aber immerhin recht unterhaltsam. Ihr gemeinsamer Deutschlehrer am Katharineum Johannes Classen dagegen hatte ihre literarischen In-

Biedermeiertasse, Foto Wenners

teressen unterstützt, indem er seine Schüler zur Teestunde seiner Frau eingeladen und mit ihnen gemeinsam deutsche Dramen gelesen hatte.

Durch Ferdinand hatte er Goethe intensiver kennengelernt, den Dichterfürsten, dessen Faustdichtung ihn vor allem tief beeindruckt hatte. Dessen Gedichte und auch die Dramen seines genialen Gegenpols, des großen Schillers, hatte er schon in Husum heimlich auf dem Dachboden verschlungen. So hatte Ferdinand ihn nur zu bereit für die Dichtung der Gegenwart gefunden, die Gedichte Joseph von Eichendorffs oder aber des unglaublichen Heinrich Heine. Welchen Eindruck hatte die Lektüre des „Buches der Lieder" hinterlassen. Niemals würde er den Spätherbstabend vergessen, an dem ihn Ferdinand in die Welt Heines und damit in eine bisher unbekannte neue Welt eingeführt hatte. Er war wie verzaubert von diesen unnachahmlichen Versen gewesen. Gleich am nächsten Morgen hatte er sich ein Exemplar des „Buches der Lieder" gekauft, sich sofort darin vertieft und darüber alle Zeit vergessen. Diese Entdeckungen hatten seine Idee beflügelt, selbst ein Dichter zu werden.

Ach, wenn er doch nur auch einen solchen Gefährten wie Ferdinand hier in Kiel finden könnte. So blieben ihm nur die vielen Briefe, die seit ihrem Abschied im Herbst 1836 zunächst zwischen Lübeck, jetzt Kiel und Berlin, wo Ferdinand Röse mittlerweile Theologie, Philosophie und Kunstgeschichte studierte, hin- und herwanderten. Heilig war ihm Röses Abschiedsgeschenk, ein Band mit Gedichten Ludwig Uhlands, in das der Freund eine Widmung hineingeschrieben hatte: „Meinem Confident, obgleichs ein – ist, zur freundlichen Erinnerung." Er wusste, den Gedankenstrich hatte Ferdinand für „Schuckelmeyer" gesetzt, das allgemein verbreitete Schimpfwort für einen Dänen. Denn als solcher war er, der in Husum Gebürtige, damals von manchem Lübecker angesehen worden.

Alle Briefe Ferdinands verwahrte er in seinem Erinnerungskasten wie alle seine zahlreichen Schätze, auch sein braunes Büchlein, das ihm so heilig war, weil er ihm seit einigen Jahren alles anvertraute, was ihn in seinem Innersten bewegte. Auch seine Gedichte. An die Hundert waren es wohl schon. Zum letzten Weihnachtsfest hatte er seinen Eltern einige davon zum Geschenk gemacht, freilich ohne dass diese, zumindest beim Vater, für spürbare Begeisterung gesorgt hätten. Die Enttäuschung saß tief, er spürte sie immer noch. In diesem Büchlein fand er gerade heute wieder sein erstes Gedicht, das er als Sechzehnjähriger im Husumer Wochenblatt, in dem sich Nachrichten, feuilletonistische Texte und vor allem diverse Anzeigen fanden, hatte veröffentlichen dürfen. Es trug den ambitionierten Titel „Sängers Abendlied". Neugierig nahm er es sich nochmals vor:

Meiner Leyer frohe Töne schweigen
Bald von stiller Todesnacht umhüllt;
Dort, wo sich die Zweige trauernd neigen,
Find' ich Ruh'; mein Sehnen ist gestillt.
Wenn des Lebens zarte Fäden reißen,
Streut Zypressen auf des Sängers Grab,
Singt noch einmal mir die alten Weisen,
Senkt mir meine Leyer mit hinab.
Dort entfliehen eitle Erdensorgen,
Unsre Seele strebt dem Höhern nach. –
Sieh', es dämmert schon der junge Morgen,
Doch mein Morgen ist erst jenseit wach.

Naja, ein Jugendwerk eben! Aber doch wahrlich nicht schlecht gemacht. In seiner Schatzkiste hatte er ebenfalls seine in lateinischer Sprache abgefasste Abschlussrede vom Katharineum über den niederländischen Befreiungskampf verwahrt. Durch seinen hochverehrten Lateinlehrer, den Schuldirektor Friedrich Jacob, hatte er die römischen Klassiker lieben gelernt. Auch seine erste Ballade fand er wieder im Schächtelchen, die er in seiner Lübecker Schulzeit niedergeschrieben hatte: „Der Bau der Marienkirche zu Lübeck".

„Im alten heiligen Lübeck
Ward eine Kirche gebaut
Zu Ehren der Jungfrau Maria,
Der hohen Himmelsbraut."

So begann das hehre Werk. Damals hatte er diesen Text Adalbert von Chamisso für dessen „Deutschen Musenalmanach" angeboten. Der aber hatte abgelehnt. Ignorant. So schlecht war die Ballade weiß Gott nicht. Aber immerhin hatte er fünf Gedichte aus der Lübecker Zeit in der in Hamburg erscheinenden Zeitschrift „Neue Pariser Modeblätter" veröffentlichen können. Ausgerechnet in einer Modezeitschrift, wo er sich doch für Mode so gut wie gar nicht interessierte. Aber das war gleichgültig gewesen, Hauptsache, er hatte seine Texte veröffentlichen können.

Der Erinnerungskasten enthielt aber noch mehr Schätze. Ihm fiel ein Brief an seine geliebte Großmutter in die Hände:

> *„3. Dezember 1828*
>
> *Meiner lieben Großmutter gewidmet zum neuen Jahre 1829*
>
> *Liebe Großmutter,*
>
> *Ich sehe mich beim gegenwärtigen Jahreswechsel genöthigt, Dich für alles Gute und für alle Wohlthaten, die du mir im alten Jahre erzeigt hast zu danken. Diese kann ich dir freilich bei weitem nicht wieder erzeigen, aber ich will doch suchen, Dir durch mein Betragen so viel als möglich zu gefallen und immer besser zu werden. Gott möge dich auch noch lange zu unsrer Freude gesund und vergnügt erhalten. Nehme denn diese wenigen Zeilen als Wunsch aus reinem Herzen von*
>
> *Deinem*
>
> *gehorsamen Enkel*
>
> *Hans Theodor Woldsen Storm an."*

Auch sein Abschlusszeugnis der Husumer Gelehrtenschule fand er in der Schatulle wieder. Schmunzelnd überflog er das Dokument:

> *„Hans Theodor Woldsen Storm aus Husum und Johann Peter Ohlhues aus Hattstedt, die zur Vollendung ihrer Schulstudien das Gymnasium in Lübeck zu besuchen gedenken, haben vor ihrer Abreise mich um ein Zeugnis gebeten.*
>
> *Ich bezeuge ihnen daher, daß sie sich, solange sie die hiesige Schule besucht haben, durch Fleiß und durch ihr sittliches Betragen meine volle Zufriedenheit erworben haben und daß ich für den glücklichen Fortgang ihrer ferneren Studien nicht nur die besten Wünsche hege, sondern auch zu guten Erwartungen mich berechtigt glaube.*
>
> *Sie sind von Natur mit guten Anlagen ausgerüstet und haben sich durch ihren Fleiß gute Kenntnisse in den gewöhnlichen Schulwissenschaften, namentlich in den Alten Sprachen, erworben. Mögen Sie denn durch fortgesetzten Fleiß*

und ferneres gutes Betragen sich der Liebe ihrer künftigen Lehrer in eben dem Grade würdig zeigen, wie sie sich die meinige zu erwerben gewußt haben.

Husum, den 30. September 1835.

gez. P. Friedrichsen, Rektor"

Richtig nett war das. Friedrichsen war ein vorbildlicher Rektor gewesen. Nun aber Schluss mit den Erinnerungen und der damit verbundenen Gefühlsduselei. Zu Peter Ohlhues, der nach der Lübecker Schulzeit auch an die Kieler Christian-Albrechts-Universität gewechselt war, um das Studium der Theologie aufzunehmen, hatte er leider nur noch losen Kontakt. Peter hatte sich aus irgendwelchen Gründen zurückgezogen. Ein Kommilitone hatte ihn einmal wissen lassen, dass Ohlhues ihn für unnahbar und arrogant halte. Mit diesem Vorwurf aber konnte er nichts anfangen.

Salon

Von prägender gesellschaftlicher Bedeutung waren in der Biedermeierzeit die Salons, in denen sich die führenden intellektuellen Kreise einer Stadt zum geistigen Austausch trafen. Veranstaltet wurden die Salons meist von Damen der Gesellschaft, von Familien der oberen Schicht, von den Professoren der Universität.

In Kiel führten mehrere Familien einen solchen Salon, zum Beispiel der Arzt Professor Franz Hegewisch in seinem Haus in der Kehdenstraße 6 oder die Gräfin Charlotte von Rantzau in der Seeburg, ihrer Villa am Ende des Schlossparks. Über die Stadtgrenzen bekannt war der Jahnsche Hof in der Küterstraße 17, der Wohnsitz des Advokaten und Stadtsyndicus Jakob Jahn, den dieser 1806 erworben hatte. Das Anwesen aus einem Komplex von mehreren ein- bis dreigeschossigen Bauten, die drei Flügel um einen Hof bildeten, mit einem hohen Fachwerkbau als Haupthaus und mehreren Nebengebäuden, war ehemals ein Gutshof gewesen und lag sehr idyllisch direkt am Wasser des Kleinen Kiel, der zu der Zeit noch ungeteilt die Altstadt umfloss und mit kleinen Booten befahrbar war. Einziger Nachteil dieser Lage war, dass von dem Gewässer recht üble Gerüche ausgingen, seit der Burggraben zugeschüttet worden und die Stadt so sehr gewachsen war.

Aus den Lebenserinnerungen von Julie Michaelis, geborene Jahn, erfährt der Leser Wissenswertes über diesen gastfreundlichen und kulturell bedeutenden Salon, in dem bedeutende Persönlichkeiten der Zeit verkehrten, Dichter, Musiker und bildende Künstler, zum Beispiel der berühmte dänische Bildhauer Berthel Thorvaldsen, der Jahns ältesten Sohn Adolph in Rom in der Bildhauerei unterrichtete. Der Jahnshof war in der Zeit der schleswig-holsteinischen Erhebung von 1848 vor allem auch ein Ort des demokratischen politischen Austausches. Das Haus galt als wahrer Musenhof, wenn auch einer kleineren Formats, verglichen mit dem großen und berühmten in Weimar, an dem die Herzogin Anna Amalia von Weimar bedeutende Menschen, vor allem Künstler um sich versammelt hatte. Der Jahnshof war quasi ein bürgerlicher „Musenhof", als Ausdruck neuen bürgerlichen Selbstverständnisses.

Später wurde der Jahnshof auch an Professorenfamilien vermietet und 1858 zur Geburtsstätte einer weltberühmten Persönlichkeit mit Kieler Wurzeln, des Nobelpreisträgers Max Planck. Das Gebäude wurde bereits 1895 abgebrochen. Heute steht auf dem Grundstück das Hochhaus der HSH Nordbank.

„Der Jahnshof vom Garten aus", Öl von Ernst Wolperding 1847, Schleswig-Holsteinische Landesbibliothek

Mitte Juni 1837

Heute Abend sollte wieder einmal Fuchskommers der Holsatia auf dem Sandkrug am Gaardener Ufer sein. Dort würde wie immer eifrig gepaukt und gefochten werden, meist im Sandkrug oder in Schrevenborn jenseits des Kieler Hafens. Dort gelangten die Pedelle nämlich nur unter Schwierigkeiten hin, weil ihnen die Bootsführer in der Regel die Überfahrt verweigerten. Oder die Holsaten trafen sich auch häufig im Krusenrott. Die Gaststätte lag außerhalb der Stadtgrenzen, dort gab es keine Polizeistunde.

Er verspürte nicht die mindeste Lust, dorthin zu gehen. Allerdings hatte er sich wie die meisten Studenten schon bei Studienbeginn entschlossen, in einem Studentencorps aktiv zu werden. Ein Kommilitone hatte ihn zu den „Roten" mitgenommen, wie die Aktiven des Corps Holsatia wegen ihrer roten Mützen genannt wur-

den. Seitdem hatte er den Status eines Conkneipanten inne, also im Grunde einer Art Dauergast, dem es freigestellt war, an den Aktivitäten des Corps teilzunehmen. Es war ihm ganz recht, dass er kein vollwertiges Mitglied war, denn Mensuren fechten war nicht seine Sache, auch nicht die Teilnahme an den wöchentlichen Kneipabenden. Anstelle von Band und Mütze als Zeichen der Corpszugehörigkeit trug er lediglich die rote Mütze. Die war ja auch recht kleidsam. Die Treffen der Corpsmitglieder in der „Harmonie" zum Kegeln gefielen ihm allerdings recht gut. Oder auch das Billardspiel mit den Corpsbrüdern in der „Harmonie" oder in der Gastwirtschaft Weidemann am Schlossgarten. Auch die Feste, die die Holsatia dort zu feiern pflegte. Aber die feucht-fröhlichen Kneipabende, die häufig genug in Prügeleien endeten oder in nächtlichen Streichen, waren nichts für ihn. Berüchtigt waren auch die wilden Tanzfeste, die sie Hexensabbat nannten. Besonders schlimm trieben es bei diesen Aktivitäten die Adeligen unter den Kommilitonen. Nein, er würde heute nicht hingehen.

Adel

Die Zeit zwischen 1815 und 1848 wurde zunehmend durch das Bürgertum geprägt. Der schon im ausgehenden 18. Jahrhundert immer deutlicher zutage tretende Gegensatz zwischen dem Adel und dem Bürgertum kam nach den Befreiungskriegen immer stärker zum Ausdruck.

Adel in Kiel war weitgehend gleichbedeutend mit den adeligen Familien von den Gütern in der Umgebung der Stadt. Seit dem 17. Jahrhundert gewann der Adel immer größeren Einfluss auf die Entwicklung der Stadt, so dass Kiel eine typische Adelsstadt wurde. Die Adeligen ließen sich prächtige Adelspalais errichten, von denen es 1631 77 Häuser rund um das herzogliche Schloss gab, vor allem in der Haßstraße. Zeitweise befand sich jedes siebte Haus in Adelsbesitz. In diesen repräsentativen Stadthäusern lebten Witwen oder unverheiratete Töchter der Adelsfamilien. Zum Teil wurden die Häuser auch nur zeitweise bewohnt, zum Beispiel im Winter, um die Annehmlichkeiten des städtischen Lebens zu genießen. Der Adel ergriff auch die Initiative für den Kieler Umschlag, den zentralen Kapitalmarkt der Herzogtümer Schleswig und Holstein, bei dem die durch ihre Agrargeschäfte reich gewordenen Gutsbesitzer ihre teilweise überregionalen Geldgeschäfte, auch mit Hamburger und Lübecker Kaufleuten, abwickeln konnten. Dadurch leistete der Adel natürlich einen ganz wesentlichen Beitrag zum wirtschaftlichen Erfolg der Stadt.

Ansonsten hatten die Adeligen keinerlei Interesse, sich in die Stadt zu integrieren. Sie blieben unter sich. Im Gegenteil, es gab immer mehr Konflikte zwischen dem Adel und den Bürgern der Stadt. Der Adel hatte durchgesetzt, dass ihre Stadtpalais so genannte Freihäuser wurden, die mit typischen Adelsprivilegien ausgestattet wurden: eigene Frischwasserzuleitungen, Braurecht sowie vor allem Steuerfreiheit für Gebäude und Grundstück. Das letztgenannte Privileg führte selbstverständlich oft zu Rechtsstreitigkeiten mit der Stadt, der die Abgaben verlorengingen. Auch sonst waren die Bürger Kiels nicht gerade gut zu sprechen auf die adeligen Nachbarn, denn es kam häufiger zu gewalttätigen Übergriffen vor allem jugendlicher Adeliger auf die Bürger. Da der Adel nicht der städtischen Gerichtsbarkeit unterlag, sondern ausschließlich dem Landgericht und damit dem Landesherrn, konnten die Übeltäter meist nicht belangt werden. Dadurch wurde der Gegensatz zwischen Bürgertum und Adel immer größer. Durch zunehmenden Wohlstand der Bürgerlichen und durch die Herausbildung des Bildungsbürgertums verschärften sich die Konflikte im anbrechenden 19. Jahrhundert.

Zu Beginn des 19. Jahrhundert verschwindet der Adel weitgehend aus der Stadt, und

„Kiel von der Brunswik aus gesehen" (mit Buchwaldtschem Hof, Nikolaikirche und Heiligen-Geist-Kirche), Aquarell von Adolf Burmester 1852, Schleswig-Holsteinische Landesbibliothek

es gab in Kiel nur noch 16 Adelshäuser, da sich die Adeligen immer mehr auf ihre Güter wie Gut Knoop zurückzogen. In der Biedermeierzeit standen viele Adelspalais zum Verkauf: 1829 erwarb die Stadt von der Familie Buchwaldt das Buchwaldtsche Palais und nutzte es seit 1831 als Schule, die Christian-Albrechts-Universität erhielt den Warleberger Hof, beide in der Dänischen Straße. Im Warleberger Hof wurden zunächst verschiedene Institute der Universität untergebracht, unter anderem die Anatomie im kühlen und mit Frischwasser ausgestatteten Gewölbekeller. In das Stadthaus des Caspar von Saldern zog 1834 das Oberappellationsgericht.

Bis auf den Warleberger Hof wurden alle anderen Adelshäuser wie auch das Kieler Schloss im Zweiten Weltkrieg zerstört. Der Warleberger Hof ist der letzte Adelssitz in Kiel und überhaupt der älteste Profanbau der Stadt. Das denkmalgeschützte Haus beherbergt heute das Kieler Stadtmuseum.

Warleberger Hof, Foto Wenners

Ende Juni 1837

Nach dem Mittagstisch, den er wie die meisten Studenten in der Speisewirtschaft Zweig in der Haßstraße einnahm, wo es heute Pellkartoffeln mit Beefsteak gab, machte er sich auf den Weg nach Düsternbrook. Zurück in seine einsame Studentenbude zog es ihn heute nicht. Allein durch die Gegend zu streifen, das liebte er seit seinen Kindertagen. Die Wasserallee entlang führte ihn der Weg unter den hohen Linden und dann Ulmen, die sich wie ein Gewölbe über ihm schlossen, an der Seeburg, der mächtigen Villa, in der die alte Gräfin Charlotte Rantzau lebte, und an den vielen schönen Gartenhäusern vorbei, die sich die Stadthonoratioren wie der Ta-

bakfabrikant Abraham Brauer oder der berühmte Arzt Franz Hegewisch dort hatten bauen lassen und die er so sehr bewunderte wegen ihrer einfallsreichen Architektur und ihrer idyllischen Lage. Er war nicht böse darüber, dass er unterwegs keine Bekannten traf. So konnte er in aller Ruhe die frische Luft einatmen und seinen Gedanken nachhängen.

Überhaupt, Düsternbrook war so recht ein Ort nach seinem Herzen. Hier fühlte er sich geborgen. Wenn man doch eines Tages in einem solchen Haus wohnen könnte! Vor allem ein Häuschen hatte es ihm angetan. Ein wahres Dornröschenschloss! Es lag romantisch verborgen unter mannigfaltigen blühenden Sträuchern, die sich an den Wänden hoch bis auf das Dach rankten. Dunkelrote Gardinen bewegten sich in den offen stehenden Fenstern. Drinnen musste es geheimnisvoll dämmerig sein und voller süßen Blütenduftes. Es musste wundervoll sein, in den Zimmerchen zu sitzen und dem Gesang der Vögel zu lauschen an so einem lauschigen Sommernachmittag wie heute. In dieses Häuschen war er regelrecht verliebt. Vielmehr in das, was im Inneren des Hauses sein könnte. Er stellte sich vor, dass darinnen ein süßes Mädchen lebte, ein Mädchen mit braunen Locken und verlockenden roten Lippen, das er verehren und lieben, mit dem er zärtliche Küsse am Fenster tauschen dürfte. Welchen zärtlichen oder geheimnisvollen Klang wohl ihr Name hätte? Vielleicht hieße sie Leila? Das wäre ein rätselhafter, angemessen fantasievoller Name. Alles das hatte er bereits seinem braunen Büchlein anvertraut, seinem einzigen, seinem verschwiegenen Freund.

Allmählich hörten die Gärten mit ihren schmucken Häusern auf, und er betrat den kühlen Wald auf der Anhöhe, durch dessen hohe Bäume ab und zu das Fördewasser hindurchfunkelte. Weiter führte ihn der Weg zur Gastwirtschaft „Sanssouci“ mitten in diesem Wald, im Düsternbrooker Gehölz, dem beliebtesten Ausflugsziel der Kieler. Schon stand es vor ihm mitten im dunklen Wald, aber trotzdem im hellsten Sonnenschein: das einstöckige Gebäude, das von hoch aufragenden Buchen umgeben war. Durch die kleine Säulenhalle in der Front des Hauses und durch die geöffnete Flügeltür betrat er die Gaststube.

Hier war er häufiger zu Gast, hier wollte er auch heute Nachmittag ein Glas Bier trinken und zwischen den dicht stehenden Bäumen die Förde erahnen. Ach, Kiel war schön, die schönste Stadt im Holsteinischen. Er liebte diese Stadt, er fühlte sich sehr wohl hier. Aber er war einsam.

Düsternbrook

Das idyllische Düsternbrooker Gehölz, das nördlich der Altstadt zum Dorf Brunswik gehörte, war das beliebteste Ausflugsziel der Kieler. Der „düstere Bruchwald" wurde im 18. Jahrhundert zum „Herrschaftlichen Gehölz" des dänischen Königs. 1784 richtete der bedeutende Gartentheoretiker Christian Cay Lorenz Hirschfeld hier eine Obstbaumschule ein, ihm folgte 1785 der Forstwissenschaftler August Niemann mit der Gründung einer Forstlehranstalt. Um den Kieler Bürgern die Fahrt ins Düsternbrooker Gehölz zu erleichtern, ließ Kronprinz Frederik 1807 eine befestigte Kastanienallee zwischen der Schlossallee und der heutigen Krusenkoppel anlegen, den Düsternbrooker Weg.

Die Kieler wollten ihrer Dankbarkeit Ausdruck verleihen und auch ihrer großen Verehrung für die Kronprinzessin Marie Sophie Friederike von Hessen-Kassel (1767–1852), die Tochter des Landgrafen Karl von Hessen-Kassel, die 1790 ihren Cousin Kronprinz Frederik von Dänemark (1768–1839), den späteren König Frederik VI., geheiratet hatte und 1808 Königin von Dänemark wurde. Als Kronprinzenpaar hatten sich die beiden 1805 das Kieler Schloss zu ihrer Residenz gewählt.

Im Frühjahr 1808 erwarb die Stadt ein Grundstück oberhalb von „Kruse sien Koppel" und schuf dort einen Park im englischen Landschaftsstil. Der renommierte dänische Architekt Axel Bundsen (1768–1832) wurde nun mit dem Bau eines Teepavillons im ionischen Stil eines griechischen Tempels beauftragt. Bundsen war für seine Herrenhäuser in Knoop und Altenhof sowie Villen an der Hamburger Elbchaussee im klassizistischen Stil berühmt. Einige Jahre später schuf Bundsen im selben Stil auch die Seebadeanstalt unterhalb des Düsternbrooker Gehölzes.

Im August 1808 wurde das Teehaus im Marienhain am Südhang des Düsternbroo-

„Die Wasserseite des Schlossgartens", Kreidelithographie von Wilhelm Heuer, Schleswig-Holsteinische Landesbibliothek.

ker Gehölzes feierlich eingeweiht und der beliebten neuen dänischen Königin Marie Sophie Friederike zum Geschenk gemacht. Verbunden waren damit auch die Glückwünsche der Stadt zur Geburt der Prinzessin Wilhelmine. Von dem Pavillon aus konnte man einen herrlichen Blick über die Brunswiker Felder, auf das Schloss, die Stadt und die Förde genießen. Bei ihren Besuchen in Kiel besuchte das Königspaar regelmäßig den Pavillon. Ob die Königin hier je einen Tee zu sich genommen hat, ist nicht überliefert. Prinzessin Wilhelmine, die ab 1837 mit ihrem Mann ebenfalls das Kieler Schloss bewohnte, ließ den Pavillon umgestalten. Später schenkte sie der Stadt den „Marientempel“ und das Waldgelände mit der Verpflichtung, das Gehölz als Wald und Park zu erhalten.

1856 allerdings drohte dem Gehölz der Kahlschlag, denn infolge der beginnenden Wirtschaftskrise hatte der dänische König beschlossen, zwecks Sanierung der Staatsfinanzen einige Forstgehege abzuholzen. Dem Magistrat gelang über die Verbindung einer Kielerin zu ihrer Cousine, der Gräfin von Danner, der Geliebten des Königs, diese als Fürsprecherin zu gewinnen. Zum Glück konnte dadurch die Abholzung der wertvollen Waldung abgewendet werden.

„Der Königspavillon im Marienhain“, Carl Daniel Voigts 1810, Schleswig-Holsteinische Landesbibliothek

Anfang September 1837

Das erste Semester war geschafft. Wie erwartet, hatte es ihm keine sonderlichen Schwierigkeiten bereitet. Aber seltsam, der Funke war immer noch nicht übergesprungen, die Juristerei blieb ihm bis jetzt innerlich fremd.

Nun hieß es erst einmal, sich in den Michaelisferien ein wenig zu entspannen. Am besten zu Hause in Husum. Seinen zwanzigsten Geburtstag am 14. September wollte er ohnehin im Elternhaus verbringen. Er hielt am 14. fest, auch wenn im Kirchenbuch von St. Marien der Propst den 15. September als Geburtsdatum für den kleinen Theodor Storm notiert hatte. Seine Mutter dagegen war zutiefst davon überzeugt, dass er am 14. das Licht der Welt erblickt habe. Und sie musste es ja eigentlich wissen. Außerdem war dieser Tag ein Sonntag gewesen. Das gab den Ausschlag. Der Gedanke, ein Sonntagskind zu sein, gefiel ihm, ein Glückskind. Aber er wollte dem Glück jetzt noch etwas nachhelfen. Er hatte einen Plan, der ihm angesichts des Düsternbrooker Häuschen nicht mehr aus dem Sinn ging. Er wollte sich verloben, und zwar mit Emma Kühl, einer Freundin seiner Schwester Helene, die von der Insel Föhr stammte und die er schon als zwölfjähriger Junge bei Verwandten auf der Insel kennengelernt hatte. Damals hatten sie viel miteinander gespielt und sich auch heimlich hinter der Küchentür geküsst. Sie war jetzt zwar erst siebzehn Jahre alt und er gerade einmal zwanzig, aber seine Leidenschaft brannte in diesem Augenblick heftig. Die Sehnsucht loderte ungeheuer. Das hatte er auch in seinem Gedicht „An Emma“ zum Ausdruck zu bringen versucht, das er bereits vor vier Jahren verfasst hatte, immer das hübsche Föhrer Mädchen vor Augen. Wieder und wieder sagte er es seit seinem Entschluss vor sich hin:

Willst mich meiden,
Grausam scheiden,
Nun Ade!
Ach kein Scherzen
Heilt die Schmerzen
Meines Weh!
Doch was sag ich,
Doch was klag ich
Denn um mich.

Gibt's nicht Rosen
G'nug zum Kosen
Ohne dich!
Heut führ Mine,
Morgen Line
Ich zum Tanz;
Flatterrose
Reich dir Lose
Ich zum Kranz!
Willst mich meiden,
Grausam scheiden,
Nun Ade!
Andrer Scherzen
Heilt die Schmerzen
Meines Weh!

Voller Vorfreude rüstete er sich für die Reise in die Heimatstadt. Vor der Fahrt selbst graute ihm allerdings schon ein wenig. Sie würde viele Stunden dauern. Und sie würde kein Vergnügen sein, denn die Straßen in Schleswig-Holstein waren völlig unbefestigte Naturwege, wie man allgemein meinte, die schlimmsten in ganz Europa. Das ging in Kiel bereits los, denn die Kieler Straßen waren in der Regel auch nicht in bestem Zustand. Die holprige Fahrt würde also schon in Kiel beginnen und würde sich über Land bis Husum weiter fortsetzen.

Straßenzustand

In der ersten Hälfte des 19. Jahrhunderts kannte man in Kiel zwar auch Straßennamen, aber angesichts der nur etwa dreißig Straßen für die Anschriften nur die Hausnummerierung. 1832 gab es 821 nummerierte Häuser. 1856 entschloss sich der Magistrat, den Straßen auch offiziell Namen zu geben. Zum ersten Mal wurden Straßen auch nach Persönlichkeiten benannt, zum Beispiel die Muhliusstraße.

Die dänische Regierung hatte zwar bereits 1781 eine Renovierung und Pflasterung der Straßen in Kiel angeordnet. Der Zustand der Kieler Straßen war aber nach wie vor katastrophal. Sie waren zum Teil ungepflastert oder nur mit unbehauenen Feldsteinen belegt und außerdem meist ziemlich schmutzig. Die Hausbesitzer betrachteten den Teil des Gehweges vor ihren Häusern bis zum Rinnstein als ihr Eigentum. Sie stellten ungeniert Bänke, Fässer, Kisten oder andere Gegenstände einfach auf der Straße ab. Außerdem entleerten sie ihre Schmutzeimer in den tiefen Rinnsteinen. Eine Nutzung und Überquerung der Straßen war also mit zahlreichen Hindernissen und Gefahren verbunden.

Diejenigen, die es sich leisten konnten, mieteten daher lieber Portechaisen, öffentliche Sänften, einsitzige geschlossene Kästen, die an Tragstangen von zwei Männern getragen wurden. Sie standen an der „Portechaise-Ecke“ beim Nikolaikirchhof an der Ecke des Marktes zur Schuhmacherstraße zur Verfügung. Gegenüber den Kutschen waren sie in den engen Gassen und angesichts des Straßenzustands von Vorteil.

Aufgrund einer Initiative von Jakob Friedrich Nikolaus Lorentzen, seit 1830 Stadtverordneter und von 1838 bis 1851 Senator der Stadt Kiel, erhielten die meisten Straßen der Kieler Altstadt endlich ein so genanntes Kopfsteinpflaster, bestehend aus oben rundlichen Pflastersteinen aus Naturstein. Lorentzen bekam daraufhin in der Bevölkerung den Spitznamen „Senator Kopfstein“.

Das große Bevölkerungswachstum, das sich aus dem deutlichen wirtschaftlichen Aufschwung in den 40er Jahren ergab, führte zu einem wachsenden Bedarf an Bauflächen, so dass sich die Stadt dazu entschloss, das fast 30 Hektar große Gelände nordwestlich des Kleinen Kiels zu erschließen. Die Planung der 1842 erworbenen so genannten Damperhofländereien brachte die erste planmäßige Stadterweiterung Kiels hervor. Auch mit diesem Erweiterungsplan, der durch eine rechtwinklige Straßenanlage gekennzeichnet war, wurde Lorentzen betraut. 1847 ließ er den Weg am westlichen Rand des Kleinen Kiels ausbauen, den der Magistrat schließlich 1856 nach dem Initiator Lorentzendamm benannte.

Kopfsteinpflaster, Foto Wenners

9. September 1837

Am Sonnabend, dem 9. September, war es endlich soweit. Auf dem Markt bestieg er die Kutsche, die ihn über Eckernförde und Schleswig an die Westküste bringen sollte. An Schlaf war bei dem fürchterlichen Geruckel freilich nicht zu denken, aber vor sich hin zu dösen war auch recht angenehm. Wie er sich auf Husum freute. Es war prachtvolles Herbstwetter. Man würde im Garten feiern können. Wie er den Garten liebte und im so eng bebauten Kiel vermisste. Das wurde ihm bei diesem Gedanken so richtig bewusst. Ein Garten war für ihn lebensnotwendig. Genau erinnerte er sich an den Garten der Urgroßmutter Feddersen draußen an der Husumer Au. Wie oft war er an ihrer Hand über den weißen, mit Muscheln belegten Gartenweg gegangen und hatte mit ihr im Gartenhäuschen gesessen, das fast gänzlich von Jelängerjelieber überwuchert gewesen war. Ebenso wichtig war ihm die Erinnerung an das Klavier im Haus der Urgroßeltern an der Ecke Schiffbrücke und Twiete. Unvergesslich: Es war grün lackiert. Seine ersten Fingerübungen hatte er auf diesem Instrument absolviert. Er war sich sicher, dass schon damals der Wunsch in ihm erwacht war, dieses Instrument zu beherrschen.

Allmählich gelangte der Wagen in heimatliche Gefilde. Jedes Dorf, viele Gehöfte, manche Anhöhe, an denen sie vorüberfuhren, waren alte Bekannte für ihn. Alles hier war ihm so vertraut.

Schließlich hielt der Wagen auf dem Husumer Marktplatz. Eigentlich war es nur ein kurzes Stück durch die Großstraße bis zu seinem Elternhaus. Aber er hatte noch Zeit. So zog er einen kleinen Umweg vor, der ihn zu seiner alten Schule, der Gelehrtenschule, neben der Marienkirche führen sollte. Mit seinem neunten Lebensjahr war er auf diese Schule gekommen nach der Zeit bei Mutter Amberg, einer alten Dame aus Hamburg, in deren fürchterlichen Klippschule er mit vier Jahren eingeschult worden war. Eine furchterregende Frau von mächtiger Körperfülle und mit einer dicken Warze unter dem einen Auge. Warum wohl eine solche Frau ausgerechnet Lehrerin für kleine Kinder wurde? Mit ihr hatte er immer auf Kriegsfuß gestanden. Er hatte sie stets mit Madame Amberg angeredet. „Mutter Amberg“, wie sie gerne von ihren Schülern genannt werden wollte, war ihm nicht über die Lippen gekommen. Trotzdem hatte sie ihn zu ihrem Lieblingsschüler erkoren, niemals hatte sie ihn geschlagen oder mit dem Schimpfhut bedacht. Zum Glück, denn auf diesem Papphut war ein großer Eselskopf abgebildet gewesen, und der damit bestrafte Schüler hatte entweder in der Stubenecke oder bei besonders schwerem Vergehen sogar vor dem Schulhaus auf der Straße stehen müssen.

Nach wenigen Schritten stand er vor der Husumer Gelehrtenschule, einem imponierenden Gebäude mit dem hohen Treppengiebel, in dem er so lange Jahre fleißig gelernt hatte. Nichts fand er verändert. Er ahnte, dass das Innere des Hauses noch immer die dunklen, muffigen und wenig anheimelnden Klassenräume beherbergte. Aber Autorität strahlte das Gebäude immer noch aus, das musste er zugeben, und Stolz auf seine dreihundertjährige Tradition als eine der drei großen Lateinschulen des Herzogtums Schleswig.

Leicht war es ihm seinerzeit nicht gefallen, dem oft rigorosen Unterricht zu folgen. Vor allem die Latein- und Griechischstunden, die in vielen Schuljahren fast die Hälfte aller Stunden eingenommen hatten, hatten sich eigentlich durch eine erschreckende Gleichförmigkeit und durch starre Regeln ausgezeichnet. Allerdings verfügte er jetzt durch diesen Unterricht über eine umfassende Belesenheit in der Literatur des Altertums. Das musste er einräumen. Außerdem hatte er in diesen Stunden auch vielfältige Beispiele antiker Poesie kennengelernt, die ihn zur Nachahmung angeregt hatten. Sie hatten nicht nur übersetzen müssen vom Griechischen und La-

Husumer Gelehrtenschule

teinischen ins Deutsche. Nein, die Lehrer hatten auch eigenständige Nachahmungen verlangt. Die Homerlektüre hatte ihn dazu motiviert, ebenso in Hexametern zu schreiben. Aber auch mit Daktylen und anderen Versmaßen wusste er seitdem mit großer Sicherheit umzugehen. Die Motive für seine Schreibversuche hatte er den antiken Mythen und der Geschichte entnommen.

Aus dieser Zeit stammte seine Begeisterung für das Menschenbild der griechischen Polis und das politische Ideal der römischen Republik. Der gegen den dominierenden Unterricht in den alten Sprachen nur zwei Stunden umfassende Deutschunterricht hatte dagegen letztlich keine Bereicherung dargestellt. Begeisterung für die Sprache und die Literatur hatte er jedenfalls nicht zu wecken vermocht. Allerdings hatten die Lehrer immerhin auch hier großen Wert auf kreative eigene Textproduktionen gelegt. Diese Hausaufgaben hatte er eigentlich gar nicht so ungern erledigt. Daraus waren wichtige Anregungen für seine eigenen Texte erwachsen, für die Gedichte vor allem. Das erfüllte ihn schon mit einem Gefühl der Dankbarkeit. Neben den alten Sprachen hatte er Französisch und in immerhin drei Stunden in der Woche vor allem Dänisch gelernt. Darüber hinaus hatte er Unterricht in Religion, Geschichte, Geographie, Mathematik und Naturwissenschaften genießen dürfen. Beachtlich und eigentlich recht fortschrittlich war es gewesen, dass sogar kleinere Pausen für die körperliche Ertüchtigung der jungen Männer vorgesehen waren, getreu dem Motto „Mens sana in corpore sano", „ein gesunder Geist in einem gesunden Körper".

Er wollte sich schon zum Weitergehen wenden, da erfasste ihn angesichts des Gebäudes die Erinnerung an das uralte Ritual der ehrwürdigen Lehranstalt, den Redeactus. Zum Schuljahresabschluss fand alljährlich eine Schulversammlung im Ratssaal oder in der Schulaula statt, bei der außer den Lehrern auch Schüler der oberen Klassen Reden vor den Honoratioren und vor allen anderen Bürgern der Stadt halten mussten. Alle Primaner hatten die Einladung zu dieser Veranstaltung höchstpersönlich in der Stadt verteilen müssen. Kurz vor seinem Abschluss und dem Wechsel nach Lübeck hatte auch er eine solche Rede zu halten. Sein Beitrag war eine in jambischen Versen abgefasste Dichtung über „Mattathias, den Befreier der Juden" gewesen, den jüdischen Priester und Widerstandskämpfer, der im Kampf um die freie Ausübung der jüdischen Religion zum Partisanenkämpfer gegen den Seleukidenkönig Antiochos wurde. Der Rektor Peter Friedrichsen hatte ihm seinerzeit den Text ohne jede Korrektur zurückgegeben und ihm, wenn auch mit erkennbarem Unverständnis und nicht gerade enthusiastisch, in der ihm eigenen Freundlichkeit seine Anerkennung ausgesprochen.

Nun war es nicht mehr weit zu seinem Elternhaus in der Hohlen Gasse 3, dem Haus seines Großvaters Simon Woldsen, in das sie nach dessen Tod vor sechzehn Jahren gezogen waren. Ihnen war als Kindern nur zu deutlich vermittelt worden, dass die Senatorenfamilie Woldsen als eine der wohlhabendsten der Stadt galt und sozusagen zur Aristokratie Husums gehörte. Nach wenigen Schritten stand er vor dem großen zweistöckigen Backsteinhaus. Ein bisschen schief wirkte es durch den Seitenflügel mit der Toreinfahrt. Rechts daneben hinter den zwei Fenstern lag des Vaters Anwaltskanzlei, die alte dunkle Anwaltshöhle, wie er sie oft nannte. Ein Arbeitstier war er, der Vater, dafür war er in der ganzen Stadt bekannt, unermüdlich hart und fleißig arbeitend sein Leben lang. Er bewunderte den Vater wegen seines scharfen Verstandes und seiner unbestechlichen Urteilskraft, auch wegen seiner ungebrochenen Selbstbeherrschung, auch wenn diese ihm fremd und eigentlich auch ziemlich unheimlich war. Der Vater war der unangefochtene Patriarch innerhalb seiner sehr traditionsbewussten Familie. Als Advokat und Koogschreiber war er stets mit den vielen Pachtverträgen beschäftigt, die ihm ein beträchtliches Vermögen eingebracht hatten. Bis spät in den Abend hinein saß er hinter seinem Schreibtisch, die Schnupftabaksdose in griffbereiter Nähe. Vor gut einem Jahr war Johann Casimir Storm als Husumer Abgeordneter in die Schleswiger Ständeversammlung gewählt worden, auch das bedeutete noch mehr Arbeit. Ganz sicher arbeitete der Vater auch jetzt noch. Dagegen würde es in den Nebenzimmern lebhaft zugehen. Gesang und Spiel würde dem Eintretenden entgegentönen.

Hohle Gasse 3, Husum

Schließlich betrat er mit klopfendem Herzen das traditionsreiche Haus, das erfüllt war von Erinnerungen an alte Zeiten, an die selige Kindheit. Zur Begrüßung hatten sich tatsächlich alle Familienmitglieder in der Diele versammelt. Sogar der Vater trat aus seinem Kontor heraus. Er hatte immer noch volles braunes Haar, sein Körper aber wirkte klein und schwächlich. Seine grauen Augen hatte er auf ihn gerichtet, sichtbar wohlwollend. Er reichte ihm die Hand, aber eine Umarmung brachte er nicht über sich. Jeder Gefühlsbruch und jede körperliche Nähe waren ihm fremd und unangenehm. Wie übrigens auch der Mutter. Er erinnerte sich nicht dar-

an, jemals von seinen Eltern umarmt oder geküsst worden zu sein. Seine Erziehung war zwar nicht streng gewesen, aber auch nicht herzlich. Das war schon schmerzlich. Er vermisste es so. So trat ihm auch die Mutter ziemlich distanziert entgegen. Hübsch war sie, diese Lucie Storm, geborene Woldsen, mit ihrem braunen Haar und den dunkelgrauen Augen, geradezu zerbrechlich wirkte sie. Ungleich herzlicher dagegen fiel die stürmische Begrüßung der Geschwister aus. Die siebzehnjährige Helene fiel ihm gleich um den Hals, der dreizehnjährige Johannes, der elf Jahre alte Otto, Cäcilie mit ihren acht Jahren und der kleine vierjährige Aemil, alle standen sie Spalier, um den großen Bruder willkommen zu heißen. Seine Geschwister und er fühlten sich in einer großen Herzlichkeit verbunden. Er liebte seine Geschwister alle und umarmte sie überschwänglich. Wie sehr wurde ihm in diesem Moment der Verlust Lucies bewusst, die vor acht Jahren gestorben war. Ihr war er besonders verbunden gewesen, hatten sie doch eine Zeit lang sogar in einem Bett schlafen müssen.

Das Abendessen stand schon bereit. Und außer der Großfamilie hatten sich auch der Schreiber, der Kutscher und das restliche Gesinde um den großen Eichentisch in der Küche versammelt. Und natürlich Großmutter Magdalena Woldsen, die er über alles liebte. Er freute sich außerordentlich, sie so gesund und munter wieder anzutreffen.

Schule

Mit der Allgemeinen Schulreform von 1814 wurde in den Herzogtümern Schleswig und Holstein die acht- bzw. neunjährige Schulpflicht für Mädchen und Jungen eingeführt. Geschaffen wurde ein dreigliedriges Schulsystem mit Gelehrten-, Bürger- und Landschulen. Diese Schulreform war nichts weniger als eine Revolution, erstmals wurde es einfachen Menschen ermöglicht, Lesen und Schreiben zu lernen.

Die Neuordnung des Kieler Schulwesens war 1831 abgeschlossen. Friedrich Prahl nannte in seinem Kieler Stadtführer von 1858 folgende Schulen in der Altstadt: die gelehrte Schule in der Küterstraße 5, die Hauptknabenschule in der Haßstraße 20, die Mädchenschule im seit 1829 der Stadt gehörenden Buchwaldtschen Hof in der Dänischen Straße 31. Für die Vorstadt gab er folgende Schulen an: die Hauptknaben-

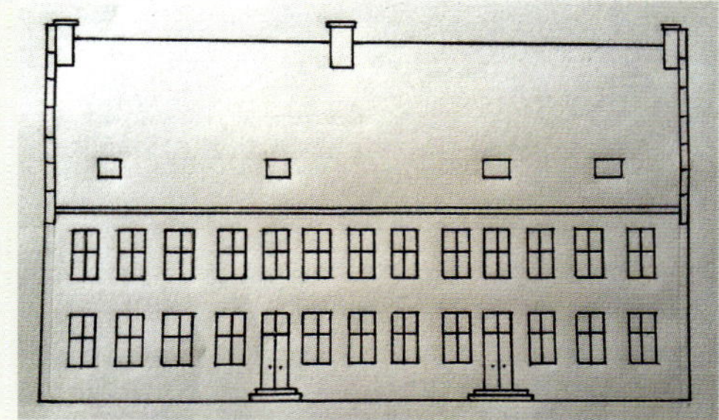

Schulgebäude Küterstraße 5, Zeichnung Wenners

schule sowie die Mädchen- und die Elementarschule in einem neu erbauten Schulhaus am Walkerdamm 6, folgende Freischulen in der Trägerschaft der Gesellschaft Freiwilliger Armenfreunde zählte er auf: die Knabenschule am Waisenhof 2, die Mädchenschule im Werkhause Schuhmacherstraße 18 sowie die Waisenschule.

Die Kieler Gelehrtenschule, die 1320 gegründete alte Lateinschule der Stadt, war bis weit in das 19. Jahrhundert die einzige Schule in Kiel, die den heutigen Gymnasien entsprach. Im späten 18. Jahrhundert wurde sie unterteilt in eine Bürgerschule und eine Lateinschule, die „Gelehrte Schule", an beiden Schulen wurden ausschließlich Jungen unterrichtet. Die Gelehrtenschule war seit 1803 in dem Adelspalais der Familie von Ahlefeld in der Küterstraße 5 untergebracht. Leiter war der Rector, dem ein Conrector, ein Subrector, ein Collaborator, also ein geistlicher Hilfslehrer, sowie sieben weitere Lehrer zur Seite standen. 1868 zog die Schule in einen sehr repräsentativen Neubau in der Dammstraße am Kleinen Kiel um.

Neben den weiteren öffentlichen Schulen gab es zahlreiche Privatschulen wie die Höheren Töchterschulen, zum Beispiel das seit 1843 von Johanna Antoinette Broekel in der Flämischen Straße betriebene Institut für etwa sechsunddreißig Mädchen im Alter zwischen 7 und 15 Jahren, Töchter aus den höheren Kreisen Kiels. Eine Privatschule für ABC-Schützen betrieb der Kandidat der Theologie Hansen mit seiner Frau; unter-

Schulräume, Freilichtmuseum Molfsee, Fotos Wenners

richtet wurde im Schreiben, Rechnen und biblischer Geschichte.

1861 erfuhr das Kieler Schulwesen eine grundlegende Neuordnung. Der Magistrat der Stadt entschied sich für ein neues Schulsystem, nach dem es je eine Freischule für Mädchen und Jungen, je eine Bürgerschule für Mädchen und Jungen und je eine Höhere Mädchen- bzw. Knaben-Bürgerschule geben sollte. Außer in den Freischulen musste in den anderen Schularten Schulgeld entrichtet werden.

Tage im September 1837

Er genoss die Ruhe und die entspannten Tage im elterlichen Haus. Auch hier war sein liebster Platz der Garten, mit seinem Taubenhaus und den Starenkästen, denn der Vater war ein Vogelliebhaber. Und überall die herrlichsten Rosen. Dazu die vielen großen Obstbäume und natürlich der mächtige Ahornbaum, unter dessen gewaltigem Schattendach sein Lieblingsaufenthaltsort war. Ein wundervoller Kletterbaum in der Kindheit. Den Sommer über hatte er als Kind fast ausschließlich in diesem Garten gelebt. Am liebsten war er sogar allein in diesem Gartenparadies, um seinen Gedanken nachzuhängen. Der Garten war ihm lebensnotwendig, hier konnte er Ruhe finden und Kraft.

Seine freie Zeit verbrachte er am liebsten mit Helene, das war schon immer so gewesen. Sie war nur zwei Jahre jünger als er und stand ihm besonders nah. Am Vormittag trieben sie wie gewohnt Sprachstudien. Es brachte ihnen beiden unglaublichen Spaß, fremde Sprachen zu lernen. Dieses Mal hatten sie sich das Italienische vorgenommen. Am Nachmittag kamen häufig Helenes Freundinnen herüber, um mit ihnen gemeinsam zu singen. Sie übten Duette oder Terzette ein, bei denen sein schöner Tenor besonders gut zur Geltung kam. Das bestätigten auch die Mädchen. Solch ein Lob gefiel ihm durchaus. Wenn sie einmal pausierten, zeigte er den jungen Mädchen die von ihm gesammelten Kupferstiche und erzählte ihnen die dazu passenden Märchen, die er so sehr liebte. Ihre grenzenlose Bewunderung tat ihm gut. Am Abend bestanden die Erwachsenen dann darauf, dass es ein regelrechtes Konzert geben müsse. Dazu versammelten sich alle im Salon um das Klavier herum. Zuerst musste er etwas auf dem Piano zum Besten geben. Er wählte zunächst einige Walzer und dann auch die schwierigeren

Impromptus von Franz Schubert aus. Schließlich folgten die einstudierten Gesangsnummern, zum Beispiel aus Carl Maria von Webers „Freischütz", den alle Anwesenden schätzten und den er so besonders liebte. Am meisten freute sich Großmutter Woldsen über die jugendlichen Stimmen.

Überhaupt, Großmutter Magdalena Woldsen, sein über alles geliebtes und hochverehrtes Großmütterchen. Er kannte sie nicht anders als stets sanft und heiter. Ihre Herzensgüte war unermesslich groß. Bei ihr fand er die innige Liebe, die er bei seinen Eltern so sehr vermisste. Wie oft hatte er nicht mit ihr ganz allein in der verwunschenen Lindenlaube im Garten gesessen und ihr fasziniert zugehört, wenn sie aus ihrer Jugend erzählte, vom Großvater, der nun schon seit siebzehn Jahren tot war, von der Kindheit seiner Eltern oder von Tante Fränzchen. Die Großmutter war immer so fürsorglich und zärtlich zu ihm gewesen. Wie innig sie Märchen erzählen konnte.

Märchen erzählen, das war auch das Metier der Bäckerstochter und Erzählerin Magdalene Jürgens, die ihn immer sehr beeindruckt hatte mit ihren Erzählungen, Seemannsgeschichten, Märchen und Sagen: Er konnte die Angst immer noch spüren, die ihn bei den Spukerzählungen an den langen, dunklen Winterabenden regelmäßig erfasst hatte. Ihr gedämpftes und ruhiges Plattdeutsch hatte er noch immer im Ohr, wenn sie in andachtsvoller Stille und Feierlichkeit den um sie versammelten Kindern ihre Geschichten erzählte. Heimlich nannte er sie die „Scheherezade meiner Jugend". Sie wohnte gleich um die Ecke in der Langenharmstraße. Sie müsste er beim nächsten Mal unbedingt besuchen. Zu gerne würde er einmal wieder ihre Geschichten hören und sich zurückträumen in die Kindertage. Am liebsten würde er auch einmal etwas für Kinder schreiben. Es gab eigentlich so wenige richtig schöne Kinderbücher.

Kinderbücher

In den bürgerlichen Familien der ersten Hälfte des 19. Jahrhunderts wurde der Erziehung der Kinder mehr Zeit und Aufmerksamkeit gewidmet als jemals zuvor. Kinderkleidung, die nicht mehr bloße Kopie der Erwachsenenmode war, Spielzeug und Kin-

Detlev Conrad Blunck: „Die Kinder des Neustädter Arztes Karl Krah", 1850. Kunsthalle zu Kiel

derbücher sollten eine glückliche und anregende Kindheit gewährleisten.

Bilderbücher und Lese- und ABC-Bücher für Kinder hatten im Biedermeier Konjunktur. Sie erschienen in vielen Ausgaben und in hohen Auflagen, weil sie in jedes Kinderzimmer gehörten. Diese meist farbig illustrierten Bücher hatten wie im 18. Jahrhundert immer noch eine stark moralisierende Tendenz. Sie sollten die Kinder belehren und unterweisen. Das Biedermeier zeigte allerdings auch eine poetische Gegenbewegung: Märchen und fantastische Geschichten sollten die Kinder auch unterhalten und erbauen. 1815 gab August Campe in Hamburg „Dichtungen aus der Kinderwelt" heraus mit Liedern, Erzählungen und Singspielen. Ein Jahr später erschienen in Berlin die „Deutschen Sagen" der Brüder Grimm. 1837 kamen ihre „Kinder- und Hausmärchen" hinzu. Dazu gesellten sich 1838 „Die schönsten Sagen des klassischen Altertums" von Gustav Schwab. 1845 wurden Ludwig Bechsteins „Deutsches Märchenbuch" und Robert Reinicks „ABC-Buch für kleine und große Leute" herausgebracht.

Ein radikaler Bruch mit dieser Kinderbuchtradition gelang 1845 dem deutschen Kinderarzt Heinrich Hoffmann. Aus Abneigung gegen die aufklärerischen und didaktischen Ansätze der meisten Bilderbücher schuf er für seinen dreijährigen Sohn den

Ein Bilderbuch aus dem Jahre 1845

Lütt Marieken

Für seine kleinen Töchter gemalt
von Fritz Klemm, Zichorienfabrikant zu Kiel

Bei Paul Hartung · Hamburg

Titelblatt von „Lütt Marieken ehr Köh", Foto Wenners

„Struwwelpeter", das wohl bekannteste aller deutschen Kinderbücher. In seinem Buch erzählte Hoffmann Geschichten von Kindern, die sich gegen die Anweisungen ihrer Eltern verhalten und deshalb schreckliches Unglück erfahren. Seine drastischen Geschichten vom Suppenkaspar und Zappelphilipp, von Konrad, dem Daumenlutscher, Hans Guck-in-die-Luft und Paulinchen ernteten Lob, aber auch viel Kritik.

Ebenfalls im Jahr 1845 gab der Kieler Fabrikant Fritz Klemm, der in der Klinke wohnte und eine gut gehende Zichorien- oder Kaffee-Ersatz-Fabrik betrieb, für seine kleinen Töchter ein niederdeutsches Bilderbuch heraus: „Lütt Marieken ehr Köh". Hier gab es keine bösen Buben und ungehorsamen kleinen Mädchen mit ihren schlimmen Streichen, das kleine Marieken war ein braves Kind, das sich aus Tannenzapfen eine kleine Kuhherde bastelte, sie fütterte, auf die Weide trieb und melkte. Die kurzen plattdeutschen Texte und die beschaulichen Abbildungen bereiteten offenbar vielen kleinen Kielerinnen und Kielern große Freude. Von seinen vielen Geschäftsreisen durch Schleswig-Holstein schrieb Klemm seinen sechs Kindern stets lange Briefe, die er mit kleinen rebusartigen Zeichnungen illustrierte.

Mitte September 1837

An fast jedem Morgen musste er zunächst einmal auf den Deich, ein obligatorischer Gang. Dort hatte er den freien Ausblick auf die Nordsee. Das Meer war ihm alles, Heimat, ja Religion. Er glaubte an das Meer, so wie auch an die Liebe. Das Meer konnte man mit allen Sinnen spüren, man konnte es sehen und hören, riechen, schmecken und fühlen. Freilich war das Meer und war die Natur auch Feind, gegen den der Mensch sich zur Wehr setzen musste. Aber das würde man eines Tages schaffen. Da war er sich völlig sicher. Man würde durch Denken und Forschen und durch Planen bessere Deiche bauen und den Kampf gegen das Meer gewinnen. Davon war er felsenfest überzeugt. Überhaupt würde man eines Tages alle Geheimnisse der Natur, des Universums enthüllen und alle offenen Fragen lösen. Die Religion konnte keine Antworten darauf geben. Dazu bedurfte es keines Gottes und keiner Religion.

Hier am Meer war ihm alles so vertraut. In diesem September war der Himmel oft hoch und blau, die Sonne strahlte hoch vom Himmel auf das Watt, und der Blick reichte weit bis zur klaren Horizontlinie. Dazwischen die so vertrauten Halligen mit ihren Warften und reetgedeckten Häusern. Es war noch immer sehr warm, fast wie im Sommer. Er genoss es, die salzige Meeresluft einzuatmen und den kräftigen Westwind auf der Haut zu spüren. Die Schreie der Möwen. Hier war er zu Hause! Er wanderte den Deich entlang und betrachtete voller Liebe seine Vaterstadt, die sich vor der Geesthöhe im Osten ausdehnte, hier, wo sich Marsch und Geest begegneten. Sein Blick schweifte über die unendlichen Wiesen und Weideflächen hinter dem Deich, über die einsamen Moor- und Heideebenen. Er lauschte dem Ruf der Vögel in dieser noch weitgehend unberührten Naturlandschaft. Er kannte sie alle, die Vögel seiner Heimat. Wie er auch alle Pflanzen kannte. Als Schüler hatte er sogar ein Herbarium angelegt.

Die bemerkenswerte Naturverbundenheit hatte Tradition in seiner Familie. Der Vater entstammte einer Bauernfamilie, die seit vielen Generationen einen Mühlenbetrieb in Westermühlen unterhielt. Wie so oft in den Michaelisferien besuchte er auch dieses Mal den Onkel Hans, der als ältester Sohn die Nachfolge in dem Familienbetrieb der Großeltern in Westermühlen angetreten hatte. In diesem Wald- und Mühlenparadies wurde ausschließlich plattdeutsch gesprochen. Auch sein Vater beharrte übrigens immer darauf, niederdeutsch zu sprechen, auch und gerade in seiner hochdeutsch geprägten gesellschaftlichen Umgebung. Als er sich der Mühle näherte, war ihm, als sähe er als etwa zweijähriges Bürschlein die Großeltern, den kleinen strengen Großvater und die kleine runde Großmutter, wie Schattengestalten aus der etwas höher gelegenen und von zwei Seitenbänken flankierten Haustür heraustreten. Auch hier umgab ein wunderbarer Baum- und Obstgarten das alte Haus, die Ställe und zahlreichen Wirtschaftsgebäude. All diese Gebäude lagen wie auch der Fachwerkbau der alten Wassermühle unter den Wipfeln ganz ungeheurer Eichen. Der rauschende Mühlbach begrenzte den weitläufigen Garten.

Auch im Hausinneren fand er alles so vor wie zu seinen Kindertagen. Vom geräumigen Flur aus führte eine breite und lange Treppe nach oben. Zur Linken lag das dunkle Wohnzimmer mit einem Alkoven hinter zwei Flügeltüren mit Glasscheiben, dem Schlafplatz seiner Großeltern. Die Tür daneben führte in die große Küche. Er sah sich noch neben dem Herd stehen und staunend Möddersch Marieken zuschauen, wie diese den in der Pfanne brutzelnden Pfannkuchen ganz plötzlich in die Höhe schleuderte, wo dieser sich auf wundersame Weise umdrehte und mit der ungebackenen Seite in die Pfanne zurückfiel. Je mehr er vor Staunen juchzte, des-

to höher flogen die nachfolgenden Pfannkuchen. Welch eine herrliche Kindheitserinnerung!

Von Westermühlen aus wanderte er wie in Kindheitstagen über Wiesen, Bruchland und Gräben in das eine Viertelstunde vom Dorf entfernt gelegene Bauernholz. Schmerzlich berührte ihn die Erinnerung an eine Ferienzeit in Westermühlen, in der er sich von seinem einige Jahre älteren Vetter Fritz Stuhr hatte verleiten lassen, einen Weißstorch vom Baum zu schießen. Wie grausam konnten Knaben doch sein. Wie sehr er heute seine Jugendsünde bereute.

Dienstpersonal

Zum groß angelegten Haushalt der wohlhabenderen Bürger, also der höheren Beamten, der Professoren, der erfolgreichen Kaufleute und auch Handwerker, gehörten wie in den adeligen Haushalten seit jeher Bedienstete. Gegenüber den Ärmsten der Stadtgesellschaft erschien ihr Status fast privilegiert. Sie verfügten über eine gesicherte Stellung, ein festes Einkommen und einen Platz in der geordneten Gemeinschaft des Hauses. Das sollte allerdings nicht darüber hinwegtäuschen, dass sie einen vielstündigen Arbeitstag hatten, bis zur Erschöpfung arbeiten und sich häufig auf engstem Raum in ihren Kammern einrichten mussten.

Zu dem männlichen Personal zählten der Kammerdiener, der Kutscher, der Hausknecht, ggf. der Koch, zu den weiblichen Bediensteten das Dienstmädchen, das Kammermädchen, die Köchin, die Aufwärterin, ggf. das Kindermädchen, die Gouvernante und die Gesellschafterin. Die mit Abstand größte Gruppe stellten in Kiel die Dienstmädchen, meist ganz junge Mädchen.

„Treppenaufgang in der Faulstraße 13“, Tank, Schleswig-Holsteinische Landesbibliothek

Wenn die Dienstmädchen zum Beispiel mit dem Frühjahrsputz befasst waren, konnte man sie beobachten, wie sie in ihren Röcken aus dickem gewebten, rot und grün gestreiften Stoff und in Holzpantinen in den oft schmalen und engen Häusern treppauf und treppab herumwirbelten. Die meisten Dienstmädchen trugen zu ihren Röcken Oberteile aus schwarzem Samt mit einem kleinen Schoß hinten und kurzen Puffärmeln. Lange Ärmel waren den Dienstmädchen aus hygienischen Gründen verwehrt. Zur Bekleidung gehörten ferner eine weiße Schürze sowie eine Kappe, die mit Hilfe eines breiten bunten Seidenbandes unter dem Kinn zugebunden war. Die Dienstmädchentracht gehörte zur Grundausstattung, die von der Herrschaft gestellt wurde. Die weiteren Kleidungsstücke wurden entweder zu Weihnachten geschenkt oder sie mussten von dem Jahreslohn, der in der Regel zwanzig Taler Kurant betrug, bezahlt werden. Zum Geburtstag erhielten die Dienstmädchen oft ein weiteres besonderes Geschenk, nämlich Stoff, aus dem sie sich dann selbst etwas schneidern oder den sie für ihre Aussteuer zurücklegen konnten.

Nach der Zubereitung des Frühstücks hatten die Dienstmädchen die verschiedenen Reinigungsarbeiten im Haus zu verrichten. Der Einkauf auf dem Markt oder in den Geschäften bot eine willkommene Abwechslung und die Möglichkeit zu einem kleinen Plausch mit den anderen Dienstmädchen oder zur Begegnung mit einem feschen Burschen. Die Zubereitung der weiteren Mahlzeiten und der Abwasch gehörten zum Tagesgeschäft. Alle vierzehn Tage hatten die Mädchen Anspruch auf einen freien Sonntag.

Am 2. Februar, zu Mariä Lichtmess, dem vierzigsten Tag nach Weihnachten, wurden alljährlich neue Dienstmädchen eingestellt. An diesem Tag endete das Dienstbotenjahr. Das Arbeitsverhältnis beim alten Dienstherrn wurde aufgelöst oder, üblicherweise per Handschlag, um ein weiteres Jahr verlängert. Die meisten Dienstherrschaften der Stadt pflegten den Brauch, dem Gesinde zu Lichtmess zusammen mit dem Rest ihres Jahreslohnes und ihrem Dienstbuch ein Paar Schuhe als Lohn zu geben, für die weitere Arbeit oder die Arbeitssuche. Die meisten Mädchen stammten aus den Dörfern der näheren Umgebung.

14. September 1837

Der Tag nach seiner Rückkehr aus Westermühlen war sein Ehrentag, sein 20. Geburtstag. Angesichts des prachtvollen Wetters wurde, wie vorausgesehen, sein Geburtstag im Garten gefeiert. Die lange Kaffeetafel war unter dem schattigen Ahornbaum gedeckt. Der Vater ließ es sich nicht nehmen, in einer kurzen Ansprache an den Tag seiner Geburt zu erinnern. Am 14. September 1817, einem Sonntag, kurz vor Mitternacht sei er auf die Welt gekommen, zusammen mit der aufkommenden Flut. Es sei ein regnerischer und stürmischer Tag geworden. Im Zeichen der Jungfrau sei er geboren geworden. Den Vornamen Hans habe er erhalten, weil alle Erstgeborenen der Familie Storm seit Jahrhunderten so hießen, Woldsen sei ein Tribut an die altehrwürdige Familie seiner Mutter, damit der Namen nicht aussterbe, und den Vornamen Theodor habe die Mutter in einem Kalender entdeckt, er habe ihr so besonders gut gefallen.

Einige Freunde aus Jugendtagen waren eingeladen. Und auch Emma oder genauer Heinke Kerstina Emma Kühl. Er hatte darauf bestanden, dass sie neben ihm sitzen sollte. Wie reizend sie aussah mit ihren hellblonden Haaren und in ihrer Föhrer Tracht. Ohne Zweifel, sie war wahrhaftig schön, etwas kokett zwar, aber gebildet und liebenswürdig. Er konnte den Blick gar nicht abwenden. Noch an diesem Nachmittag wollte er sie fragen. Dazu würde es schon noch eine Gelegenheit geben.

Unten im Gartenhaus gab sie ihm schließlich das Jawort. Und tatsächlich verkündete er seiner Familie nach dem Abendessen bei der traditionellen Bowle, dass Emma und er sich einig waren. Der Termin der Verlobung wurde auf den 3. Oktober gelegt. Anschließend wurde gebührend gefeiert. Es wurde spät an diesem Abend.

So kamen die Familien schon am 3. Oktober anlässlich der Verlobung wieder zusammen. Dieses Fest freilich wurde nicht im Garten gefeiert, sondern im Speisesaal mit seinen wunderschönen Rokokomöbeln. Überhaupt atmete das ganze herrschaftliche Patrizierhaus den Glanz einer vergangenen Epoche. In seinem Inneren waren eine reiche Ausstattung, Türen und Stuckaturen aus dem 18. Jahrhundert bewahrt. Die Eltern hatten sich nicht entschließen können, diese Rokokoeinrichtung der Vorfahren gegen moderne Biedermeiermöbel auszutauschen.

Am nächsten Morgen schon reiste Emma wieder ab zur Insel Föhr. Lange winkte er dem Schiff hinterher. Auch er würde ja bald wieder nach Kiel zurückfahren. Wann würden sie sich wiedersehen? War es denn überhaupt richtig gewesen, sich zu verloben? War die Entscheidung etwa vorschnell und zu unüberlegt? Vor Emmas Bild schob sich schon jetzt das Bildnis eines anderen Mädchens, das er vor fast einem Jahr in Altona kennengelernt hatte. War er Emma letztlich damit nicht schon untreu geworden? Mit diesen Gedanken ging er vom Hafen zurück in die Hohle Gasse. Aber egal, morgen jedenfalls würde er erst einmal wieder nach Kiel zurückkehren. Das neue Wintersemester fing bald wieder an.

Wohnkultur und Möbel

Die typischen Biedermeiermöbel sollten vor allem zweckmäßig sein und zeichneten sich daher durch schlichte Eleganz und handwerkliche Qualität aus. Beliebte Hölzer waren besonders Kirschbaum, Nussbaum, Birke und Mahagoni.

Im oberen Stockwerk vieler Bürgerhäuser lag der Salon, dessen Mittelpunkt der große runde Sockeltisch aus Kirschholz bildete. Dahinter stand das gerade Magazinsofa, in dessen seitlichen Lehnen sich unter Klappen praktische Stauräume befanden, zum Beispiel für Hand- und Näharbeiten. Über dem Sofa hingen Porträts der zahlreichen Familienangehörigen.

Um den Tisch herum waren zierliche Stühle gestellt, die wie das Sofa mit Seide

„Zimmer im Hause des Malers“ (Musikzimmer?), Federzeichnung von Johann Christian Wolters 1867, Schleswig-Holsteinische Landesbibliothek

„Stube im Haus Schloßstraße 24“, Wohnung des Malers Johann Christian Wolters, Aquarell 1867, Schleswig-Holsteinische Landesbibliothek

Biedermeierzimmer, Freilichtmuseum Molfsee, Foto Wenners

bezogen waren. Außer dem Nähtisch am Fenster gehörten der Schreibsekretär, hohe Bücherschränke sowie ein Klavier zur Einrichtung dieses gemütlichen Zimmers. An dem Klavier fanden in der Regel die wöchentlichen Unterrichtsstunden der Töchter des Hauses an diesem Instrument statt. Der besondere Stolz der Hausfrau galt einer schönen Vitrine mit kostbaren Gläsern, deren Giebel unter Umständen eine prächtige Porzellanuhr schmückte, oder die Servante, das Schauschränkchen mit geschliffenen Glasscheiben, in dem Kostbarkeiten aus Porzellan ausgestellt waren. Am Fenster standen vielleicht noch ein hochlehniger Sessel und daneben ein Tischchen mit einer Lampe. Es handelte sich um eine Astrallampe aus Bronze, eine Petroleumlampe, die solchermaßen konstruiert war, dass ihr Licht kaum Schatten warf.

20. Dezember 1837

Weihnachten stand vor der Tür. Ein Fest im Hause Storm ohne ihren geliebten Theodor war für die Geschwister unvorstellbar. Das hatten sie ihm unmissverständlich geschrieben. Also würde er über die Feiertage wieder nach Husum fahren. Am Mittwoch, dem 20. Dezember, ging es los. Auf der langen Kutschfahrt kamen ihm die Erinnerungen an das Weihnachtsfest im vorigen Jahr in den Sinn. Weihnachten 1836 hatte er ausnahmsweise einmal nicht im Kreis der Familie verbracht, sondern bei Verwandten in Altona. Damals hatte er als Schüler des Katharineums noch in Lübeck gelebt. Von dort aus war der Weg nach Altona weniger beschwerlich als nach Husum. Die Familie Scherff hatte ihn auf das Herzlichste eingeladen. Der betuchte Kaufmann Jonas Heinrich Scherff war mit Friederike Henriette, einer Cousine seiner Mutter, verheiratet. Die Feiertage waren sehr harmonisch und gemütlich verlaufen, in etwa so wie zu Hause. Was aber das Fest so besonders und so unvergesslich hatte werden lassen, war die Begegnung mit einem jungen Mädchen gewesen. Bertha von Buchan war zwar erst zehn Jahre alt, aber von solcher Lieblichkeit und von solchem Charme, dass es ihn völlig durcheinandergebracht hatte. Diese blauen Augen und diese braunen Locken, diese süßen Lippen. Bertha wohnte seit dem frühen Tod ihrer Mutter bei ihrer Pflegemutter Therese Rowohl in Hamburg, in deren Obhut sie ihr in Böhmen lebender Vater gegeben hatte, und war ebenfalls zum Weihnachtsabend der Familie Scherff eingeladen gewesen. Dieses Kind Bertha hatte bei ihm einen so unermesslich großen Eindruck hinterlassen, dass es ihn noch am Morgen des ersten Weihnachtstages gedrängt hatte, ein Gedicht auf das Mädchen zu verfassen. Er hatte den Text zunächst auf einen Notizzettel geschrieben, um ihn später, wenn er ihn korrigiert und überarbeitet haben würde, seiner Gedichtsammlung hinzuzufügen:

Meine Maid

Blau ist ihr Aug, nachtbraun ihr lockicht Haar
Ein schelmisch Mündlein, wie nur je eins war
Ein launisch Köpfchen doch sein Widerstreben
Ein Schelmenmund, wie jemals einer war,
Ein launisch Kind, - doch alles Widerstreben
Besiegt das Herz, das mir so ganz ergeben.

Oft wenn ich müde mich im Lehnstuhl ausgeruht
Sie stumm betrachtend als mein höchstes Gut,
dann brach sie los die weiße Stirne faltend
Du bist sehr interessant
Ich muß gestehn, du bist sehr unterhaltend
„Der Mutter sag ichs." ruft das tolle Kind
Sie springt davon, doch hasch ich sie geschwind
Mit tausend Küssen zwing sie zu eigen
Daß flehend sie gelobt ein ewig Schweigen.

Seitdem hatte ihn der Gedanke an das allerliebste Lockenköpfchen nicht mehr losgelassen. Jetzt auf der Kutschfahrt nach Husum wurde ihm klar, dass das Bild Berthas tatsächlich auch Emma Kühl wieder vollkommen aus seinem Herzen verdrängt hatte. Auch wenn Bertha erst zehn Jahre alt war, eines Tages würde er sie ganz sicher zur Frau nehmen, spätestens nach ihrer Konfirmation. Und sie war ihm ebenfalls sehr zugetan. Das spürte er. Und davon zeugten auch ihre Briefe an ihn, auch wenn sie noch recht kindlich waren. Bertha war so klein und zart, hilflos und schutzbedürftig. Er wollte ihr Vertrauter, ihr Beschützer sein. Wie ihm diese Rolle gefiel! Gerade die Tatsache, dass sie noch ein Kind war, bedeutete ihm so viel. Wie überhaupt die Kindheit für ihn die wichtigste Phase im Menschenleben war. Er liebte die Kinder, wie zum Beispiel seine Geschwister. Kinder waren so unverdorben, sie betrachteten die Welt so vorbehaltlos aus ihrem unschuldig naiven und von der Fantasie geleiteten Blickwinkel. Und dass Bertha ausgerechnet aus Böhmen stammte, erhöhte noch ihren Reiz. Böhmen, das klang für ihn nach Volksmusik, nach wanderndem Volk, nach Zitherspielern und Harfenmädchen.

Für dieses Weihnachtsfest hatte er sich etwas Besonderes für seine heimliche kleine Geliebte ausgedacht. Er hatte ein Märchen für sie verfasst, ganz im Stil der von ihm so verehrten Brüder Grimm. Auf dem Titelblatt des Oktavheftchens stand: „Hans Bär. Ein Mährlein, erzählt von H.Th.W.Storm. Seiner jungen Freundin Bertha von Buchan gewidmet vom Verfasser." Mit der Post war das vierzehnseitige handschriftliche Manuskript auf den Weg von Kiel nach Hamburg gebracht worden. Oh, sie würde sehr überrascht sein von seinem Geschenk und ganz sicher begeistert, und sie würde das Märchen verstehen, auch wenn sie noch ein Kind war. Dessen war er sich ganz sicher. Sie würde wissen, wer sich hinter der Prinzessin verbarg, war sie doch selbst eine kleine Prinzessin. Und sie würde auch erahnen, wer Hans Bär sein sollte. Wohlgemerkt: Hans!

Dieser Hans Bär, ein armer Köhlersohn, war von einer Bärin in einer Bärenhöhle aufgezogen worden und verfügte über Bärenkräfte. Als er von einer Prinzessin hörte, die von einem fürchterlichen Riesen bedrängt wurde, war der Entschluss schnell gefasst, die Prinzessin zu befreien und sich den Lohn zu verdienen, die Königstochter zur Frau zu bekommen und dazu das halbe Königreich. Natürlich war sein Vorhaben erfolgreich. Siegreich und glücklich führte Hans Bär seine Gemahlin in die Bärenhöhle, um sie der Bärenmutter zu präsentieren. Diese war aber alt und krank und starb in seinen Armen.

Dem Märchen hatte er dazu noch ein Gedicht beigefügt, das er gerade niedergeschrieben hatte:

Zum Weihnachten

Mädchen, in die Kinderschuhe
Tritt noch einmal mir behänd!
Folg mir durch des Abends Ruhe,
Wo der dunkle Taxus brennt.

Engel knien an der Schwelle,
Hütend bei dem frommen Schein;
Von den Lippen klingt es helle:
Nur die Kindlein gehen ein!

Doch du schaust mich an verwundert,
Sprichst: »Vertreten sind die Schuh;
Unter alt vergessnem Plunder
Liegt die Puppe in der Truh'.«

Horch nur auf! Die alten Märchen
Ziehn dich in die alte Pracht!
Wie im Zauberwald das Pärchen
Schwatzen wir die ganze Nacht.

Von Schneewittchen bei den Zwergen,
Wo sie lebte unerkannt
Und war hinter ihren Bergen
Doch die Schönst' im ganzen Land.

Von Hans Bärlein, der im Streite
Einen Riesenritter schlug,
Der die Königstochter freite,
Endlich gar die Krone trug.

Von dem Dichter auch daheime,
Der ein Mädchen, groß und schlank,
Durch die Zauberkraft der Reime
Rückwärts in die Kindheit sang.

Postwesen

In der Biedermeierzeit hatte das Postwesen eine große Bedeutung, und zwar nicht nur für die Beförderung von Briefen und Paketen, sondern auch von Personen. Eingesetzt waren dafür reitende Boten oder die Postwagen, die zwischen den Poststationen verkehrten, meist Gasthäusern, in denen die Reisenden, die Postillione und die Pferde ausruhen konnten, Vorläufer der Postämter. Die Fahrt von Kiel nach Altona dauerte im frühen 19. Jahrhundert noch etwa 17 Stunden und führte über unbefestigte, holprige Wege, in den meist ungefederten Postkutschen war das ein abenteuerliches und äußerst unbequemes Unternehmen. Auf die Postkutsche, allerorten Inbegriff biedermeierlicher Gemütlichkeit, trifft genau das Gegenteil zu. Erst die gepflasterte Chaussee machte die Fahrten ab 1832 schneller und bequemer. Noch schneller wurde die Beförderung durch die 1844 eingeweihte Eisenbahnlinie.

Eine Besonderheit der dänischen Post war der so genannte Kugelpostwagen, den es nur hier gab, eine zweiachsige Kutsche, deren Ladebereich anstatt eines Passagierraums die Form einer Kugel hatte. Deshalb konnten die Kutscher keine Passagiere auf eigene Rechnung mitnehmen. Darüber hinaus war der Wagen leichter und damit schneller. Der lederne Bezug der Kugel, die man im Winter abnehmen und auf einen Schlitten spannen konnte, bot außerdem einen Schutz vor der Witterung.

In Kiel galt das dänische Postwesen. Im Kieler Postkontor arbeiteten etwa zehn Personen, der königliche Postmeister, ein Postbevollmächtigter, drei Postschreiber, drei Briefträger, ein Träger und ein Wagenmeis-

Dänischer Kugelpostwagen aus der ersten Hälfte des 19. Jahrhunderts, Modell, Industriemuseum Elmshorn

ter. Den eigentlichen Transport der Postsendungen vergab die königliche Post dagegen an private Fuhrleute, die sich zu so genannten „Fuhrrollen“ zusammenschlossen. Für den Fahrdienst waren Knechte zuständig. Die Beförderung der Post nach Kopenhagen übernahm das Paketboot, das regelmäßig zwischen Kiel und der dänischen Hauptstadt verkehrte. Die Ausgabe von Passierscheinen war Aufgabe des königlichen Postmeisters.

Auf Initiative von Wilhelm Ahlmann entstand in der Zeit der schleswig-holsteinischen Erhebung (1848 - 1851) ein einheitliches Postwesen. Der in der Provisorischen Regierung für das Postwesen zuständige Ahlmann vereinfachte und modernisierte die Abläufe. Zum ersten Mal hängte man Briefkästen auf, Landzusteller wurden eingesetzt und - zehn Jahre nach ihrer Erfindung in England - Briefmarken, sogenannte „Postschillinge“, ausgegeben.

24. Dezember 1837

In Husum angekommen, tauchte er vollkommen ein in die Vorbereitungen auf das große Fest. Sonntag war Heiligabend. Bis dahin war noch vieles zu erledigen. Der große Baum im Saal musste geschmückt werden. Das war seit jeher seine Aufgabe, die er aber auch äußerst gerne übernommen hatte, das musste er zugeben. Das war eine stundenlange Mühsal, die Glaskugeln, die goldenen Eier und Walnüsse, die filigranen Figuren, die goldenen Girlanden und Netze und die unzähligen Lichter auf den ungeheuren Baum zu bringen, der mit seiner Spitze bis an die hohe Decke reichte. Auch an der Weihnachtsbäckerei hatte er sich zu beteiligen. Darauf bestand vor allem Helene. Neben den braunen Kuchen war sein Lieblingsgebäck jenes Schmalzgebäck, die Futjen, deren Rezept konnte er wie im Schlaf herbeten: man benötigte einen Liter Milch, ½ Pfund Butter, 4 Pfund Mehl, 2 Liter Rosenwasser, ½ Pfund Korinthen, die Schale von 2 Zitronen, 1 Loth Cardemum, etwas Franzbranntwein sowie 15 Eier.

Weihnachten. Das war für ihn das bedeutendste aller Feste, das eigentlich von einem unvergleichlichen Zauber umfangen war. Weihnachten, wie es in seiner Kindheit war. Aber seltsam, in diesem Jahr fühlte er zum ersten Mal, dass der Zauber der kindlichen Weihnacht verschwunden war. Auch wenn die kleineren Geschwister so aufgeregt und voller Vorfreude waren, auch wenn er so reichlich beschenkt wurde wie alljährlich, auch wenn der prächtige Lich-

terbaum so glänzend funkelte wie in jedem Jahr. Dieser schmerzliche Verlust der kindlichen Weihnachtsfreude war ein herber Schlag für ihn. Woher nur kam diese Veränderung? Trotzdem versuchte er, die Freude auf das hohe Fest zu bewahren, das ihm vor allem das harmonische Beieinander der Familie, von Jung und Alt bedeutete. Das Wichtigste waren ihm neben dem gemeinsamen Essen und Trinken das Vorlesen, das Musizieren und das fröhliche Spielen. Vielleicht würde sich dabei die reine Weihnachtsfreude wieder einstellen.

An diesem Heiligabend gingen sogar die Eltern in die Kirche, was sie sonst nur höchst selten taten. Auch ihm wie seinen Geschwistern hatten Vater und Mutter keinerlei religiöse Erziehung angedeihen lassen. Sie hielten nicht viel von Religion und Christentum. Sie glaubten nicht an Gott, schon gar nicht an ein Leben nach dem Tode. Trotzdem unterstützten sie die Gemeinde, wo sie konnten, vor allem dann, wenn es um soziale Aufgaben und Wohltätigkeit ging. Ihrer großen sozialen Verantwortung, gerade in Anbetracht ihrer privilegierten gesellschaftlichen Stellung, waren sich die Eltern stets sehr bewusst. So hatten sie auch zu diesem Weihnachtsfest wieder eine Bescherung von armen Menschen in ihrem Hause vorgesehen.

Weihnachten und Neujahr

Das Biedermeier war im Grunde die Epoche, in der das Weihnachtsfest, wie es heute noch in Deutschland gefeiert wird, erfunden wurde. Im traulichen Kreis versammelte sich die Familie unter dem Weihnachtsbaum und tauschte im Schein der Kerzen Geschenke aus. Das galt im Biedermeier zu allererst für die bürgerliche Familie, die das weihnachtliche Brauchtum so kultivierte, dass es die folgenden zwei Jahrhunderte überdauerte.

Der Tannenbaum, an dessen Spitze oft ein goldener Stern befestigt war, wurde über und über mit goldenen Äpfeln und Netzen, mit Zuckerwerk und vielen bunten Kugeln geschmückt und natürlich mit Lichtern, die mit der Erfindung der Stearinkerzen nicht mehr so teuer waren, festlich ausgestattet.

In der Biedermeierzeit wurde auch das entsprechende Weihnachtspersonal geboren, das Christkind und Knecht Ruprecht (übrigens auch der Osterhase). Viele der meist gesungenen Lieder entstanden in dieser Zeit, zum Beispiel „Stille Nacht“, „O du fröhliche, o du selige“ (beide 1818) und „Oh Tannenbaum“ (1824).

Weihnachtszimmer im Theodor-Storm-Haus, Storm-Gesellschaft Husum

In seinem berühmten Weihnachtsmärchen „Nussknacker und Mausekönig“, entstanden 1816, schilderte der Dichter E.T.A. Hoffmann einen gutbürgerlichen Weihnachtsabend und den biedermeierlichen Brauch des Schenkens: „Der große Tannenbaum in der Mitte trug viele goldne und silberne Äpfel, und wie Knospen und Blüten keimten Zuckermandeln und bunte Bonbons und was es sonst noch für schönes Naschwerk gibt, aus allen Ästen. ... Um den Baum umher glänzte alles sehr bunt und herrlich – was es da alles für schöne Sachen gab – ja, wer das zu beschreiben vermöchte!“

Das Schenken spielte im bürgerlichen Familienleben eine immer größere Rolle, vor allem zur Weihnachtszeit. Im Zentrum des Schenkens standen die Kinder, natürlich nur, wenn sie das ganze Jahr über besonders fromm und artig gewesen waren! Die Kleinen wurden mit einer Vielzahl von Spielzeugen beglückt, die aus erzieherischen Gründen zu einer Nachahmung der Erwachsenenwelt anregen sollten, Zinnsoldaten, Säbel und Schaukelpferde für die Jungen, Puppen und Puppenstuben oder Ausschneidebögen für die Mädchen, ganz gemäß ihren unbestrittenen Geschlechterrollen. Hampelmänner, Brummkreisel und auch die meisten Bilderbücher waren dagegen eher geschlechtsneutral. Eine wahre Spielwarenindustrie entstand, der Katalog des Nürnberger Spielzeugfabrikanten Bestelmeier bot 1823 etwa 1.200 verschiedene Artikel an.

Aber auch die Kinder blieben nicht untätig. Die Kinderzimmer verwandelten sich in richtige Weihnachtswerkstätten, in denen Bastelarbeiten mit Gold- und Silberpapier, Fensterbilder, Nadelstichbilder und Laubsägearbeiten entstanden.

Wie in ganz Schleswig-Holstein war es auch im vorweihnachtlichen Kiel schöner Brauch, dass Kinder herumzogen und Rummelpottlieder sangen; die als heilige Könige verkleideten Kinder mit ihren zum Teil geschwärzten Gesichtern postierten sich vor den Haustüren und sangen ihre Lieder ab, nicht immer melodisch, aber meist voller Inbrunst:

Fru, maak de Dör op!
De Rummelpott will rin.
Daar kümmt een Schipp ut
Holland.
Dat hett keen goden Wind.
Schipper, wulltst du wieken!
Feermann, wulltst du strieken!
Sett dat Seil op de Topp
un geevt mi wat in'n Rummelpott!

In ihren Händen hielten sie den Rummelpott, einen irdenen Topf, mit einer straff gespannten Schweinsblase überzogen, in deren Mitte ein Schilfrohr steckte. An diesem hohlen Rohrstengel rieben die Kinder mit feuchten Fingern auf und nieder und erzeugten damit als Begleitung zu ihren Liedern das so genannte Rummeln. Wenn die jungen Sänger endeten, erhielten sie dafür ein paar Äpfel, Nüsse und braune Kuchen.

Die Vorweihnachtszeit konnte man allerdings nicht nur hören, sondern auch riechen, vor allem in den Kieler Küchen, in denen es verführerisch nach den Ergebnissen der weihnachtlichen Backvergnügungen duftete, zum Beispiel nach den braunen Kuchen, die aus Weizenmehl und Sirup sowie aus weiteren Zutaten hergestellt wurden. Der Teig wurde in einer Schüssel angerührt und zum „Gehen“ mit einem großen weißen Tuch bedeckt. Anschließend wurde er mit den Holzrollen ausgerollt. Beim Ausstechen durfte neben den gewöhnlichen Formen wie Herzen, Tannenbäumen und Sternen jede helfende Hand auch ihrer Fantasie freien Lauf lassen und sich neue Formen ausdenken. Eine weitere Spezialität der Weihnachtsbäckerei waren die Pförtchen aus Hefeteigkugeln, die in den Pförtchenpfannen im Ofen schön gebräunt und anschließend mit einer Zucker-Zimt-Mischung bestreut wurden. Außer den braunen Kuchen und den Pförtchen wurden Lebkuchen, Haferflockenmakronen und Honigkuchen gebacken, nicht zu vergessen der große Klöben, der traditionelle Weihnachtsstollen, dessen Herstellung mit unsäglicher Mühe verbunden war sowie mit unzähligen Zutaten wie Mehl und Hefe, Orangeat, Zitronat, Rum, Zucker, Butter, Rosinen und Mandeln. Die Mengen an Keksen und Kuchen wurden für die adventlichen Teestunden gebraucht, auch zum Verschenken an die Rummelpottkinder und nicht zu vergessen für die bunten Teller, ohne die Weihnachten gar nicht denkbar war.

Ein Höhepunkt der Vorweihnachtszeit war der Besuch des Kieler Weihnachtsmarktes. Kleine Verkaufsstände drängten sich dicht an dicht auf dem Alten Markt vor der Kulisse der Nikolaikirche, der alten Persianischen Häuser und der schönen Giebelhäuser. Beste heimische Handwerksware wurde in diesen Buden angeboten, stimmungsvolle Scherenschnitte, feine Seifen, Kerzen aus Bienenwachs, Gefilztes, Gestricktes und Getöpfertes, aromatische Kräutersalze, süße Goldnüsse, ebenso Wurst, Fisch, Käse und Honig aus der Region und vieles mehr, daneben Spielsachen, weihnachtliche Geschenke und Süßigkeiten wie Tierfiguren und Weihnachtsmänner aus braunem oder weißem Teig, Honig- und Lebkuchen und Pfeffernüsse oder als besondere Kostbarkeit Lübecker Marzipan. Händler boten glitzernde Gold- und Silberwaren an, Korbflechter ihre Waren, Wannen und Körbe aller Größen. Es war üblich, dass viele Eltern das Spielzeug für ihre Kinder ausschließlich auf dem Weihnachtsmarkt kauften. Der Verkauf von Tannenbäumen fand vor die Arkaden des Rathauses statt. Mit etwas Glück konnte man dem heiligen Nikolaus mit seinem Knecht Ruprecht begegnen, die meist eine Süßigkeit für die Kinder bereithielten, wenn sie ein Gedicht aufsagen oder ein Lied singen konnten. Anziehungspunkt für die Kleinsten war auch das Pferdekarussell oder der Guckkasten, in dem man zum Beispiel die sieben Weltwunder bestaunen konnte. Für die Erwachsenen bot der Weihnachtsmarkt eine andere Attraktion, den „Bischoff“, einen Punsch aus dem Extrakt von bitteren Orangen, Zucker, kochend heißem Wasser und natürlich Rotwein.

In bürgerlichen Familien war es Tradition, einige ärmere Leute mit ihren Kindern zum Weihnachtsabend einzuladen; diese wurden von der „Gesellschaft freiwilliger Armenfreunde“, die sich dadurch zu ihrer sozialen Verantwortung gegenüber dem ärmeren Teil der Kieler Bevölkerung bekannte, an die beteiligten gut situierten Familien vermittelt.

Neben der Bescherung der Armen wurden auch die Bediensteten bedacht. Diese wurden zum Weihnachtsfest vor allem mit praktischen und nützlichen Dingen beschenkt, besonders mit Kleidungsstücken, Zuwendungen für ihre Aussteuer oder Stoffen, die sie sich von ihrem Gehalt letztlich nicht leisten konnten.

Alljährlich am Silvesterabend versammelten sich die Studenten der Kieler Universität kurz vor Mitternacht auf dem Marktplatz. Mit Fackeln in den Händen zogen sie in feierlichem Zug vor das Rathaus, um gemeinsam die Mitternacht zu erwarten. Nachdem der letzte Schlag der Glocke vom Turm der Nikolaikirche das neue Jahr eingeläutet hatte, stimmte der Studentenchor das Lied „Des Jahres letzte Stunde“ an, das Johann Heinrich Voß in Eutin gedichtet hatte:

„Des Jahres letzte Stunde
Ertönt mit ernstem Schlag,
Trinkt, Brüder, in die Runde
Und wünscht ihm Segen nach!
Zu jenen grauen Jahren
Entfliegt es, welche waren,
Es brachte Freud´ und Kummer viel
Und führt´ uns näher an das Ziel.
Auf, Brüder, frohen Mutes,
Auch wenn uns Trennung droht!

Wer gut ist, findet Gutes,
Im Leben und im Tod.
Dort sammeln wir uns wieder
Und singen Wonnelieder.
Klingt an, und: Gut sein immerdar!
Sei unser Wunsch zum neuen Jahr."

Die vielen auf dem Marktplatz versammelten Menschen verstummten und lauschten voller Andacht diesem Gesang zum Ausklang des Jahres. Danach zogen die Studenten mit ihren Fackeln weiter durch die Straßen der Stadt und machten vor den Häusern der besonders beliebten Professoren Halt, um ihnen ein Hoch auszubringen und gute Wünsche für das neue Jahr zu übermitteln. Im Laufe der Nacht erklangen auch weniger stimmungsvolle, nämlich revolutionäre Lieder und auch das Schleswig-Holstein-Lied. Der Zug endete mit dem Absingen von „Gaudeamus igitur", währenddessen die Reste der Fackeln auf dem Marktplatz verbrannt wurden. Viele Kieler folgten dem Studentenzug bis zum frühen Morgen. Schon begegnete ihnen der Stadttambour, der wie an jedem Neujahrsmorgen von Haus zu Haus zog, um seine Neujahrsglückwünsche darzubieten, indem er auf der Diele einen kräftigen Trommelwirbel zu Gehör brachte. Er erhielt dann ein kleines Geldgeschenk und zog weiter.

März 1838

Merkwürdig. Bertha hatte noch gar nicht geschrieben und auf das Märchen reagiert. Weihnachten lag nun schon über zwei Monate zurück. Hatte es ihr nicht gefallen? Oder schlimmer noch: Hatte sie ihren treuen Theodor etwa vergessen?

Doch endlich, in den letzten Märztagen hielt er den ersehnten Brief Berthas in seinen Händen. Es entging ihm nicht, wie sehr er beim Öffnen des Briefes zitterte. Bertha schrieb: „Du bist aber doch eigentlich ein schlechtes Stück, mir zuzutrauen, jemanden in einem so kleinen Zeitraum von 365 Tagen vergessen zu können; nein, im Gegenteil, es ist mir, als wärest du erst vor einigen Tagen abgereist. Es wäre doch recht nett, wenn du Ostern kämst, dann wollten wir wieder recht vergnügt sein und tanzen, denn ich tanze jetzt auch sehr gerne. Kannst du es nicht so einrichten? Hast du einmal Lust und Zeit, schreibe mir wieder. Lebe wohl, lieber Theodor und vergiß nicht Deine Freundin, Bertha von Buchan."

Sie hatte ihn also nicht vergessen. Im Gegenteil, sie dachte an ihn und wollte ihn wiedersehen. Den Brief nahm er wieder und wieder zur Hand. Welche zarte, feine Handschrift sie besaß. Schreiben wollte er ihr, das war sowieso klar, auch einen Besuch zu Ostern arrangieren. Seinem Brief fügte er außerdem noch eine Silhouette von sich bei, wie es jetzt Mode war, damit sie sich stets an ihn erinnern solle. Er sah eigentlich recht ansehnlich aus, so im Profil. Sicher würde er auch ihr gefallen.

Mitten in seine schwärmerischen Gedanken platzte eine erschütternde Meldung: Erst jetzt, Ende März, erfuhr er vom Tod Jens Uwe Lornsens, der sich offenbar, so die Meldung, am 12. Februar 1838 das Leben genommen hatte. Am Genfer See hatte er sich erschossen. Welch ein Verlust für die demokratische Bewegung! Mit Lornsens Ziel eines vereinigten und von Dänemark unabhängigeren Schleswig-Holsteins konnte er sich so gut identifizieren. Seine Schrift „Ueber das Verfassungswerk in Schleswigholstein" hatte er geradezu verschlungen, wie alle, die so dachten wie er. Lornsen war ein echter Freiheitskämpfer gewesen, ein bleibendes Vorbild!

Daguerreotypie und Silhouette

Im ausgehenden 18. Jahrhunderts begeisterte man sich in Deutschland für Porträts in Form von Schattenrissen, allerdings eher nicht als Scherenschnitt, vielmehr meist sorgfältig getuscht. Es gab sogar Silhouettierstühle, um Oberkörper und Kopf der zu porträtierenden Person zu fixieren. Unter Verbindungsstudenten waren die Schattenrisse zwischen 1815 und 1848 besonders beliebt. Sie wurden oft in den Farben der Verbindung coloriert. Um die Jahrhundertmitte wurden die Schattenrisse von der Daguerreotypie und der Fotografie verdrängt.

Gregorius Renard hatte nach Abschluss seines Kunststudiums in Kopenhagen 1847 am Wall nahe der Holstenstraße ein Atelier

Otto von Bismarck als Student in Couleur seines Corps Hannovera Göttingen, Reproduktion des zeitgenössischen Scherenschnitts von 1832 im Besitz des Corps Hannovera

für Daguerreotypie eröffnet. Die Daguerreotypie war ein seit längerem ausgereiftes Abbildungssystem, benannt nach dem französischen Maler Louis Jacques Mandé Daguerre, der es in den Dreißiger Jahren entwickelt hatte. Die Daguerreotypie brachte die Bilder auf eine spiegelglatt polierte Metalloberfläche, in der Regel benutzte man dazu versilberte Kupferplatten, die für die Aufnahme mit Jod sensibilisiert wurden. Das Bild machte der Daguerreotypist anschließend mit Hilfe von Quecksilberdampf sichtbar und fixierte es mit Natriumthiosulfat.

Die Daguerreotypie lieferte gut nuancierte und fein strukturierte Bilder und erlangte insbesondere als kleinformatiges Porträt schnell große Popularität. Sie war preiswerter als die bislang oft üblichen gemalten Miniaturen, dabei von unübertroffener und überraschender Naturtreue. Der Preis einer fertigen Aufnahme lag bei knapp 17 Courantmark.

Bei dem Daguerreotypie-Apparat handelte es sich um eine sogenannte Schiebekasten-Kamera. Deren Gehäuse bestand aus zwei ineinander geschobenen Teilen, mit deren Hilfe die Entfernungseinstellung vorgenommen werden konnte. Als Verschluss diente ein einfacher Deckel auf dem Objektiv, der beim Belichten von Hand abgenommen und erneut aufgesetzt wurde. Eine langwierige Prozedur, während der der Fotograf die Abzulichtenden meistens fortgesetzt zum Stillsitzen auffordern musste. Es forderte allen Beteiligten eine große Geduld ab, bis das Bild endlich im Kasten war.

Ostern: April 1838

Vor kurzem war ihm in den von Johann Pappe herausgegebenen „Hamburger Lesefrüchten“ ein Nachdruck aus dem „Danziger Dampfboot“ mit dem Titel „Der gespenstige Reiter. Ein Reiseabentheuer“ in die Hände gefallen. In diesem Artikel wurde von einem Kaufmann berichtet, dem an den Güttländer Weichseldeichen ein geheimnisvoller Reiter auf weißem Pferd erschienen war, der auf unheimliche Weise aufgetaucht und ebenso plötzlich wieder verschwunden war. Später hatte der Kaufmann erfahren, dass es sich um einen Deichgeschworenen gehandelt habe, der sich mit seinem Schimmel in einen Deichbruch gestürzt hatte. Oh, er liebte solche Gespenstergeschichten. Daraus müsste man eine Geschichte machen, die in Schleswig-Holstein spielte, natürlich in seiner Heimat an den Deichen Husums.

Neben solchen Gedankenspielen hatte er einen schwerwiegenden Entschluss gefasst: Er würde Ferdinand Röse folgen und sein Studium in Berlin fortsetzen. In Kiel hatte er sowieso keine Kameraden gefunden. Vielleicht wartete in Berlin eher ein Kreis Gleichgesinnter auf ihn. Schön wäre es.

Das Osterfest 1838 verbrachte er wieder in der Hohlen Gasse, um seinen Eltern seine Entscheidung für Berlin nahezubringen. Begeistert waren sie wie erwartet nicht. Aber akzeptieren müssten sie seinen Plan gleichwohl. Hier in Husum erreichte ihn endlich der erlösende Brief von Emma, in dem sie die Verlobung löste. Darauf hatte er nur gewartet. Eigentlich sollte er ein schlechtes Gewissen haben. Armes Mädchen! Nie hatte er ihr geschrieben, seit ihrer Verlobung kein einziges Wort. Nun würde er ihr antworten, sein tiefes Bedauern ausdrücken, ihr aber selbstverständlich in ihrer Entscheidung zustimmen. Im Grunde aber war er froh, dass nun alles klar war zwischen ihnen. Jetzt fühlte er sich wieder frei, frei für seine kleine Bertha.

Von Husum aus fuhr er noch einmal nach Altona. Wieder nahm er Logis bei der Familie Scherff. Endlich durfte er auch Bertha wiedersehen. Sie war noch hübscher geworden. Er würde nicht ablassen von seinem Wunsch, sie eines Tages zu seiner Frau zu machen. Aber zunächst hieß es auch hier, Abschied zu nehmen, vielleicht für lange Zeit. Die Trennung von Altona, das er nach der von ihm so verehrten und so vertrauten Friederike Scherff „Riekestadt" nannte, fiel ihm schwer genug.

War ein Gesell zu Riekestadt,
Der fuhr zum Tor hinaus,
Und als er in der Fremde war,
Da war er nicht zu Haus.
Da schien ihm alles schief und schlecht
Und nichts nicht schien ihm recht.

Der Gesell trank gern ein gut Glas Wein,
Er trank es alle Tag
Und wie er in die Fremde kam,
Da fragt er gleich danach.
Da schmeckt der Wein ihm sauer sehr
Und macht ihm groß Beschwer.

Doch konnt er nicht vom Weine lân,
Das war halt gewaltig dumm,
Viel Bessers gab's noch in der Fremd,

Tat sich danach nicht um.
Die Mädels all so blank und schön
Hat er nit angesehn.

Da sprach der Meister, lieber Sohn,
Du drehst das Spiel nit recht;
Denn wo du umschaust, ist doch halt
Das gut und jenes schlecht.
Drum laß Gesell das Picheln sein
Und leg dich auf die Mägdelein!

Kutschen und Reisen

Vor der Biedermeierzeit reiste man nur, wenn man musste. Vergnügungsreisen gab es kaum. Das Reisen dauerte meist unendlich lange und war aufgrund der miserablen Straßenzustände und der oft unzureichenden Transportfahrzeuge unbequem und äußerst mühsam. Hinzu kam, dass man an den unzähligen Landesgrenzen im damaligen Deutschland langwierige Pass- und Zollkontrollen über sich ergehen lassen musste.

Mit den Innovationen von Eisenbahn und Dampfschifffahrt sowie dem Chausseebau stiegen die Bereitschaft und die Lust zu reisen. Das Reisen wurde nun schneller und vor allem auch etwas bequemer. Reisen ins Bad, wie auch nach Kiel, waren bereits früh sehr beliebt. Bildungsreisen gehörten schon seit dem 18. Jahrhundert zum Programm der akademischen und kunstbeflissenen Bevölkerung. Nun kamen geschäftliche Interessen dazu, die eine schnelle Beförderung von Personen, Briefen und Gütern erforderten. Die Verdichtung des Verkehrsnetzes, die höhere Geschwindigkeit, zunehmende Sicherheit und Zuverlässigkeit führten allerorten zu einer Blütezeit des Reisens in der ersten Hälfte des 19. Jahrhunderts.

Für Ausflüge in die nähere Umgebung mieteten sich die Kieler in der Biedermeierzeit einen Lohnkutscher, die wohlhabenderen Bürger besaßen natürlich auch einen eigenen Wagen. Für längere Reisen benutzte man die Postkutsche.

Durch die Eröffnung der Chaussee von Kiel nach Altona im Jahre 1832 und die nun zahlreich durchreisenden Fahrzeuge war der Bedarf an Stellmacherprodukten wie Wagen und Kutschen rasch angestiegen. Während sich die alten Stellmacher vor allem auf den Bau von Rädern und Gestellen der Fahrzeuge konzentrierten, trat nun eine Spezialisierung auf moderne Kutschen ein.

Die Kutschenproduktion umfasste dabei neben dem geschlossenen Coupé als Reisewagen für den Winter Landauer, deren Verdeck bei schönem Wetter zurückgeschlagen werden konnten, oder elegante Kaleschen,

leichte vierrädrige Wagen. Neben der Pritschka, dem massiveren Typ der Kalesche, der auch als Transportfahrzeug genutzt wurde, gab es das offene Cabriolet zum Selbstkutschieren. Lange im Gebrauch war noch der hohe, ungefederte, viersitzige Stuhlwagen oder holsteinische Kürwagen mit Seitenwänden aus Korbgeflecht.

Kutschen, Freilichtmuseum Molfsee, Foto Wenners

Ende April 1838: Berlin

Von Altona ging es dann endlich mit Ferdinand Röse zusammen per Postkutsche nach Berlin. Sie leisteten sich sogar eine Diligence, die Eilpostkutsche, die die Strecke in nur dreißig Stunden zurücklegte. Die gemeine Post brauchte immerhin zehn Stunden mehr. Abends 23 Uhr bestiegen sie die Kutsche. Am übernächsten Morgen um 5 Uhr erreichten sie schließlich ihr Ziel. Ziemlich erschöpft und durchgerüttelt. Das Reisen war schon eine arge Strapaze.

Wenn es doch nur schon mehr Eisenbahnstrecken gäbe, so wie die vor vier Jahren gebaute Ludwigsbahn von Nürnberg nach Fürth.

Berlin hatte sie mit einem trockenen Aprilwetter empfangen, aber auch mit einem eisigen Ostwind, der, wie es schien, den ganzen Sand Brandenburgs in die Stadt hineinwehte. Dieser sandige Empfang hatte den Auftakt gebildet zu seiner eineinhalbjährigen Zeit in der preußischen Hauptstadt, einer insgesamt schönen Zeit voller neuer Eindrücke und vielfältiger Unternehmungen.

Unvergesslich seine Wohnung in der Behrenstraße 13, einer Parallelstraße zur Prachtstraße „Unter den Linden", ganz in der Nähe Ferdinand Röses, der in der Französischen Straße Quartier bezogen hatte. So hatten sie jeden Morgen gemeinsam zur nahen Königlichen Friedrich-Wilhelm-Universität marschieren können. Hier hatte er auch Karl Müllenhoff wiedergetroffen, den Kameraden aus seinem ersten Kieler Semester. Rückblickend waren die drei Berliner Semester wie im Fluge vergangen. Er hatte durchaus viel gelernt. Bei Professor Savigny hatte er Römisches Recht gehört, bei Gaus Naturrecht und bei Homeyer Privatrecht. Viele Abende hatten Ferdinand und er gemeinsam verbracht, Stunden, in denen er voller Bewunderung seinem älteren Freund gelauscht hatte, wenn dieser wieder aus seinen Märchen vorlas. Als deren Verfasser nannte Ferdinand sich selber gerne den Magister Antonius Wanst. Aber auch er selbst hatte wieder einige Gedichte zu Papier gebracht. Fünf davon hatte er sogar im „Album der Boudoirs" veröffentlichen können.

Eisenbahn

In der Zeit des Biedermeiers kam es zu einer der bahnbrechendsten Erfindungen, die Eisenbahn bescherte den Menschen eine nie gekannte Mobilität, die das Leben und Wirtschaften von Grund auf veränderte. 1825 wurde in England die erste Eisenbahnstrecke der Welt eröffnet. Diese Innovation rief schon bald Nachahmer in den anderen europäischen Staaten hervor.

1840 gab die dänische Regierung die Planung einer Eisenbahnlinie zwischen dem dänischen Kiel und dem damals ebenfalls dänischen Altona in Auftrag, um eine weitere Verbindung zwischen Ostsee und Nordsee zu schaffen. Allerdings hatte Dänemark nicht die Absicht, sich finanziell zu beteiligen. Finanzkräftige Kaufmänner hatten sich bereit erklärt, das notwendige Kapital für

„Blick auf Kiel von Süden", Stahlstich 1850, Schleswig-Holsteinische Landesbibliothek

den Eisenbahnbau aufzubringen. Deshalb beschloss 1841 ein Komitee aus Kieler Kaufleuten und Advokaten, 18.500 Aktien zu je 100 Spezies herauszugeben und die Altona-Kieler Eisenbahn-Gesellschaft zu gründen. Zum Vorstand gehörten der Kieler Bürgermeister Jensen, der Kaufmann Schweffel, der Jurist Olshausen und andere maßgebliche Personen. Nachdem der Kieler Professor Franz Hegewisch dem dänischen König damit geschmeichelt hatte, die neue Eisenbahn solle „König-Christian-VIII.-Ostseebahn" heißen, erhöhte die dänische Regierung ihren Anteil. So war schon ein Jahr später genügend Kapital angesammelt worden, und mit dem Bau konnte begonnen werden.

Die 1844 eröffnete König-Christian-VIII.-Ostseebahn, die Kiel und Altona als den größten Städten im Herzogtum Holstein verband, war nach Nürnberg–Fürth, Braunschweig–Wolfenbüttel, Dresden–Leipzig und Hamburg–Bergedorf die fünfte Eisenbahnstrecke in Deutschland, die erste in Schleswig-Holstein. Damit begann das Eisenbahnzeitalter in Schleswig-Holstein. Schnell schlossen sich weitere Seitenlinien an die Transitverbindung zwischen Kiel und Altona an. Zusammen mit der Dampfschifffahrt auf der Ostsee und auf der Nordsee, also an beiden Enden der neuen Bahnlinie, stellte dieses Projekt einen herausragenden Impuls für den wirtschaftlichen Aufschwung der

Fördestadt und ganz Schleswig-Holsteins dar.

Der Bahnhof war 1844 am Sophienblatt im Süden der Stadt dicht beim Sankt-Jürgen-Friedhof errichtet worden, ein imposantes grauweißes, zweistöckiges Gebäude mit zahlreichen Rundbogenfenstern und einem großen dreiflügeligen Eingangsportal, zu dem man die Stufen der breit angelegten Freitreppe hinaufsteigen musste. Im Erdgeschoss lagen die Schalterhalle mit den Kassen sowie ein Wartesaal und die Bahnhofsgaststätte, im oberen Stockwerk waren die Büroräume untergebracht. An die Schalterhalle schloss sich die offene zweigleisige Bahnsteighalle an, ein hoher Fachwerkbau aus einer Holz- und Eisenkonstruktion, in dem die Reisenden bequem und vor allem trockenen Fußes ein- und aussteigen konnten.

Die feierliche Eröffnung der ersten Eisenbahn in Schleswig-Holstein fand am 18. September 1844, dem Geburtstag des dänischen Königs Christian VIII., statt. Mit Kutschen waren die Ehrengäste nach Altona gebracht worden, wo die Fahrt um acht Uhr mit der Lokomotive „Dania“ beginnen sollte. Drei mit Blumen geschmückte Sonderzüge waren eingesetzt worden, der erste für Ehrengäste, die beiden anderen für Mitarbeiter der Gesellschaft und für am Bau Beteiligte. Mit Blaskapelle und Hurra-Rufen ging die Fahrt los. Auf der Strecke nach Kiel standen neben den Gleisen überall Menschen und jubelten dem Zug zu. Natürlich gab es auch skeptische Äußerungen. Man-

„Der Bahnhof in Kiel“, kolorierte Lithographie von Friedrich Loos um 1850, Schleswig-Holsteinische Landesbibliothek

che Bauern hörte man verächtlich sagen: ‚Ohne Peer? Allns Lögens.‘ In Neumünster gab es dann eine längere Pause mit Musik und einem Imbiss. Gegen elf Uhr fuhr der Zug unter Salutschüssen in Kiel ein, wo die offizielle Einweihungsfeier stattfinden sollte. Prinz Friedrich von Augustenburg, der Statthalter der Herzogtümer Schleswig und Holstein, hielt noch auf dem Bahnhofsplatz eine Rede, stellvertretend für den dänischen König. Er verkündete feierlich den Namen der neuen Bahn: „König-Christian-VIII.-Ostseebahn“. Danach wurden die Ehrengäste zum Schuhmachertor gefahren, unter einem extra für diesen Tag errichteten Triumphbogen hindurch. Am Hafen warteten Barkassen, um die Gäste zur Seebadeanstalt Bellevue zu bringen, wo das Festmahl gereicht wurde. Alle Gäste erhielten eine Gedenkmünze, die zur Eröffnung der Bahn herausgebracht worden war. Der eingravierte Spruch lautete: „Eilend hin und zurück, bringe dem Lande Glück.“

Aber es gab auch Gegner der Eisenbahn. Viele Menschen hatten aufgrund der abenteuerlichsten Gerüchte große Vorbehalte gegenüber diesem modernen Verkehrsmittel. Anwohner an den Gleisanlagen beklagten den Lärm und den Gestank, und dass die Lokomotiven glühende Kohlenstücke ausstießen, die auf Feldern oder Kleidungsstücken Brandschäden hervorriefen. Eine Anekdote war im Umlauf, dass durch den Funkenflug der Strohhut einer vornehmen Dame Feuer gefangen habe. Allgemein war die Befürchtung groß, dass mit der Geschwindigkeit der Eisenbahn die Ruhe und Gemütlichkeit endgültig vorbei seien. Mediziner äußerten erhebliche Zweifel und befürchteten, der menschliche Organismus könne das ungeheure Tempo gar nicht verkraften, und man müsse mit Lungenentzündungen aufgrund des Fahrtwindes rechnen. Für ältere Menschen seien Schlaganfälle zu befürchten, die durch den schnellen Luftwechsel beim Durchfahren eines Tunnels auftreten könnten. Manche behaupteten, dass man bei dem rasenden Tempo durch die vorbeirauschende Landschaft bewusstlos oder sogar wahnsinnig werden könnte. Der giftige Qualm könne zweifellos zu Vergiftungen führen.

Zehn Lokomotiven und die Schienen wurden aus England importiert. Tender, Personen- und Güterwaggons wurden aus Berlin, Leipzig und Altona bezogen, teilweise auch von der Kieler Maschinenfabrik Schweffel und Howaldt. Die Lokomotiven waren wahre Kolosse mit einem beeindruckenden, nahezu drei Meter hohen Schornstein auf einem langgezogenen Zylinder, der ratternden gewaltigen Dampfmaschine, die auf einem Fahrgestellrahmen ruhte, der mit drei Rädern auf jeder Seite ausgestattet war, einem mannshohen in der Mitte, flankiert von zwei etwas kleineren. Das Führerhaus war nach hinten offen und lag direkt vor dem kleinen Kohlewagen, dem Tender. Dahinter folgten die einzelnen Waggons.

Der Zug fuhr auf den Schienen über den vier Meter breiten und etwa einen Meter hohen Bahndamm. Die Höchstgeschwindigkeit betrug 45 km in der Stunde. Anfangs fuhren täglich drei Züge auf der Strecke. 112 Bahnwärter hatten die 105 km lange Strecke zu sichern. Mit Hilfe von Flaggensignalen gaben sie Informationen an die Lokführer oder an den nächsten Bahnwärter weiter. Der Zug musste sieben Bahnhöfe passieren, in Bordesholm, Neumünster, Wrist, Horst, Elmshorn, Tornesch und Pinneberg, bevor er nach zweieinhalb Stunden Altona erreichte. Gegenüber neun Stunden Fahrt auf der Chaussee war das geradezu unglaublich. Im Übrigen gab es damals noch keine Einheitszeit, sondern nur lokale Zeiten. So konnte es sein, dass die Uhr in Altona 6.30 Uhr anzeigte und das Kieler Pendant zum gleichen Zeitpunkt erst 6.22 Uhr.

Widerstand gegen die Eisenbahn erhob sich in Kiel auch unter den Litzenbrüdern, die als selbstständige Unternehmer die Transitgüter aus den Schiffen in Wagen und umgekehrt verluden, mit der Garantie, dass die Waren ordentlich gewogen und verzollt wurden. Ihr einträgliches Gewerbe sollte nun mit dem neu erworbenen Recht der Eisenbahn enden, selbst für den Transport der Güter zu sorgen. Zwischen Pfaffentor und Bahnhof war 1843 ein Wall zum Hafen hin aufgeschüttet worden, der als abgeschlossenes Hafenbecken den Bootshafen schuf, der als Anlegeplatz und als Winterlager diente. Die Durchfahrt ermöglichte zunächst eine feste Brücke, ab 1856 eine Drehbrücke. Auf dem Damm hatte die Bahn von nun an einen Gleisanschluss zum Hafen und konnte die Waren vom Hafen zum Bahnhof und umgekehrt transportieren.

„Kiel von Süden gesehen", Kreidelithographie von Friedrich Loos um 1855, Schleswig-Holsteinische Landesbibliothek

„Ansicht von der Kieler Holstenbrücke auf den Bootshafen“, Bleistift-Kreide-Tuschpinsel-Zeichnung von Adolf Burmester um 1852, Schleswig-Holsteinische Landesbibliothek

Durch den Eisenbahnanschluss erfuhr der Warenaustausch einen entscheidenden Auftrieb, neue Absatzmärkte wurden erschlossen, neue Manufakturen und Fabriken entstanden, und die Mobilität der Menschen wurde enorm gesteigert.

August 1838: Dresden

Den absoluten Höhepunkt seiner Berliner Zeit aber stellte für ihn nach wie vor die vierwöchige Reise mit vier Kommilitonen nach Dresden im August 1838 dar. Erst nach langem Bitten hatten die Eltern ihm diese Vergnügungsreise gestattet. Unterkunft hatten sie im Italienischen Dörfchen gefunden, einem Gasthaus, das in der

Nähe des Schlossplatzes auf einem Floß über der Elbe gebaut worden war. Für vier Wochen hatte er alles das an Kultur einatmen können, was das Elbflorenz zu bieten hatte. Museen, Theater, Oper. In dem schon recht betagten Morettischen Opernhaus hatte er, völlig hingegeben oben im dritten Rang, die sehr berühmte und wahrhaft einmalige Sängerin Wilhelmine Schröder-Devrient gehört. Zusammen mit dem Tenor Josef Tichatschek hatte er sie in Beethovens „Fidelio" erlebt. Übrigens war die Schröder-Devrient eine sehr anmutige, geradezu hinreißende Frau! Auch in Dresden hatte er sich wieder verliebt, nicht in die Schröder-Devrient, aber in eine ebenfalls weltberühmte Frau, nämlich in die Sixtinische Madonna Raffaels. Jeden Morgen waren sie zu dieser Wallfahrtsstätte in der Gemäldegalerie gepilgert, um diesem „non plus ultra" aller Kunstwerke, dem berühmtesten Gemälde der Renaissance, einen Besuch abzustatten. Die Schönheit der Madonna und die Intensität der Farben hatten es ihnen besonders angetan. An den Nachmittagen hatten sie meist auf ihren Ausflügen die herrliche Umgebung Dresdens erkundet.

Kunst und Künstler

Die Biedermeierzeit brachte durchaus eine ganz eigene Richtung in der bildenden Kunst hervor. Die in einem realistischen Stil gemalten Bilder zeigten vorrangig Genreszenen, Landschaften oder Porträts. Bedeutende Vertreter waren die Maler Moritz von Schwind, Eduard Gaertner, Ludwig Richter, Ferdinand Georg Waldmüller, Wilhelm Busch und natürlich Carl Spitzweg.

Die Zugehörigkeit zum Dänischen Gesamtstaat brachte für Kiel durchaus viele Vorteile, vor allem in der wirtschaftlichen Entwicklung, aber auch auf kulturellem Gebiet. Die Stadt entwickelte sich zu einem kulturellen Zentrum in den Herzogtümern, das viele Künstler anzuziehen vermochte. Der Besuch der berühmten Kunstakademie in Kopenhagen war für viele Künstler, auch aus Kiel und aus den Herzogtümern, ein angestrebtes und ersehntes Ziel. Das Wirken dieser einflussreichen Kunstschule reichte weit über Dänemark hinaus und ließ die Werke des so genannten „Goldenen Zeitalters" der dänischen Malerei zwischen 1800 und 1848 als vorbildhaft erscheinen.

1843 wurde in Kiel der Schleswig-Holsteinische Kunstverein gegründet. Die Mitglieder dieses Vereins verfolgten das Ziel, das Kunstverständnis der Kieler Bürger zu fördern, und veranstalteten regelmäßig Aus-

„Steilküste an der Kieler Förde", Öl von Joachim Ludwig Heinrich Bünsow, Schleswig-Holsteinische Landesbibliothek

stellungen. Ihre Absicht war es auch, eine Kunsthalle in ihrer Heimatstadt einzurichten. Das Engagement des Kunstvereins gab der Kunstszene Kiels starke Impulse. Nicht zu unterschätzen war der große Einfluss, der von den Versammlungsorten der Kunst- bzw. Kulturinteressierten und der Kunstschaffenden in Kiel ausging. Dazu gehörten das Vereinshaus der „Harmonie" ebenso wie die Salons der bürgerlichen Familien Jahn, Hegewisch und anderer und die adeligen Gönner und Förderer aus den umliegenden Gütern, die durch ihre Stadtpalais auch in Kiel präsent waren.

Es gab aber auch private Kunstsammler in Kiel. So hatte der Advokat Carl Friedrich Schmidt im Hintergebäude seines Hauses in der Holstenstraße 18 eine teilweise mit Oberlichtern versehene Galerie eingerichtet, in der er eine Sammlung von 1250 Gemälden und zahllosen graphischen Blättern beherbergte, darunter Schätze wie Holzstiche von Dürer und Cranach. Nach seinem Tode 1822 wurde die Sammlung aufgelöst. Ein Verzeichnis fertigte sein Nachbar in der Holstenstraße 20 an, selbst ein leidenschaftlicher Kunstsammler, Johann Adolph Nasser, Professor für Klassische und Deutsche Literatur, Archäologie und Kunst, der eine eigene große Kupferstichsammlung mit etwa 10.000 Blättern besaß. Nassers Sammlung wurde nach seinem Tod der Universität zu einem geringen Preis zum Kauf angeboten. Leider kam man diesem Angebot nicht nach. Auch diese Sammlung wurde in alle Winde zerstreut.

Vom Verkauf ihrer Bilder zu leben, war den meisten Künstlern nicht vergönnt. Viele waren darauf angewiesen, eine Lehrerstelle an einer der Kieler Schulen zu erhalten oder gar an der Universität angestellt zu werden, um ihren Lebensunterhalt zu verdienen. Entsprechend karg waren die meisten Ateliers eingerichtet: Staffelei, Palette, ein Sitzmöbel für die Modelle und Aufbewahrungsmöbel für die Malutensilien. Das reichte meist. Die Anstellung als Universitätszeichenlehrer, der im frühen 18. Jahrhundert zum ersten Mal erwähnt wird, bot Sicherheit und Entfaltungsmöglichkeiten an der Universität, entsprechend begehrt war das Amt.

Zu den bekanntesten Kieler Künstlern der Zeit gehörten Johann Ludwig Lund, die Angehörigen der Künstlerfamilie Bünsow, Theodor Rehbenitz, Friedrich Loos, Charles Ross, Ernst Wolperding.

Herbst 1838: Berlin

Zurück in Berlin hatte er, ganz anders als im provinziellen Kiel, auch wieder seiner Theaterleidenschaft frönen können. So oft es möglich war, waren Ferdinand und er in den Theatern der Stadt zu finden gewesen. Den verehrten Karl Seydelmann im Königlichen Schauspielhaus am Gendarmenmarkt in seiner Glanzrolle als Mephisto in Goethes Faust zu erleben, war mehr als großartig gewesen. Sogar eine Laienschauspielgruppe mit dem klangvollen Namen „Theatro alla Scala“ hatte er gefunden. In einem Lustspiel hatte er den unverbesserlichen Liebhaber spielen dürfen und in einem zweiten Stück einen Ingenieurleutnant. Eine große Sache, selbst auf einer Bühne zu stehen. Auch die Abende waren häufig genug feuchtfröhlich verlaufen, vor allem die mit dem Magister Antonio Wanst alias Ferdinand Röse. Da war manche Flasche herben Ungarweins geleert worden.

Mit Ferdinand und anderen Kommilitonen zog er nahezu an jedem Sonntag zur Hasenheide, einem rund fünfzig Hektar großen Gelände, auf dem der Große Kurfürst einst auf Hasenjagd gegangen war. 1811 hatte hier Friedrich Ludwig Jahn den ersten Turnplatz in Preußen eröffnet. Auch jetzt wurde der Platz noch von den

Turnern genutzt, meist Angehörigen der Universität. Ferdinand hatte das Turnen für sich entdeckt und auch ihn allmählich mit seiner Begeisterung dafür angesteckt. Also hieß es nun immer sonntags, an den Geräten, den Barren und Reckstangen die Kräfte zu trainieren. Leider hatte Ferdinand Röse Berlin schon nach einem halben Jahr gemeinsamen Studiums wieder verlassen, um seine Ausbildung in Basel fortzusetzen.

Deshalb hatte auch er über einen erneuten Wechsel nachgedacht. Auf die Dauer waren dieser ganze Trubel und das laute Treiben in der Großstadt sowieso nichts für ihn. Manchmal hatte er sich trotzdem auch hier recht einsam gefühlt. Diesem Gefühl Ausdruck zu verleihen, war ihm im Mai 1839 ein großes Bedürfnis gewesen. Es war das Gedicht entstanden:

In der Fremde

Andre Seen, andre Auen –
Längst verschwunden Strand und Meer,
Rings wohin die Augen schauen,
Auch kein Plätzchen kenn ich mehr.

Andre Menschen, andre Herzen,
Keiner gibt mir frohen Gruß,
Längst verschwunden Spiel und Scherzen,
Längst verschwunden Scherz und Kuß.

Aber wenn der Tag geschieden,
Dunkel liegen Tal und Höhn,
Bringt die Nacht mir stillen Frieden,
Wenn die Sterne aufergehn.

Schaun aus ihrer blauen Ferne
So vertraut herab zu mir! –
Gott und seine hellen Sterne
Sind doch ewig dort wie hier.

So hatte er sich nach dem Sommersemester 1839 entschlossen, doch wieder nach Kiel zurückzukehren. Der Weg hatte ihn erneut über Hamburg und Altona geführt, wieder zu einem Besuch Berthas. Das war eine Selbstverständlichkeit.

Sport

Wassersport gab es in Kiel natürlich schon lange, man badete im Fördewasser, vor der Eröffnung der Badeanstalt oft auch von kleinen Booten aus, oder segelte auf dem Hafen herum. Im Winter kamen die Wintersportarten Schlittenfahren und Eislaufen zum Tragen. Auch dafür gab es genügend Gelegenheiten auf der Krusenkoppel bzw. auf den zugefrorenen Teichen oder sogar auf der Förde.

Eine echte Sportbegeisterung aber stellte sich erst im beginnenden 19. Jahrhundert ein. Der Pädagoge Johann Friedrich Jahn eröffnete 1811 den ersten deutschen Turnplatz in Berlin. Damit war die deutsche Turnerbewegung ins Leben gerufen. Die Freude am Turnen an Reck, Barren und Hanteln verbreitete sich rasant. Nur wenige Jahre später verzeichnete man in Deutschland schon mehr als 12.000 Turner in etwa 150 Vereinen. Aber das politische Engagement Jahns und seiner Turner war der Obrigkeit verdächtig. Von 1817 bis 1840 blieb das Turnen verboten, und Jahn stand unter Polizeiaufsicht.

Längst aber war auch Kiel vom Turnfieber erfasst worden. Am 27. Juni 1844 wurde der Kieler Männerturnverein (KMTV) von dem Universitätsprofessor Peter Wilhelm Forchhammer, dem Advokaten Friedrich August Hedde und dem Mediziner Friedrich Esmarch als erster Turnverein in Schleswig-Holstein gegründet.

Ziel des Vereins, in dem nur Männer, vor allem Studenten in großer Zahl Mitglieder sein durften, war ganz gemäß der Losung Jahns „frisch, fromm, fröhlich, frei" die Entwicklung eines gesunden Geistes durch die körperliche Ertüchtigung und die Stärkung der moralischen Kräfte der jungen Männer. Ebenso eindeutig war das politische Bekenntnis der Turner zur Schaffung eines vereinten demokratischen Deutschlands.

Der erste Kieler Turnplatz wurde in der Vorstadt eingerichtet, auf einem der Höfe des Weinhändlers Wulff. Außer einer Bude zum Umziehen und Aufbewahren der Kleidung standen auf dem freien Platz einige Turngeräte wie Reck, Barren, Pferd, Schwebebalken sowie Hanteln. Die Turnzeiten allerdings waren begrenzt: dienstags und frei-

„O denkt an Schleswig-Holstein!", kolorierte Lithographie von Robert Geisler, Schleswig-Holsteinische Landesbibliothek

tags zwischen 19 und 20.30 Uhr sowie am frühen Sonntagmorgen. Nach der Erwärmungsphase mit gemeinschaftlichen Übungen folgten die einzelnen Trainingseinheiten an den Geräten unter der Aufsicht und der Anleitung durch den Vorturner und Turnwart Friedrich Hedde. Es gab auch Marsch- oder Laufübungen, später auch Waffenübungen unter der Leitung von Robert Henne, einem früheren Studenten aus Breslau, als sich der bevorstehende Kampf um die Freiheit der Herzogtümer abzeichnete. Weil diese Übungen natürlich offiziell verboten waren, fanden sie bei der „Wilhelminenhöhe" auf dem Gaardener Ufer statt. Da Gewehre nicht gestellt werden konnten, sie waren kaum zu bekommen und auch für die meisten zu teuer, musste man sich ein Gewehr leihen oder auf andere Waffen ausweichen, alte Musketen, Säbel oder andere Stechwerkzeuge.

An der schleswig-holsteinischen Erhebung am 24. März 1848 nahmen auch die Studenten und Turner teil. Am nächsten Tag eroberte der Prinz von Noer als Kommandeur der Schleswig-Holsteinischen Truppen mit einem motivierten und kampfbereiten Kieler Turner- und Studentencorps die Festung Rendsburg. Studenten und Turner waren auch unter den 6.000 schleswig-holsteinischen Männern, die in der verheerenden Schlacht bei Bov nördlich von Flensburg am 9. April 1848 gegen eine Übermacht von 11.000 dänischen Soldaten kämpfen und eine schwere und verlustreiche Niederlage hinnehmen mussten.

„Ecke vom Wall 2 und Flämischer Straße", Bleistiftzeichnung von Adolf Lohse 1855, Schleswig-Holsteinische Landesbibliothek

29. September 1839

Endlich wieder in Kiel! Zum Michaelisfest am 29. September hatte die Christian-Albrechts-Universität ihren Studenten wieder.

Eine neue Wohnung war schnell gefunden: im Hinterhof des großen Gebäudes in der Flämischen Straße 12 beim Hofbäckermeister Andersen gleich hinter dem Chor der Nikolaikirche. Das bedeutete täglich frische Brötchen, und dazu die Ohren aufgesperrt und dem Volk aufs Maul geschaut. Hier gingen Arbeiter, Kleinhändler, Putzfrauen und Dienstmädchen ein und aus, natürlich auch Bürgersfrauen und ebenso Handwerksgesellen aller Gewerke. Hier traf man Schuhmacher, Schmiede, Schneider und alles, was es an Zünften in der Stadt gab.

Von seinen romantischen Vorstellungen vom Studentenleben hatte er sich verabschiedet. Das war alles dummes Zeug, was ihn zu Studienbeginn vor zwei Jahren bewegt hatte. Berlin hatte ihn eben reifer werden lassen, das war auf jeden Fall auch schon ein Ge-

„Giebelhäuser in der Flämischen Straße“ (Conditorei Kühn, Flämische Straße 7), Bleistiftzeichnung von Hermann Radbruch 1866, Schleswig-Holsteinische Landesbibliothek

„Hof in der Flämischen Straße 16“, Georg Zimmermann, Schleswig-Holsteinische Landesbibliothek

winn. Mit Ernüchterung blickte er nun auf seine Kommilitonen. Sie hatten sich nicht verändert. Sollten sie doch weiterhin ihren Vergnügungen nachgehen, wie es ihnen gefiel. Aber sein Entschluss stand fest. Er würde sich von der Holsatia zukünftig eher fernhalten. Auch zum Kommers im Sandkrug, der seit 1838 zu Ehren der Prinzessin Wilhelmine, der Tochter des dänischen Königs, in „Wilhelminenhöhe" umbenannt worden war, wollte er nur noch sehr selten hinüberfahren.

„Karte von der Stadt Kiel und Umgebung", Wilhelm von Thalbitzer 1853, Schleswig-Holsteinische Landesbibliothek

Handwerk

Die Städte im frühen 19. Jahrhundert waren ohne das Handwerk nicht vorstellbar. Bestimmte Berufe erlebten sogar eine letzte Glanzzeit, z.B. die Kutschenbauer oder die Möbeltischler. Mit dem Ende der Biedermeierzeit wurde auch die alte Zunftordnung abgeschafft und viele Berufe verschwanden vollständig von der Bildfläche oder gingen in der Industrie auf. Das Handwerk nahm trotz der beginnenden Industrialisierung aber auch in Kiel immer noch einen herausragenden Platz im Wirtschaftsgefüge der Stadt ein. Trotzdem bedeuteten die zunehmende Technisierung und Maschinisierung einen nicht unerheblichen Rückschlag für das traditionsbewusste Handwerk. Fabrikware trat in eine bis dahin noch völlig unbekannte Konkurrenz zum Handwerksprodukt. Der fortschreitende Güterverkehr durch Eisenbahn und Dampfschifffahrt unterstützte diese Tendenz. Außerdem förderte der dänische König den Bau von Fabriken, auch wenn er damit das Monopol der Handwerkszünfte missachtete. Die Gewerbefreiheit, die sich nun immer mehr gegen die altherkömmliche Zunftordnung durchsetzte, wurde von den Handwerkern vehement bekämpft, allerdings erfolglos. Seit 1830 garantierte die dänische Regierung den Zunftzwang nicht mehr. Endgültig aufgehoben wurde der Zunftzwang aber erst 1867 durch eine preußische Verordnung. Mehrere Handwerker mussten aber schon zuvor ihren Betrieb aufgeben und sich als Lohnarbeiter in der Industrie verdingen.

Nach der Bevölkerungszählung von 1803 gab es in Kiel etwa vierzig Handwerksarten. In der Gewerbestatistik von 1835 werden allein die Schuster mit 108 Meistern mit ihren 125 Gesellen und Lehrlingen genannt, gefolgt von den Schneidern mit 78 Meistern und 83 Gehilfen. Es folgen 47 Tischler, 43

Schusterwerkstatt und Schmiede, Freilichtmuseum Molfsee, Fotos Wenners

Stellmacherwerkstatt, Freilichtmuseum Molfsee, Foto Wenners

Schlachter, 28 Bäcker, 17 Sattler, 15 Goldschmiede, 12 Schmiede und 11 Buchbinder. Die meisten von ihnen unterhielten Kleinbetriebe. Die Betriebe des Nahrungsmittelhandwerks hatten noch die geringsten Sorgen. Dem Bäckermeister zum Beispiel stand noch keine industrielle Konkurrenz ins Haus. Allgemein herrschte noch die Einheit von Arbeiten und Wohnen, das heißt, der Handwerksmeister wohnte mit seiner Familie und eventuell auch mit einigen der Gesellen und Lehrjungen in dem Haus, in dem sich auch der Handwerksbetrieb befand. Auch der entsprechende Ladenbetrieb befand sich hier. Außer einem Zunftzeichen an der Hausfassade deutete nichts auf den Handwerksbetrieb hin. Der Einbau von größeren Schaufenstern in den Geschäftshäusern war eine Erfindung der 1850er Jahre.

Gelegenheiten, ihre Arbeiten zur Schau zu stellen, hatten die Handwerker aber auch schon früher. So wurden während der Umschlagszeit 1832 und 1833 Kunst-, Industrie- und Gewerbeausstellungen im Saal des Ballhauses in der Schuhmacherstraße veranstaltet.

Anfang Oktober 1839

Und oh Wunder: Im neuen Semester gab es plötzlich ganz andere Kommilitonen, die während seiner Abwesenheit ihr Studium in Kiel aufgenommen hatten. Mit ihnen ließ sich trefflich zusammen sein. Auf einmal spürte er einen gleichen Geist. Sie dachten wie er, sie waren leidenschaftliche Leser und huldigten der Literatur. Es war eine kleine muntere Gruppe von Studenten verschiedener Fakultäten, einige davon sogar auch aus seiner Heimat, die sich von der Schulzeit her kannten. Alle waren sie sehr verschieden und auch eigentümlich: der angehende Philologe Hermann Carstens, Georg Weigelt, der Theologie studierte, der Jurastudent Alexander Lütkens und der Medizinstudent Guido Nooth, dazu die Brüder Theodor und Tycho Mommsen. Sie alle teilten die Lust, an allem Bestehenden herumzukritisieren und viel zu verändern. Das war ganz in seinem Sinne. Schnell war es eine abgemachte Sache, dass sie eine Clique bilden würden mit regelmäßigen Zusammenkünften, während derer sie sich mit der Literatur der Gegenwart auseinandersetzen wollten. Vor allem schwärmten sie alle für die Lyrik des innig verehrten schwäbischen Pastors Eduard Mörike. Das war moderne Literatur wie die Eichendorffs und Heines. Das war Literatur, die in seiner Heimatstadt Husum völlig unbekannt gewesen war. Mörike war ein Vorbild, ein Lehrer, dem er als Schüler nacheifern wollte.

Besonders ein neuer Freund aus der Clique hatte es ihm angetan. Es war mit Sicherheit der faszinierendste Mensch, den er je kennengelernt hatte. Christian Matthias Theodor Mommsen. Wenn man mit dem befreundet sein könnte. Mommsen studierte Jura wie auch Geschichte. Er war genauso alt wie er, noch dazu stammte er aus seiner Heimat, ein gebürtiger Eiderstedter aus Garding. Es war das größte Glück, dass Theodor Mommsen wohl ebenso fühlte wie er, denn dieser schlug vor, dass sie zusammenziehen könnten. Nichts lieber als das. Schnell war man sich einig, dass man im Hinterhaus der Flämischen Straße zusammen mit Theodors zwei Jahre jüngerem Bruder Tycho, der im Mai 1838 wie sein Bruder immatrikuliert worden war und Altphilologie studierte, eine Wohngemeinschaft bilden wollte. Sie teilten ihre Interessen für Literatur und Politik und die Liebe zu ihrer Heimat Schleswig-Holstein.

„Treppe eines Hauses in der Flämischen Straße", Georg Zimmermann, Schleswig-Holsteinische Landesbibliothek

Und sie teilten von nun an in dem Hinterhaus beim Bäckermeister Andersen eine kleine Wohnung, die sogar aus zwei Schlafkam-

mern jeweils für die Mommsenbrüder und ihn selbst bestand und einem Wohnzimmer, das sie gemeinsam nutzten. Es war sogar möglich, dieses Zimmer recht gemütlich einzurichten. Einzig die hygienischen Bedingungen waren wie in allen Häusern der Altstadt wenig erfreulich. Das Toilettenhäuschen auf dem Hof war schon ein ziemlich unangenehmer Ort.

Hygiene

Die Badekultur der Biedermeierzeit, zum Beispiel in der öffentlichen Badeanstalt in Düsternbrook, brachte ein gesteigertes Bewusstsein für Reinlichkeit und Hygiene mit sich. Trotzdem herrschte in den meisten Haushalten neben der Zinkwanne noch der hölzerne Badezuber vor. Die mangelnde Hygiene war nach wie vor Quelle für viele Krankheiten.

Im Erdgeschoss mancher Kieler Häuser oder auch im Hinterhof gab es einen Raum, in dem wegen mangelnder Belüftung ständig ein entsetzlicher Geruch herrschte. Hinter einer Holztür, eventuell mit einem ausgeschnittenen Herzen versehen, befand sich eine Kammer mit der Toilette, einem hölzernen Sitz mit einem Deckel, unter dem sich ein kreisrundes Loch versteckte, durch das die Fäkalien in einen Kasten fielen. Dieser wurde in bestimmten Abständen von den Männern mit den „Goldeimern" entleert. Zu dem Zeitpunkt musste man sein Taschentuch besonders fest vor Mund und Nase pressen, wenn man an diesem Örtchen vorbeiging. Auch sonst war dieser Ort nicht sonderlich beliebt, vor allem nicht im Sommer, wenn sich hier auch noch die Fliegen heimisch fühlten.

Die Kanalisation ließ in Kiel noch lange auf sich warten.

Toilettenhäuschen, Freilichtmuseum Molfsee, Foto Wenners

Mitte Oktober 1839

Dass er selbst immer noch dem Corps Holsatia angehörte, allerdings kaum noch aktiv, und Mommsen sich der mit der Holsatia erbittert verfeindeten, gemäßigteren Verbindung Albertina angeschlossen hatte, spielte keine Rolle in ihrer Freundschaft. Im Gegenteil, auch er besuchte gerne die beliebten Bälle der Albertina in der „Harmonie". Er ging auch manches Mal mit zu dem samstäglichen Kneipen der Burschenschaft in der Wihelminenhöhe, bei dem immer häufiger vaterländische Lieder gesungen wurden. Etwa achtzig Studenten waren dann in dem großen Saal an zwei langen Tischen versammelt. Acht Praesides standen der Versammlung vor. Sie trugen altdeutsche schwarze Röcke, dazu eine weiße Mütze, weiße Schärpe mit violettem Rand und große Fechthandschuhe. Mit den Ausrufen „Silentium" und „Colloquium" ordneten sie Gesang oder Unterhaltung an. Er sah auch zu, wenn Mommsen focht. Aber zum Glück stand auch Mommsen nicht so ganz hinter dem Fechten. Er betonte immer wieder, dass er auf einen Schmiss durchaus verzichten könne. Das war ihm bislang auch gelungen.

Ein Abend würde ihm als besonders unerfreulich im Gedächtnis bleiben. Er begleitete Mommsen wieder einmal in die Wilhelminenhöhe auf dem Gaardener Ufer zur Mensur. Der Abend war schon vorangeschritten, das Bier hatte die Gemüter bereits erheblich erhitzt. Zwei Kommilitonen gerieten in Streit, worüber war im Nachhinein nicht mehr zu ergründen. Jedenfalls ergab ein Wort das andere, bis schließlich der eine dem anderen ein Glas Bier ins Gesicht schüttete. Der Begossene rief sogleich eine Forderung auf zwölf Gänge aus. Darauf ging sein Gegner ein, und sogleich zogen sie ihre Degen und stürmten aufeinander los. Allerdings taten sie das so unkontrolliert, dass die Degen nur so hin und her flogen. Auf einmal ein Schrei. Der Begossene hielt sich die Nase, die einen schweren Hieb abbekommen hatte. Nur mit Mühe konnten die Streithähne nun endlich getrennt werden. Betrunken, wie sie waren, hätten sie sich ohne Zweifel noch schwerer verletzten können. Allerdings zeigte auch die Nase des Verletzten bereits einen scharfen und tiefen Schnitt, der so schrecklich anzusehen war, dass rasch beschlossen wurde, ihn in das Friedrichshospital zu befördern. Dazu war es aber notwendig, zunächst wieder die Förde mit dem Boot zu überqueren. Zwei Kameraden packten den armen Verletzten und schleiften ihn zum Boot. Alle folgten dem Zug. Ein beschwerlicher

Weg, zumal mit einem Verletzten. Am anderen Ufer angelangt, war der Weg zum Hospital in der Flämischen Straße nicht mehr weit, und der Transport des Verletzten war kein Problem mehr. Schließlich standen sie vor dem großen Gebäude mit dem charakteristischen Doppeltreppengiebel. Zu ihrer großen Erleichterung war das Krankenhaus noch geöffnet. Und die beiden Krankenwärter, die sie dort antrafen, waren noch nicht einmal erstaunt darüber, was sie ihnen da ins Haus brachten. Bei den Paukabenden komme es häufig zu Handgreiflichkeiten unter Alkoholeinfluss, meinten sie, so dass es unzählige Verletzte gebe. Sie versprachen, sich um den Verletzten zu kümmern, und brachten ihn umgehend in den Untersuchungsraum. Unumgänglich war es, dass die Krankenpfleger dem Pedell der Universität Mitteilung machten von diesem Vorfall. Dem Duellgegner drohte damit eine Strafe. Er würde mit Sicherheit in den Karzer kommen. Das war im Übrigen die mildeste Strafe bei derartigen Verstößen. Eine der härtesten Disziplinarstrafen war die Relegation, also die Verweisung von der Hochschule. Aber auch noch drastischere Urteile hatte es gegeben. Im Januar dieses Jahres war es im Düsternbrooker Gehölz zu einem Duell gekommen. Einer der Duellanten, der Jurastudent Rudolph Schleiden, wurde von einem Pistolenschuss getroffen. Weil Duelle strengstens verboten waren, verurteilte ihn das akademische Universitätsgericht zu einer Festungshaft zweiten Grades. Das Urteil wurde dann allerdings vom Oberappellationsgericht verschärft zu zwei Jahren Festungshaft in der Festung Nyborg auf der dänischen Insel Fünen.

Der Karzer befand sich oben in den Dachkammern des Universitätsgebäudes. Der Karzerknecht Caspar Dose hatte die Aufgabe, über die Insassen zu wachen und ihnen zu essen und zu trinken zu bringen. Es waren manche Geschichten im Umlauf über den Karzer. Die Wände des Universitätsgefängnisses seien von einigen Insassen durch Kohlezeichnungen oder aufmunternde Sprüche künstlerisch gestaltet worden. Er hatte auch vernommen, dass es dort manchmal recht lustig zugehe. Die Insassen ließen sich offenbar von Kommilitonen auch Wein oder Bier bringen, sie spielten Karten oder fingen Mäuse. Ein wirklich tolles Gefängnis. In der Studentenschaft wurde der Karzer oft auch nach den königlichen Schlössern Sanssouci, Fontainebleau oder auch Aranjuez genannt oder auch Sommer- bzw. Winterpalais, je nachdem. Jedenfalls konnte man dort in Ruhe arbeiten oder auch die herrliche Aussicht genießen auf die Ecke Katten-, Burg- und Schlossstraße und sogar hinaus über die Förde.

Medizin

Kiel besaß im frühen 19. Jahrhundert drei Krankenhäuser. Im Stadtkrankenhaus in der Prüne vor den Toren der Stadt wurden neben internistischen auch chirurgische Patienten behandelt. Neben der Krankenanstalt mit dreißig Betten gab es hier ein Entbindungsheim und eine Badstube. Die medizinische Fakultät der Christian-Albrechts Universität vertraten seit 1783 Georg Heinrich Weber, Professor der Medizin und Botanik, und Johann Leonhard Fischer, Professor der Chirurgie und Anatomie. Erst Anfang des 19. Jahrhunderts setzte sich die Erkenntnis durch, dass ausgebildete Ärzte die chirurgischen Eingriffe vornehmen müssten und nicht wie bis dahin die Bader. Der Chirurg Fischer wurde 1802 neben Weber als Ko-Direktor dieser Klinik eingesetzt, um die universitäre Qualität der chirurgischen Behandlung sicherzustellen. Durch ihn wurden das Fach Chirurgie und die Christian-Albrechts-Universität überregional bekannt.

Die Randlage dieser ersten chirurgischen Universitätsklinik in der Vorstadt erwies sich als unvorteilhaft. Deshalb eröffnete die Universität 1807 mit Unterstützung des dänischen Kronprinzen Friedrich in der Flämischen Straße 22 die zweite Universitätsklinik, das Friedrichshospital. Das große Gebäude mit dem charakteristischen Doppeltreppengiebel war zuvor eine Privatklinik des Professors Brandis gewesen. Das Friedrichshospital wurde von Fischer geleitet. Hier wurden ebenfalls Patienten internistisch und chirurgisch behandelt. Ordinarius und Leiter des Hospitals war ab 1842 mit 32 Jahren Professor Langenbeck. Ihm folgte Friedrich Louis Stromeyer, einer der Mitbegründer der damaligen Kriegschirurgie; sein Assistent und später sein Nachfolger wurde sein Schwiegersohn Friedrich Esmarch. 1854 willigten das dänische Ministerium und der König ein, einen Teil des Schlossgartens für einen Neubau von drei Kliniken herzugeben.

„Friedrichshospital in der Flämischen Straße 22", getuschte Federzeichnung von Carl Rahn um 1880, Schleswig-Holsteinische Landesbibliothek

Nachdem in der Fleethörn 1811 eine Geburtshilfliche Anstalt eingerichtet worden war, besaß die Universität drei Universitätskliniken. Ein königliches Dekret regelte die Belegung dieser drei Universitätskliniken neu und wies die chirurgischen Patienten allein dem Friedrichshospital in der Flämischen Straße zu. Damit war die erste Chirurgische Universitätsklinik der Christian-Albrechts-Universität zu Kiel gegründet.

Im Erdgeschoss des Friedrichshospitals befanden sich zwei Krankensäle mit zusammen 24 Betten, ein Operationssaal und eine Badestube. In der zweiten Hauptetage sowie im Giebelgeschoss lagen weitere Kranken- und Arztzimmer. Eine Krankenstube im Friedrichshospital musste man sich als ziemlich langen Saal vorstellen, an dessen Wänden in zwei langen Reihen hölzerne Kastenbetten angeordnet standen. Zwischen den Betten waren an Pfosten dünne Vorhänge gespannt. An den Pfosten hingen Öllampen, deren flackerndes Licht den Saal nur schwach erleuchtete. Das Stöhnen und Wimmern der Kranken sowie die Gerüche nach Urin, Kot, Schweiß und Krankheit lasteten auf dem Raum. Die Kranken lagen in einfachen Holzbetten unter dünnen, mit Heu gefüllten und vom Schweiß meist feuchten Decken.

Der Mediziner und Geburtshelfer Gustav Adolf Michaelis kann als Begründer der Kieler Frauenklinik gelten. Der 1798 in Harburg geborene Gustav Adolf wurde nach dem frühen Tod seines Vaters als 13-Jähriger von seiner Tante in Kiel aufgenommen, die mit dem Professor Wiedemann, dem ersten Direktor der Kieler Hebammenanstalt, verheiratet war. Der junge Michaelis besuchte die Kieler Gelehrtenschule und studierte ab 1817 in Göttingen Medizin. Nach seiner Promotion kehrte er 1820 nach Kiel zurück, musste aber, um sich hier niederlassen zu dürfen, als „Ausländer" sein Examen und die Doktorprüfung wiederholen. 1828 heiratete Michaelis Julie Jahn. Ab 1836 leitete er die Geschäfte der um 1805 angelegten Kieler Hebammenlehranstalt an

„Kieler Hebammenanstalt an der Fleethörn", um 1840, Schleswig-Holsteinische Landesbibliothek

„Psychiatrische Klinik Hornheim 1842", Lithographie von Friedrich Wilhelm Saxesen, Schleswig-Holsteinische Landesbibliothek

der Fleethörn, aus der die Universitäts-Frauenklinik hervorging. Michaelis galt als einer der bedeutendsten Gynäkologen seiner Zeit und einer der wenigen Geburtshelfer, der erkannte, dass die Missachtung der notwendigen Hygiene den Tod vieler Frauen verursachte. Im Gefühl seiner Ohnmacht gegenüber dieser Tatsache stürzte er in eine tiefe Depression, in deren Folge er sich 1848 das Leben nahm. Sein Sohn, der 1835 in Kiel geborene Adolf Michaelis, war ein wichtiger klassischer Archäologe.

Der Psychiater Peter Willers Jessen (1793–1875), der seit 1820 das erste psychiatrische Krankenhaus im deutschsprachigen Raum in Schleswig geleitet hatte, gründete 1845 Deutschlands erste psychiatrische Privatklinik in Kiel, das Hornheim. Jessen, der auch eine Professur an der Christian-Albrechts-Universität innehatte, führte die zwangfreie Behandlung von seelisch Kranken ein. Jessen, der auch unter seinen Patienten lebte, vertrat eine ganzheitliche Therapie mit Diät, physikalischer Therapie, Arbeit, Erziehung und Unterricht. Nach seinen Berliner Lehrern Horn und Heim benannte er seine Klinik „Hornheim". Am Vieburger Gehölz gelegen bestand die Klinik aus drei

Apotheke, Freilichtmuseum Molfsee, Foto Wenners

Gebäuden mit Werkstatt, Gewächshaus und Stallungen sowie dem aufwändig angelegten Garten. Entworfen wurde das Ensemble von dem Hamburger Architekten Alexis de Chateauneuf, der 1850 dort selbst Patient war. Da die Klinik sehr abgeschieden lag, gab es kaum Verbindungen mit der Stadt, in der ohnehin aus Angst vor dem „Tollhaus“ viele Vorurteile gegenüber der Einrichtung kursierten.

Im Jahr 1831 ging die Angst vor der Cholera um, auch in Kiel. Die Krankheit hatte im Oktober bereits Hamburg erreicht. Die in Kiel und Rendsburg stationierten Garnisonen rückten aus, um die Landesgrenzen und ebenso die Küstenregionen vor der Einschleppung der Seuche zu schützen. Das Krankenhaus in der Prüne wurde für die Aufnahme von Erkrankten vorbereitet. Jeder Reisende, der von Süden kam, musste sich zunächst in die extra eingerichteten Quarantänehäuser am Sophienblatt begeben. Alles, was zu einer Übertragung führen könnte, wurde durch Ausräuchern desinfiziert.

Zwei Apotheken gab es in der ersten Hälfte des 19. Jahrhunderts in Kiel, die Ratsapotheke seit 1607 und die Hofapotheke seit 1642.

Ende Oktober 1839

Mommsen überzeugte ihn, dass er ihn neben den juristischen Veranstaltungen der Universität auch zu den Vorlesungen der großen Historiker Georg Waitz und Johann Gustav Droysen sowie des klassischen Philologen Otto Jahn begleiten sollte. Und was für ein Gewinn war es, diesen hellen Köpfen in ihren aufregenden Ausführungen zu folgen. Bald war er ebenso begeistert von der Geschichte, der Kunst und Literatur des Altertums wie Mommsen, der sich neben seinem Jurastudium mehr und mehr darauf konzentrierte. Aber auch die Landesgeschichte fand er sehr interessant.

Wie herrlich konnten sie gemeinsam Gedanken austauschen, diskutieren und auch streiten. Was für ein imponierender und gescheiter Kopf, dieser Mommsen, ein wenig anmaßend zwar, aber ebenso wie dem jüngeren Bruder Tycho machte es auch ihm eigentlich nichts aus, sich dem offensichtlich Überlegenen unterzuordnen. Zu überzeugend waren sein unbestechliches Urteil, sein sprühender Geist und sein Witz. Welch einen unbeschreiblichen Humor er hatte. Theodor Mommsen war mit Abstand der bedeutendste junge Mann, den er in seinem Leben bisher getroffen hatte.

Mommsen wusste immer, wer er war und was er wollte. Beneidenswert. Davon hätte er selbst auch gerne eine Portion. Mommsen war auch die treibende Kraft in dem gemeinsamen Projekt, auf das sie sich geeinigt hatten. In ihrer Beschäftigung mit der Literatur der Heimat waren sie darauf gestoßen, dass es einen immensen Fundus an überlieferten Texten gab, der eigentlich noch weitgehend unentdeckt geblieben war. So entstand nach und nach der Plan, schleswig-holsteinische Sagen und Märchen, Spukgeschichten und Schwänke nach dem Vorbild der Brüder Grimm zu sammeln. Dabei fühlten sie sich den Prinzipien verpflichtet, die die Grimms 1816 in ihrem Vorwort formuliert hatten, nämlich Mannigfaltigkeit der gesammelten Texte und Treue und Wahrheit. Zu Jakob Grimm nahmen sie sogar brieflich Kontakt auf. Überhaupt hatten sie viele gemeinsame Projekte und Pläne für literarische Produktionen, aber immer unterschiedliche Schreibweisen.

Mommsens Initiative war es auch zu verdanken, dass sie sich alle drei einem Verein anschlossen. Unlängst hatte er ihn überredet, dass sie gemeinsam einem Gesangverein beitreten sollten. Die Kieler Liedertafel, deren Mitglieder sie nun waren, zeigte sich äußerst erfreut, einen so guten Tenor aufnehmen zu können.

Vereine

Die erste Hälfte des 19. Jahrhunderts ist die Zeit der unzähligen Vereinsgründungen in Kiel: 1842 Gesangsverein, 1843 Kunstverein, 1844 Kieler Männer-Turn-Verein, 1845 Frauenverein „zur Erziehung des weiblichen Geschlechts in der Heidenwelt", 1847 Handels- und Industrieverein, 1848 Bürgerverein, 1851 Kindergartenverein zur Gründung eines Kindergartens nach dem Vorbild Friedrich Fröbels, der 1840 in Bad Blankenburg den ersten Kindergarten gegründet hatte.

Vorhanden waren schon die Schützengilden, die ursprünglich im Falle eines Angriffs die Stadt verteidigen sollten. Die 1412 gegründete Grüne Schützengilde, die 1832 75 Mitglieder zählte, erfreute sich eines besonders großen Ansehens. Ihre Schießübungen führte sie auf dem Schützenwall weit außerhalb der Stadt durch. Zunächst mit Armbrüsten, dann mit Büchsen schossen die Gildebrüder auf einen hölzernen Vogel. Ihre Gildefeste hatten sich zu richtigen Volksfesten entwickelt. Die Wilhelminengilde war zu Ehren der Herzogin Wilhelmine von Glücksburg gestiftet worden. Im Dorf Brunswik hatte sich die Brunswiker Schützengilde etabliert und ihren Schießplatz und ihre Vogelstange auf der Anhöhe nördlich des Kleinen Kiels eingerichtet. Die Kugeln gingen im Kleinen Kiel nieder, manchmal fielen sie sogar am jenseitigen Ufer nieder, so dass während der Schützenfeste die Gärten dort lieber geräumt wurden.

Die Kieler Liedertafel war 1841 gegründet worden. Die Entstehung von Männergesangvereinen ist im Zusammenhang mit den nationalstaatlichen Bewegungen der Zeit zu verstehen. Das deutsche Liedgut wurde mit Hingabe gepflegt, vorrangig deutsche Volkslieder. Mehr als einhundert Männer aus den bürgerlichen Familien, selbstverständlich viele Studenten hatten sich spontan in diesem Chor zusammengeschlossen, den der Universitätsmusikdirektor Karl Graedener dirigierte, der die Seele des musikalischen Lebens in Kiel war. Intention der Sänger war es, in ihrer Freizeit zu singen und zugleich ihrer Unterstützung nationalstaatlicher Bestrebungen und der schleswig-holsteinischen Freiheitsbewegung Ausdruck zu verleihen. Auch am Sängerfest in Schleswig im Jahre 1844 nahmen die Sänger der Kieler Liedertafel teil und sangen zum ersten Mal das Schleswig-Holstein-Lied. Die Melodie stammte von Carl Bellmann, dem Kantor des Schleswiger St.-Johannis-Klosters. Der Schleswiger Advokat Matthäus Friedrich Chemnitz verfasste den Text, der den Wunsch nach einem vereinigten, unabhängigen und deutschen Schleswig-Holstein zum Ausdruck bringt:

> Schleswig-Holstein, meerumschlungen,
> deutscher Sitte hohe Wacht!
> Wahre treu, was schwer errungen,
> bis ein schön'rer Morgen tagt!
> Schleswig-Holstein, stammverwandt,
> wanke nicht, mein Vaterland!
> Schleswig-Holstein, stammverwandt,
> wanke nicht, mein Vaterland!

Dieses zunächst nur im Verborgenen gesungene Lied enthielt revolutionären Sprengstoff.

„Schleswig-Holstein“, kolorierte Lithographie des Schleswig-Holstein-Liedes, Neuruppiner Bilderbögen, Oehmigke & Riemschneider, Neu-Ruppin, Schleswig-Holsteinische Landesbibliothek

Eine weitere Intention der Kieler Liedertafel war die Förderung von Geselligkeit und Frohsinn. Eine besondere Funktion kam dabei dem Fasching zu: Schon 1845 veranstaltete die Liedertafel zum ersten Mal „Carneval zum Kiel“. Die Konzerte der Kieler Liedertafel fanden im großen Saal des Universitätsgebäudes in der Kattenstraße statt.

Neben der Liedertafel gab es seit 1842 den Singverein, der sich im Gegensatz zur Liedertafel nicht mit dem Volkslied befasste, sondern mit ernster Vokalmusik. Der erste Universitätsmusikdirektor Georg Christian Apel gründete darüber hinaus 1835 den Verein für Instrumentalmusik, ein Laienorchester.

6. Januar 1840

Schon an den ersten Tagen nach Weihnachten hatte er beobachten können, wie die Buden für den Kieler Umschlag aufgeschlagen wurden, welche sich in sechs Budenreihen quer über den Markt von Rüdels Hofapotheke bis zu den eigentlich recht baufälligen Persianischen Häusern zogen. Aus allen vier Ecken des alten Marktplatzes hatte er die Plan- und Holzwagen anrollen sehen, die aus allen Landesteilen die Waren heranfuhren. Die Freunde und er entschlossen sich, sich am Abend ebenfalls in das Budengewirr zu stürzen. Der Marktplatz, umschlossen von der mächtigen Nikolaikirche, dem altehrwürdigen Rathaus und den schönen alten Patrizierhäusern, erstrahlte nun in dem Glanz, der von den zahllosen Lichtern aus den Umschlagbuden kam. Es war kaum ein Durchkommen in diesem lebhaften Treiben, wenn Käufer und Verkäufer, dazu die vielen Schaulustigen, die Musikanten und Gaukler aufeinandertrafen. Was für ein Spektakel.

Aber es war schon ein Vergnügen, zwischen den bunten Verkaufshäuschen zu schlendern und die Auslagen der Händler zu bestaunen. Durch das unwirtliche Wetter und die Schneenässe ließen sie sich nicht stören. Sie wanderten neugierig von Bude zu Bude, besonders angezogen wurden sie von den Verkaufsständen mit Waffen, Messern, Scheren und anderem Gerät. Ihr Interesse erregte eine Bude mit Uhren aus England, Frankreich und anderen Ländern. Aber auch die Buden mit Süßigkeiten waren nicht zu verachten, diese Auslagen ließen ihnen allen das Wasser im Munde zusammenlaufen. Was es da nicht alles gab, vielerlei Sorten von

Bonbons und Schokolade, Waffeln, Nüssen und kandierten Früchten. Amüsant fanden sie auch den Stand mit optischen Geräten, Theodor und Tycho ließen sich aus Spaß Brillen anpassen.

Anziehungspunkte waren ebenfalls die Orte, an denen Akrobaten ihre sensationellen Künste vorführten. An einer Ecke des Platzes sahen sie einem Jongleur zu, der es meisterlich verstand, mit drei, fünf, sogar mit sieben Bällen zu jonglieren. Sein Gefährte hatte über dieser Ecke ein Seil von Haus zu Haus gespannt und balancierte darauf von einem Ende zum anderen, ebenfalls mit Bällen jonglierend. Tycho wurde leichtsinnig und meinte, unbedingt sein Glück bei einem Losverkäufer versuchen zu müssen, und er war dem hemmungslosen Spott der anderen ausgesetzt, als er ohne Ausnahme Nieten gezogen hatte.

Markt

Einen großen Stellenwert nahm im Biedermeier der zentrale Marktplatz ein. Hier fand regelmäßig Markttag statt, der den Käufern alles bot, was sie benötigten. Der wöchentliche Markt hielt alles bereit, was man an alltäglichen Produkten brauchte, Viktualien wie Gemüse, Fleisch, Fisch, Obst. Daneben wurden Jahrmärkte zu bestimmten Jahreszeiten veranstaltet, wie Herbstmarkt oder Weihnachtsmarkt. Am Kuhberg in der Vorstadt hatten sich im frühen 19. Jahrhundert der Pferdemarkt, der Ochsenmarkt und der Vergnügungsmarkt etabliert.

Am Tag der Heiligen Drei Könige, dem 6. Januar, wurde alljährlich der große Wintermarkt eingeläutet, der Kieler Umschlag. Während nachmittags um 16 Uhr die Kirchenglocken der alten Nikolaikirche das Zeichen gaben, wurde vom Kirchturm die Umschlagsfahne herausgehängt, die im Volksmund nur „De Börgermester sin Büx" genannt wurde. Das rot gestrichene Eisenschild mit dem Wappen der Stadt verkündete, dass die Stadt Kiel allen anreisenden Händlern und Marktbesuchern für die Dauer des Umschlags sicheres Geleit und Marktfreiheit gewährte. Der Kieler Umschlag hatte sich aufgrund der sehr zentralen Lage zum bedeutendsten Kapitalmarkt in ganz Norddeutschland und Dänemark entwickelt, und weil hier der schleswig-holsteinische Adel residierte. Das mittelniederdeutsche Wort „ummeslag" bedeutet so viel wie „Wechsel" oder „Tausch"; gemeint war die Übergabe von Geldbeträgen. In der Zeit des Umschlags, also vom 6. bis zum 14. Januar, wurden alle Landpachtzahlungen der Pächter an die Gutsherren und die Zahlungen der Gutsherren an ihre Gläubiger geleistet. Außerdem waren alle Produk-

Umschlagsfahne „De Börgermester sin Büx", Kieler Stadt- und Schifffahrtsmuseum, Foto Wenners

te aus dem Herzogtum Holstein und dem südlichen Schleswig auf dem Markt, auf dem mehrere Millionen Silbertaler während dieser Tage die Besitzer wechselten. Allerdings herrschte ein heilloses Durcheinander, was die Währungen und Geldsorten betraf: Im Umlauf waren Dänische Reichsbanktaler und Speziestaler, das Schleswig-Holsteinische Courantgeld in Form von Talern, Mark und Schillingen, Preußische Taler sowie Hamburger oder Lübecker Courantmark.

Tagsüber wurden alle wichtigen Geldgeschäfte, Zinszahlungen, Immobilienkäufe und -verkäufe, Verpachtungen, Erbschaftsangelegenheiten und die verschiedensten Handelsgeschäfte abgeschlossen. Die Abende galten der Entspannung auf Geselligkeiten und Festlichkeiten. Die adeligen Familien weilten während des Umschlags wegen ihrer Geldgeschäfte in ihren Kieler Häusern und nutzten den Kapitalmarkt zugleich als Heiratsmarkt. Aus allen Himmelsrichtungen kamen die Besucher des Marktes, die Bauern aus den benachbarten Dörfern, die wandernden Handwerker und andere Reisende.

Auf dem Markt standen die Verkaufsbuden dicht an dicht in sechs Reihen. Abends erstrahlte der Platz in den zahllosen Lichtern aus den Umschlagbuden. Zwischen dem Budengewirr und dem lebhaften Treiben der unzähligen Marktbesucher ratterten auch noch die vielen Wagen, um Waren auf- oder abzuladen.

Die Stadt war randvoll; es konnte sein, dass sich die Einwohnerzahl während des Umschlags verdoppelte. Das bedeutete für viele Hausbesitzer eine schöne Einnahmequelle, und jede noch so kleine Kammer wurde teuer vermietet, selbst wenn sie nicht beheizt war. Auch weitere Unannehmlichkeiten begleiteten den Kieler Umschlag. Die Ansässigen fühlten sich zum Teil erheblich belästigt durch den Lärm während des Tages und noch viel mehr in der Nacht. Darüber hinaus lockte der Umschlag Bettler und sogar Kriminelle an.

Der mittelalterliche Freimarkt mit dem Namen Kieler Umschlag wurde seit 1431 jährlich durchgeführt, zuerst im November, ab 1473 dann vom 6. bis zum 14. Januar. Seinen Höhepunkt erreichte der Kieler Umschlag im 16. Jahrhundert. Ab dem 17. Jahrhundert verlor er allmählich seine Bedeutung.

Als sehr effektiv hatte sich die Einrichtung einer Börse noch vor 1852 erwiesen, notiert wurden keine Wertpapiere, sondern Getreide, Kartoffeln, Butter und andere landwirtschaftliche Produkte. Das Börsengebäude lag an der Holstenbrücke.

„Der Wall", Blick auf die Holstenbrücke und die Börse, Lithographie nach Adolf Burmester um 1853, Schleswig-Holsteinische Landesbibliothek

Mitte Januar 1840

An diesem Abend fand der große Winterball in der „Harmonie" statt. Zur Faulstraße war es ja nicht weit, nur wenige Schritte entfernt. Also machte man sich zu Fuß auf den Weg. Das aber war angesichts der Dunkelheit gar nicht so einfach. In Kiel gab es nämlich nur etwa 150 öffentliche, mit Rüböl befeuerte Laternen, deren Flammen hinter den matten Scheiben winzig waren. Außerdem flackerten und qualmten sie und tauchten die Straßen in ein verschwommenes Halbdunkel. Der Bäckermeister Andersen hatte deshalb wie jeder Bürger, der etwas auf sich hielt, direkt vor seinem Haus eine eigene Laterne. Wie viele andere fortschrittliche Bürger der Stadt forderte auch er seit langem die Umstellung der mangelhaften städtischen Beleuchtung auf moderne Gaslampen. Bislang hatte diese Bürgerinitiative damit allerdings keinerlei Erfolg.

Das Engagement eines Lüchtejungen, der ihnen mit Hilfe seiner Stocklaterne gegen Entgelt den Weg durch das Dunkel beleuchten konnte, wollten sie sich nicht leisten. Deshalb war die Passage auf dem Gehweg im Dunkeln durchaus ein gewisses Abenteuer. Da jeder Hausbesitzer den Teil des Gehweges vor seinem Haus bis zum Rinnstein als sein Eigentum betrachtete, musste stets mit unzähligen Hindernissen gerechnet werden, mit Kellerniedergängen oder Trittsteinen, obendrein mit Bänken, Fässern, Kisten und anderen einfach auf der Straße abgestellten Gegenständen. Das Überqueren der Straße bei Dunkelheit war mit besonderen Gefahren verbunden, falls man nicht bemerkt hatte, dass die Hausbewohner ihre Schmutzeimer im tiefen Rinnstein entleert hatten.

Straßenbeleuchtung

In den ersten Jahrzehnten des 19. Jahrhunderts ging in den Städten buchstäblich das Licht an. In Hannover und Berlin gab schon seit 1825 bzw. 1826, in Hamburg seit 1846 die moderne Gasbeleuchtung. Nachdem diese auch bereits in 87 anderen großen Städten Deutschlands eingeführt worden war, hatten die fortschrittlicheren Bürger Kiels endlich Erfolg mit ihrer Forderung nach Umstellung der mangelhaften städtischen Beleuchtung auf moderne Gaslampen. Der sparsame Magistrat der Stadt konnte sich lange Zeit nicht zu einer so hohen Investition in den Bau einer Gasanstalt und den Umbau der Laternen entschließen. Stattdessen hielt man weiterhin an der billigeren Lösung der Öl- und Tranlampen fest, die außerdem ausschließlich in den Wintermonaten betrieben wurden. Die Kieler mussten sich abends weiterhin einer ei-

Ein Prunkstück der Kieler Gaslaternen, der Kandelaber in der Dänischen Straße, Foto Wenners

genen Öllaterne bedienen oder der so genannten Lüchtejungs, die mit Hilfe ihrer Stocklaternen den nächtlichen Passanten gegen Entgelt den Weg leuchteten.

Es war die Aufgabe von fünf Wächtern und einem Aufseher, später von den Nachtwächtern, die alten Öllaternen an jedem Abend anzuzünden. Die Hausbesitzer mussten dafür sogar eine Abgabe leisten, das Laternengeld. Einige wohlhabende Bürger hatten zusätzlich vor ihrem Haus eine eigene Laterne aufgehängt.

Am 11. November 1856 wurden dann endlich auch in Kiel die 141 öffentlichen Öllaternen, mit Rüböl befeuerte Laternen, deren winzige Flammen hinter den matten Scheiben nur trübes Licht spendeten, flackerten und qualmten, durch eine moderne Gasbeleuchtung ersetzt.

Nun wurden 320 Straßengaslaternen installiert. Für die Bedienung der Lampen waren weiterhin die Nachtwächter zuständig. Aber an der Sparsamkeit hielt man fest. Im Sommer oder bei hellem Mondlicht blieben auch die Gaslaternen dunkel. Immerhin hatte sich aber die Leuchtstärke der städtischen Beleuchtung vervierfacht.

Am Kleinen Kiel, am Standort des heutigen Rathauses, wurde auf dem Grundstück des früheren Waschhofes an der Fleethörn auf Initiative des Kieler Kaufmanns Wilhelm Ahlmann die erste Gasanstalt der Stadt gebaut. Hier wurde ein mit leuchtender Flamme brennendes Gasgemisch erzeugt, das so genannte „Leuchtgas“. In den folgenden Jahrzehnten wurden weitere Gasanstalten in anderen Stadtteilen errichtet.

Anfang Februar 1840

Mörike, und immer wieder Mörike. Mommsen hatte die erst vor zwei Jahren erschienenen Gedichte des Schwaben entdeckt, dann auch seinen bedeutsamen Roman „Maler Nolten“, und diese Texte den Wohngenossen vorgelesen. Sie alle drei waren sofort begeistert von der schlichten Schönheit dieser Poesie. Der Eindruck war ungeheuer. Welche Anregungen! Das war wahrhaftig ein Seelenverwandter.

Aber auf das Betrachten fremder Lyrik wollte man sich nicht beschränken. Sie versuchten sich an eigenen Gedichten. Rasch entstand der Plan einer Anthologie. Das Cliquenunternehmen wuchs rasch an ohne größeren präzisen Plan. Liebe war auch bei ihnen allen das Hauptthema der Gedichte. Kein Wunder, denn sie alle waren fortwährend in irgendein Mädchen verliebt. Die ersten Liebesgedichte waren dem hübschen Gretchen gewidmet, der Tochter ihres Hauswirts, des Bäckermeisters Andersen. Einige seiner eigenen Gedichte waren der Verehrung, ja seiner Liebe für Bertha von Buchan zu verdanken.

Es war oft gar nicht so einfach, sich auf die Liebesthemen einzulassen, angesichts der bitteren Kälte in diesem strengen Winter. Vor die unteren Fensterränder hatten sie Decken gespannt, um weniger Kälte ins Zimmer eindringen zu lassen. Aber der Winter hatte auch seine schönen Seiten. Er konnte so herrlich träumen, wenn er allein war und die Eisblumen, die sich am Fenster gebildet hatten, betrachtete. An den wunderschönen Eisgebilden, in denen man fantasievoll Tiere, Blumen und Ornamente erkennen konnte, entzündete sich seine Fantasie stets aufs Neue. Dann fielen ihm die anrührendsten Verse ein.

Sie trugen sich stets ihre neuesten Schöpfungen vor. Manchmal war es recht hart, die erbarmungslose Kritik der Brüder Mommsen zu ertragen. Aber er hatte sich daran gewöhnt. Und meistens hatten sie ja sogar Recht. Auch das andere gemeinsame Projekt, Sagen und Märchen ihrer Heimat nach dem Vorbild der Brüder Grimm zu sammeln, schritt immer weiter voran. Eine Sage hatte er auch schon selbst verfasst. Natürlich stammte der Stoff aus seiner Heimat.

Der rote Hauberg

An der Landstraße nicht weit von Witzwort steht ein großer schöner Hof, der rote Hauberg; der hat neunundneunzig Fenster. Vor Zeiten stand hier ein kleines elendes Haus und ein armer junger Mann wohnte darin, der in die Tochter des reichen Schmieds, seines Nachbarn gegenüber, verliebt war. Das Mädchen und die Mutter waren ihm auch gewogen; doch der Vater wollte nichts davon wissen, weil der Freier so arm war. In der Verzweiflung verschrieb er seine Seele dem Teufel, wenn er ihm in einer Nacht bis zum Hahnenschrei ein großes Haus bauen könnte. In der Nacht kam der Teufel, riss das alte Haus herunter und blitzschnell erhuben sich die neuen Mauern. Vor Angst konnte der junge Mann es nicht länger auf dem Bauplatze aushalten; er lief hinüber in des Schmieds Haus und weckte die Frauen, wagte aber nun nicht zu gestehen, was ihm fehle. Doch als die Mutter einmal zum Fenster hinaus sah und mit einem Male ein großes Haus erblickte, dessen Dach eben gerichtet ward, da musste er bekennen, dass er aus Liebe zu dem Mädchen seine Seele dem Teufel verschrieben habe, wenn er, ehe der Hahn krähe, mit dem Bau fertig würde. Schnell ging die Mutter in den Hühnerstall, schon waren neunundneunzig Fenster eingesetzt und nur noch das hundertste fehlte: da griff sie den Hahn, schüttelte ihn und er krähte laut. Da hatte der Teufel sein Spiel verloren und fuhr zum Fenster hinaus. Der Schmied aber gab seine Tochter nun dem jungen Mann, dessen Nachkommen noch auf dem Hauberge wohnen. Aber die hundertste Scheibe fehlt noch immer, und so oft man sie auch am Tage eingesetzt hat, so wird sie doch nachts wieder zerbrochen.

Sagen und Märchen

Die berühmteste Textsammlung in dieser Zeit sind sicherlich die Kinder- und Hausmärchen von Jacob und Wilhelm Grimm. Die Brüder Grimm sammelten ab 1806 Märchen aus ihrem Bekanntenkreis und aus literarischen Werken. Von 1812 bis 1858 gaben sie ihre Märchen heraus. Die Zielgruppe waren ursprünglich gar nicht die Kinder, die Sammlung sollte vielmehr volkskundlichem Interesse dienen. Mit ihren sprachlichen Überarbeitungen der Vorlagen schufen die Brüder Grimm einen Märchenstil, der bis heute das Bild dieser Textgattung bestimmt.

Im Gegensatz zu diesen Volksmärchen entstanden in der Zeit des Biedermeiers die Kunstmärchen, Eigenleistungen der Dichter, die lediglich einzelne Motive aus der Volksmärchentradition aufgriffen. Der bedeutendste Schöpfer von Kunstmärchen

„Sagen, Märchen und Lieder der Herzogthümer Schleswig, Holstein und Lauenburg", Titelblatt 1845, Schleswig-Holsteinische Landesbibliothek

war in Deutschland Wilhelm Hauff (1802–1827). Besonders bekannte Märchen waren „Kalif Storch", „Der kleine Muck" oder „Zwerg Nase".

Angeregt durch die Brüder Grimm und die deutschen Kunstmärchen schuf der dänische Dichter Hans Christian Andersen (1805–1875) ganz wunderschöne Märchen in einem unverwechselbaren Stil, wie zum Beispiel „Des Kaisers neue Kleider", „Der standhafte Zinnsoldat" oder „Das Mädchen mit den Schwefelhölzern".

An der bekanntesten Schleswig-Holsteinischen Märchensammlung hatten die drei Freunde Theodor Storm, Theodor Mommsen und Tycho Mommsen entscheidenden Anteil. Die Sammlung „Sagen, Märchen und Lieder der Herzogthümer Schleswig, Holstein und Lauenburg" erschien 1845. Das Werk enthält nach vielfachen Neuauflagen rund 700 Texte, mehrheitlich Sagen, aber auch viele Märchen und Schwänke, außerdem Lieder, Kindertänze und -spiele, Rätsel, Sprüche und Segen. Karl Müllenhoff trug die Textsammlung zunächst mit Storm und den Mommsen-Brüdern zusammen, führte die Sammlung anschließend aber allein weiter.

Mitte Februar 1840

Abwechslung boten die vielen Veranstaltungen, die der Winter so bereithielt. Vor allem die Konzertbesuche liebte er. Diese fanden wie nahezu alle größeren Veranstaltungen in den Sälen der „Harmonie" statt, so auch an diesem Abend. Im Foyer des Vereinshauses der „Harmonie" in der Faulstraße wurde vor dem eigentlichen Konzert wie meistens zum Empfang ein Apéritif gereicht. Danach betrat er den Saal, das Konzert sollte um 19 Uhr beginnen. Der große Saal wurde anlässlich dieser Konzerte mit langen Holzbänken ausgestattet, auf die rote Samtkissen gelegt wurden. Der Musikerbereich war durch ein filigranes Holzgitter von dem Zuschauerraum abgetrennt. Heute Abend sah er hinter dem Gitter einen Flügel und zwei Stühle hinter zwei Notenpulten mit Kerzen. Ein Klaviertrio stand auf dem Programm. Für das Konzert waren ein Pianist, ein Geiger und ein Cellist engagiert worden.

Im ersten Teil des Konzerts sollten Klaviertrios von Beethoven und Schubert zur Aufführung gelangen. Nach der Pause, in der im Foyer verschiedene kalte und warme Speisen für die Konzertbesucher aufgebaut waren, ließ der Pianist einige Stücke von Frédéric Chopin erklingen, unter anderem die Revolutionsetüde, sein Lieb-

lingsstück. Nach dem Konzertgenuss gab es bei Dessert und Kaffee noch die Gelegenheit, mit den anwesenden Künstlern ins Gespräch zu kommen. Freude machte es ihm aber auch, die interessanten Konzertbesucher zu beobachten, vor allem die weiblichen. Er bewunderte ihre elegante Garderobe.

Mode

Charakteristisches Aussehen erlangt in der Biedermeierzeit neben den Möbeln vor allem auch die Mode. Die Damenmode im Biedermeier war schlichter als zuvor, aber auch oft unbequemer. Ab 1835 wurde die Taille wieder deutlich betont. Zu den Kleidungsstücken der Damen gehörten vor allem Reifrock und Korsett. Dagegen wurden die Ärmel der Tageskleider extrem voluminös und damit für viele Tätigkeiten unpraktisch. Gemusterte Stoffe waren große Mode: kariert, gestreift oder geblümt, am

„Die Stickerin" und „Vor dem Spiegel", Georg Friedrich Kersting (1785–1847), Kunsthalle Kiel

Abend gerne schimmernde Seidenstoffe. Die typische Kopfbedeckung war die Schute, ein haubenähnlicher Hut. Die Schuhe waren flach, ohne Absatz. Im täglichen Leben trug die Hausfrau im Biedermeier vielleicht ein einfaches dunkelgrünes Hauskleid aus Wolle mit einem weiten Rock und mit schmaler Taille, einem ausladenden weißen Kragen und breit gebauschten Keulenärmeln, die unterhalb der Ellenbogen enganliegend endeten, wodurch sie die für die Haus- und Handarbeit notwendige Bewegungsfreiheit gewährten. Ihre Haare waren in der Mitte gescheitelt und zu einem großen, tief im Nacken sitzenden Knoten gebunden, den eine Spange aus Schildpatt zusammenhielt.

Auch die Herrenmode des Biedermeier konnte nicht gerade als bequem bezeichnet werden. Auch die männliche Kleidung war meist eng tailliert. Dazu gehörten erstmals lange Hosen, so genannte Pantalons, gestreifte oder geblümte Westen, die kunstvoll geknotete Krawatte sowie ein Gehrock. Charakteristische Kopfbedeckung war der Zylinder. Der Herr trug vielleicht einen dunkelblauen Rock mit enger Taille und breiten Schößen, dazu hellgraue Beinkleider und eine hellblaue seidene Weste, über deren schmalem Ausschnitt ein ebenfalls blaues Tuch herausschaute. Die exakt gestärkten und dadurch einschnürenden Vatermörderkragen reichten ihm bis zu seinem Kinn, was seinem Aussehen durchaus etwas Ehrfurcht Einflößendes verlieh. Modisch waren auch lange Koteletten, so genannte Favoris, und ein Backen-, Oberlippen- oder Kinnbart. Ein Vollbart dagegen galt als Ausdruck einer revolutionären Gesinnung.

April 1840

Zu Ostern entschloss er sich, wieder einmal nach Altona zu fahren. Den Scherffs war natürlich durchaus klar, dass sein Besuch weniger ihnen als vielmehr der jungen Bertha von Buchan galt. Trotzdem wurde er dieses Mal wieder äußerst herzlich empfangen. Und die Familie war bereit, auch wieder Bertha zu dem Fest einzuladen, so dass er Gelegenheit hatte, sie zu sehen und zu sprechen, wenn auch nicht – so wie erhofft – allein. Immerhin war es ihm möglich, den Anwesenden sein neuestes Gedicht vorzutragen, das sicher auch Bertha sehr beeindrucken würde. Zumal er erzählen konnte , dass es ihm zum ersten Mal gelungen war, einen Text in der Zeitschrift „Europa“: zu veröffentlichen.

Goldriepel

»Was scheust du, mein Gaul! Trag mich hinauf
Zum Schloß, das am gähen Abgrund liegt;
Zur Königsmaid, die der scheußliche Zwerg
In zaubertrüglichen Schlummer wiegt.« –

Doch wieder scheut er und flieget der Gaul;
Da knattern die Fichten, es berstet der Berg;
Zwei blitzende Hämmer in rußiger Faust,
Aus der Spalte wirbelt der scheußliche Zwerg.

»Reiß aus, reiß aus! Der Fels ist mein,
Und der Wald und das Schloß und die Dirne sind mein!
Reiß aus, reiß aus! und stör mich nicht auf,
Weil ich unten haue das Funkelgestein!

Das Funkelgestein und das klingende Gold,
Das schmeiß ich hinauf in den Schoß der Braut;
Drum liebt mich die Dirn, du eitler Gesell!
Goldriepel heiß ich! Jetzt wahr deine Haut!«

Da schwingt er die Hämmer; die blenden und sprühn,
Und der Ritter reißet das Schwert zur Hand:
»Mich schützet die Lieb, die ist teurer als Gold
Und härter und hell als der hellste Demant.«

Langarmige Fichten schlagen darein –
»Rasch an, mein Tier!« Da bäumt sich das Pferd
Hoch auf vor den Hämmern; die blenden und sprühn;
In die leeren Lüfte sauset das Schwert.

»Hei Ritter, mein› Hämmer, die spalten Demant!«
Hell kreischet der Helm. – »Hei, treffen sie gut?« –
Und der Ritter, verwundet, taumelt und wankt:
»O heilige Jungfrau, beschütze mein Blut!«

Da springen die Tore hoch oben im Schloß;
Draus quillt es und strömt es wie himmlischer Schein;
Und drinnen im zaubertrüglichen Schlaf
Ruht die Maid wie lebendiger Marmelstein.

»Mich schützet der Himmel, mich schützet die Lieb!«
Und die Sehnen füllt's ihm mit neuer Gewalt;
Nicht schaut er die Hämmer, die blenden und sprühn.
Hindonnert sein Schwert auf des Zwerges Gestalt.

Und er reißt ihn zum Abgrund und stürzt ihn hinab,
Wo die faule Woge das Scheusal begräbt. –
In des Ritters Armen erwachet die Maid;
Sie küßt ihm die Wunde, sie lächelt und lebt.

Wieder zurück in Kiel hatte er neuen Mut gefasst. Der Besuch bei Bertha war vielversprechend verlaufen. Tatsächlich war sie sehr beeindruckt gewesen von seinem neuesten Gedicht und hatte sich ihm gegenüber überhaupt ganz liebenswürdig gezeigt. Es bestand also weiter große Hoffnung auf ein glückliches Ende. Mit diesem neuen Schwung hatte er auch wieder Lust auf Erkundungszüge in der freien Natur. Noch nie war er in der Baumschule gewesen. Dorthin wollte er jetzt wandern. Gesagt, getan. Er wanderte aus der Stadt heraus, durch das Düsternbrooker Gehölz, kam an der Obstbaumschule vorbei, die der berühmte Professor Moldenhauer so trefflich betreut hatte, und erreichte schließlich sein Ziel, die Baumschule für Forsteleven, die der geachtete Professor Niemann geleitet hatte. Er war schon erstaunt, als er den riesigen Park mit seinen vielen in- und ausländischen Bäumen erreicht hatte. In einem kleinen Häuschen mitten im Park wohnte der Forstaufseher, den er zufällig antraf. Dieser erzählte ihm, dass jeder Eleve eine eigene mit seinem Namen versehene Abteilung zu bearbeiten hatte. Der freundliche Aufseher führte ihn auch in das Auditorium, in dem Niemann im Sommer seine Vorlesungen abgehalten hatte und das großzügig mit Hirschgeweihen und ausgestopften Vögeln ausgestattet war und auf Wandtafeln Informationen zu den Bäumen und Pflanzen bereithielt. Sie gingen auf ihrem Rundgang an mehreren Plätzen vorbei, die nach den von ihnen gewährten herrlichen Aussichten benannt waren: Wyker Laube oder Holtenauer Laube. Auch an den Turnplatz für die Eleven führte ihn der leutselige Aufseher, der erkennbar stolz auf seinen Park war. Unter einer gewaltigen fünfstämmigen Lerchentanne durfte er sich etwas ausruhen, nachdem der Aufseher ihn wieder verlassen hatte. Beschwingt trat er den Heimweg an, der ihn über die Felder und das romantische Dorf Brunswik wieder zur Stadt zurückführte.

Garten

„Der Schlossgarten", Ausschnitt aus: Grundriss der Stadt Kiel, Phil Langenbuch 1838, Schleswig-Holsteinische Landesbibliothek

„Der Schlossgarten", Ausschnitt aus: Karte der Stadt Kiel, Wilhelm von Thalbitzer 1853, Schleswig-Holsteinische Landesbibliothek

Der Garten war des Biedermeierbürgers liebstes Kind, eine Verlängerung der Wohnstube in die Natur hinein. Entsprechend wurde er gehegt und gepflegt und mit Hilfe von Veranden, Lauben und Bänken liebevoll gestaltet. Der häusliche Garten beherbergte sowohl Zier- als auch Nutzpflanzen. Auch für die Erziehung der Kinder, die hier nach Herzenslust spielen konnten, und für die Geselligkeit spielte er eine große Rolle. Viele Feiern mit Familie und Freunden fanden im Garten statt. In und auch vor der Stadt hatten die Bürger gepflegte Gemüse- und Ziergärten angelegt. Meist zierte eine Gartenlaube diesen wichtigen zusätzlichen Lebensraum. Das Biedermeier brachte sogar eine

„Bellevue bei Kiel", Lithographie von Friedrich Wilhelm Saxesen um 1850, Schleswig-Holsteinische Landesbibliothek

stück gelegene Aussichtspunkt hoch über der Kieler Förde „Bellevue", also „schöne Sicht", genannt. Später wurde hier eine Gaststätte eröffnet.

Aufgrund jahrhundertelangen Raubbaus war Schleswig-Holstein am Anfang des 19. Jahrhunderts praktisch entwaldet. Um der Verödung weiter Landesflächen und der bedrohlichen Bodenerosion entgegenzuwirken, beschloss die dänische Regierung bereits am Ende des 18. Jahrhunderts, in Kiel eine „praktische Hilfsanstalt zur näheren Kenntniß der einheimischen und fremden Holzgewächse" aufzubauen, um die Wiederaufforstung voranzutreiben. Der Kie-

Zeitschrift gleichen Namens heraus, die berühmte „Gartenlaube".

Aber auch die öffentlichen Gärten rückten mehr und mehr in den Fokus. In Kiel wurde der Schlossgarten 1838 einer grundlegenden Umgestaltung unterworfen. Entsprechend dem Zeitgeschmack entstand ein englischer Landschaftsgarten. In Düsternbrook waren bereits im ausgehenden 18. Jahrhundert eine Fruchtbaumschule und eine Forstbaumschule entstanden. Aufgrund der Anregung des Gartenbautheoretikers Christian Cay Lorenz Hirschfeld wurde 1784 eine Fruchtbaumschule zur Zucht von Obstbäumen, die dann an die Bauern der Umgebung abgegeben wurden, in Düsternbrook gegründet, mit deren Leitung Hirschfeld selbst beauftragt wurde. 1829 wurde die Fruchtbaumschule privatisiert, 1896 wurde der Betrieb eingestellt. Schon seit 1822 wurde der auf Hirschfelds Grund-

„Das Hirschfeldsche Haus in Düsternbrook", Radierung von Heinrich August Gosch 1790, Schleswig-Holsteinische Landesbibliothek

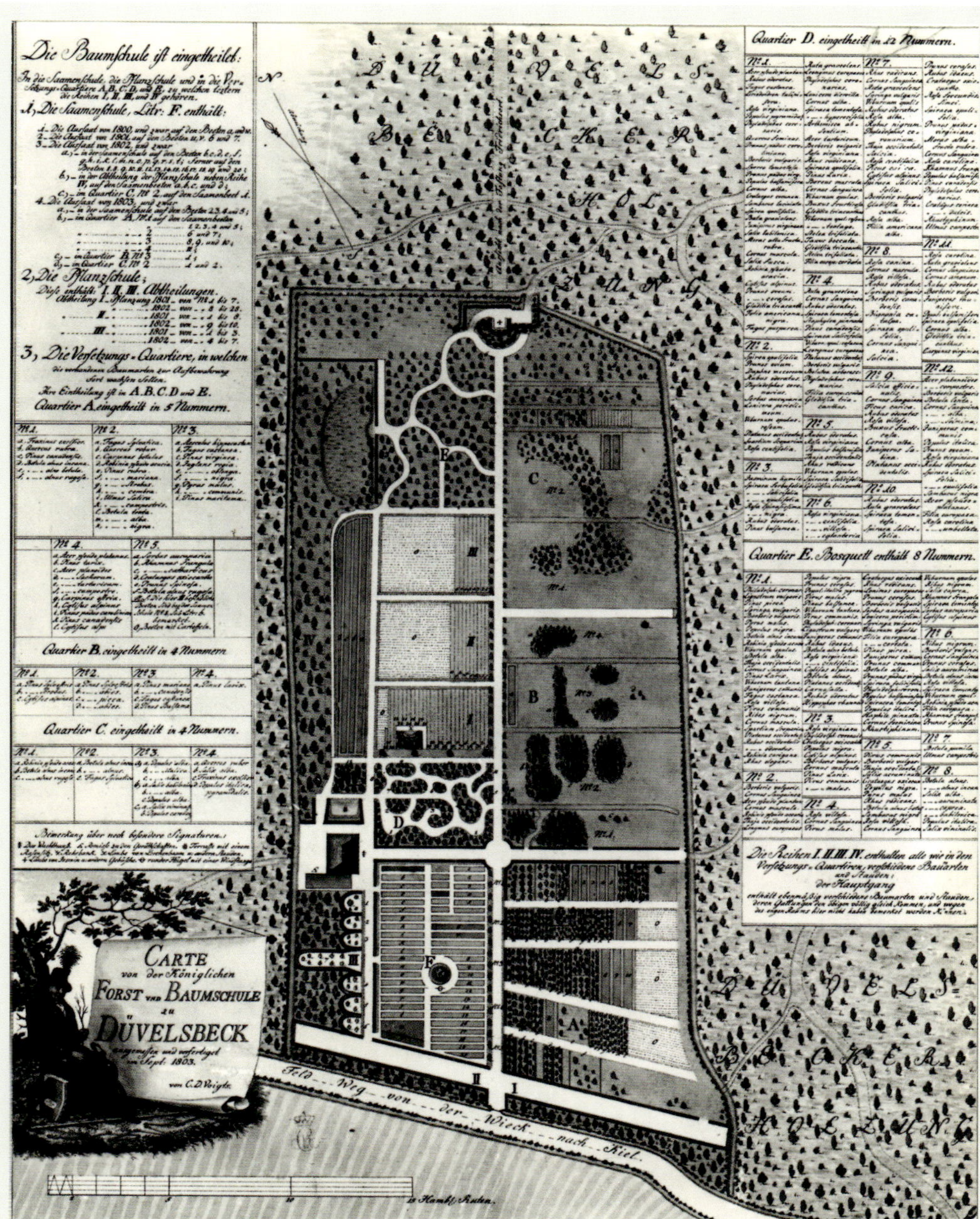

„Carte von der Königlichen Forst- und Baumschule zu Düvelsbeck", aquarellierte Zeichnung von Carl Daniel Voigts 1803, Schleswig-Holsteinische Landesbibliothek

„Waldwirtschaft in der Forstbaumschule", Lithographie von Adolf Lohse 1860, Schleswig-Holsteinische Landesbibliothek

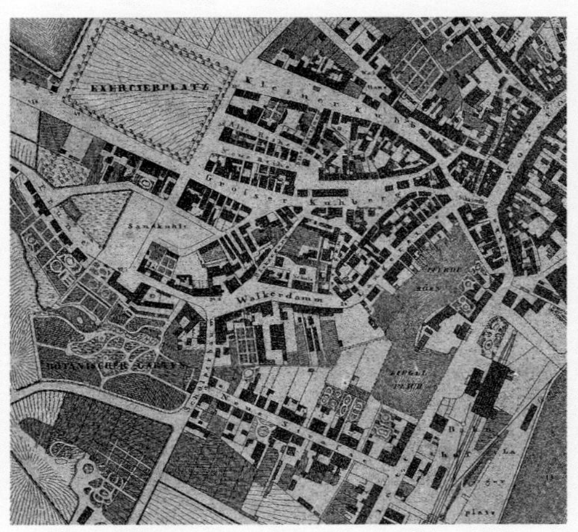

„Botanischer Garten an der Prüne", Ausschnitt aus: Karte der Stadt Kiel, Wilhelm von Thalbitzer 1853, Schleswig-Holsteinische Landesbibliothek

ler Forstwissenschaftler Professor August Christian Heinrich Niemann wurde zum Leiter der Königlich-Dänischen Forstlehranstalt in Kiel berufen, eine Baumschule für Forsteleven, die sich nördlich an die Fruchtbaumschule anschloss. Hier sollten alle Arten von Gewächsen aus Schleswig und Holstein angepflanzt und erforscht werden.

Der erste 1669 angelegte Botanische Garten der Universität Kiel im Schlossgarten wurde schon 1727 durch einen „hortus botanicus" oder auch „hortus medicus" am Kieler Kloster in der Haßstraße, in dem auch die Universität untergebracht war, ersetzt. 1802 erfolgte ein erneuter Umzug und eine Vergrößerung, und der dritte, auch recht ausgedehnte, systematisch angelegte und landschaftlich gestaltete Botanische Garten wurde neben dem Akademischen Krankenhaus in der Prüne eingerichtet, wo zum ersten Mal auch Gewächshäuser für südafrikanische Sukkulente entstanden.

Augusttag 1840

Willkommener Besuch stand bevor: von Ferdinand Röse aus Basel. Er freute sich, den alten Freund aus Schultagen endlich wiederzusehen. Gemeinsam mit den Mommsen-Brüdern verbrachten sie einen prächtigen Sommernachmittag im Wirtshaus „Sanssouci“. Sie saßen in einem kleinen Zimmer, das durch die hohen Buchen draußen sehr stark verdunkelt wurde. Ferdinand war so voller Zukunftsvisionen und las ihnen sein Märchen „Das Sonntagskind“ vor, in dem der Titelheld in einem verfallenden Schloss von sechzig alten Tanten aufgezogen wurde. Ferdinand wurde nun auch zum Zuhörer der Gedichte, die die Mommsens und er in der letzten Zeit verfasst und gesammelt hatten. Sie erzählten dem Freund auch von ihrem Projekt, ein Liederbuch herauszugeben, das „Liederbuch dreier Freunde“. Ferdinand war begeistert. Am liebsten hätte er sich beteiligt. Auf Anhieb stellte sich ein harmonisches Einvernehmen ein zwischen dem Gast und den Mommsens.

Auf dem Rückweg an der Förde entlang verstrickten sie sich in wilde politische Diskussionen. Theodor Mommsen machte kein Hehl daraus, dass er radikalen Veränderungen sehr positiv gegenüberstand. Auch Tycho stimmte dem zu. Ferdinand stellte sich dagegen als Zögerer heraus. Er selbst äußerte sich eher verhalten, obwohl er innerlich natürlich mit Theodor übereinstimmte.

Unterbrochen wurde ihre Debatte lediglich, als sie vor den herrlichen Dampfschiffen an den Kaianlagen stehenblieben, um die „Frederik VI“ und die „Löven“ zu bewundern. Unterhalb des Schlosses lagen die Werften, für die sich Ferdinand besonders interessierte. Der Rückweg in die Stadt führte sie auch am Bootshafen vorbei, von wo sie auf die Rosenwiese blicken konnten. Auf Ferdinands Frage nach dem hohen Schornstein dort erläuterte Theodor ihm, dass hier die Maschinenfabrik von Howaldt und Schweffel ansässig war.

Schiffbau

„Düsternbroock", Blick über den Hafen auf die Schiffswerft vor dem Schloss, Lithographie nach Adolf Burmester um 1852, Schleswig-Holsteinische Landesbibliothek

Aufträge zu Schiffsbauten kamen aus den Reedereien der schleswig-holsteinischen Hafenstädte, auch aus Kieler Reedereien, zum Beispiel von der 1837 gegründeten Reederei des Kaufmanns Heinrich Diederichsen, der ebenso ein Handelshaus und einen Kohlenhandel unterhielt. Es gab mehrere Schiffbaubetriebe im Hafengebiet der Altstadt am Seegarten unterhalb des Schlosses, am Fischertor, Schuhmachertor und Kattentor sowie am Vorstrand und auf dem Ostufer. Es handelte sich um kleine, vorindustrielle Betriebe mit einfacher technischer Ausstattung, die sich auf den Holzschiffbau spezialisiert hatten.

Von 1842–1885 befand sich neben der Schiffbauwerft von Anton Conradi die Schiffswerft Reuter&Ihms auf dem aufgeschütteten Ufergelände am Seegarten unterhalb des Kieler Schlosses. Am Wall lag das Wohn- und Kontorgebäude der Werft. Zum Werftgelände am Seegarten erwarb Rudolf Reuter noch ein Gelände nördlich der Schwentinemündung als Betriebserweiterung für den Eisenschiffbau, auf dem Georg Howaldt 1876 mit seiner Schiffswerft

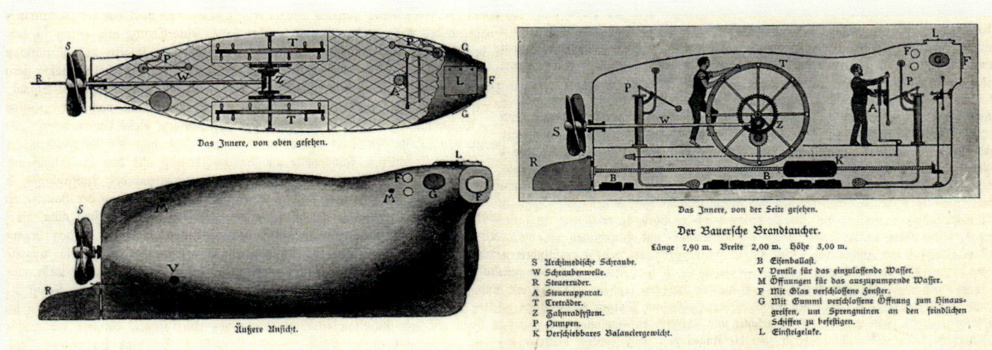

„Der Bauersche Brandtaucher“, Schleswig-Holsteinische Landesbibliothek

begann. Reuter verunglückte aber noch vor Ausführung seiner Pläne 1871 bei einem Bootsunfall.

Nahe dem Fischerdorf Ellerbek hatte die schleswig-holsteinische Marine schon von 1849 bis 1852 eine kleine Werft eingerichtet. 1861 wurde diese von der Stadt Kiel erworben und 1865 an den Ingenieur Georg Howaldt verpachtet. Bereits 1849 konstruierte die Maschinenfabrik Schweffel und Howaldt im Auftrag der schleswig-holsteinischen Marine die erste Dampfmaschine für ein Seeschiff, für das Kanonenboot „Von der Tann“.

„Stapellauf des Brandtauchers am 18. Dezember 1850 im Kieler Hafen“, Holzstich in der Leipziger ‚Illustrierten Zeitung‘, Schleswig-Holsteinische Landesbibliothek

Schon während der schleswig-holsteinischen Erhebung plante der bayerische Korporal und Ingenieur Wilhelm Bauer ein Tauchboot, um unter Wasser Sprengladungen an feindlichen Schiffen anbringen zu können. 1850 entstand nach diesen Plänen bei Schweffel und Howaldt das erste deutsche Unterseeboot und eines der ersten der Welt, der so genannte Brandtaucher. Das eiserne Boot war etwa acht Meter lang, drei Meter hoch und zwei Meter breit und wurde mit Hilfe von zwei durch Menschenkraft bewegten Treträdern und der damit verbundenen Schiffsschraube angetrieben. Der Brandtaucher lief am 18. Dezember 1850 für eine Probefahrt vom Stapel. Im Januar 1851 sank das Boot, konnte aber geborgen werden. Wenig später sank das Boot bei einem erneuten Tauchversuch. Die Insassen, unter ihnen Bauer, konnten gerettet werden.

Zweiter Augusttag 1840

Bevor Ferdinand wieder abreiste, musste er unbedingt ein Bad im Ostseewasser nehmen. Darüber waren sich alle einig. Der nächste Tag war folgerichtig einem gemeinsamen Besuch im schönen Badehaus gewidmet. Allerdings musste man den weiten Weg nach Düsternbrook zurücklegen, um zu dem großzügig angelegten, prachtvollen Gebäude mit seiner klassizistischen Fassade und seinen säulengeschmückten Eingängen zu gelangen. In dem modernen Gebäude waren neben den Einrichtungen des Badehauses auch ein Logierhaus und ein Restaurant sowie Räumlichkeiten für Tanzveranstaltungen oder Konzerte untergebracht. Im hinteren Gebäudeteil, dem eigentlichen Badehaus, waren komfortable Badekabinen eingerichtet, mit Ruhebetten und Badewannen aus Marmor oder Kupfer, die mit erwärmtem Seewasser gefüllt wurden. Alles selbstverständlich für Männer und Frauen getrennt. Jetzt im Sommer konnte man auch ein kaltes Seebad in der Kieler Förde nehmen, und zwar von Badekarren aus, die von Pferden ins Wasser gezogen wurden. Es gab vier einzelne Karren für die Herren, die einzeln im Wasser standen, und sechs für Damen, die ein zusammenhängendes Gebäude bildeten. Sie entschlossen sich, die Badekarren auszuprobieren, und genossen das erfrischende Bad im herrlich klaren

„Blick vom Marienhain nach Süden“, Schleswig-Holsteinische Landesbibliothek

Fördewasser. Danach stiegen sie die steile Uferkante hinauf in das große Düsternbrooker Gehölz. Dem Gast sollte unbedingt der Marienhain gezeigt werden, der Teepavillon der dänischen Königin. Von da aus hatte man die schönste Aussicht auf die Förde.

Zum Abschluss von Ferdinands Besuch unternahmen sie am Wochenende alle gemeinsam eine Fußwanderung nach Schleswig. Schon am Freitag um 10 Uhr ging es los. Um 12 Uhr langten sie in Gettorf an. Über Eckernförde ging es dann bis Fleckeby, wo sie um 20 Uhr eintrafen, noch einen Tee tranken und Nachtlogis nahmen. Am Samstagmorgen wanderten sie über Louisenlund nach Fahrdorf an der Schlei, von dort setzten sie mit dem Ruderboot nach Schleswig über. Am Sonntag besichtigten sie den herrlichen Dom und spazierten um das Schloss Gottorf herum. Am Montag ging es dann mit der Kutsche zurück nach Kiel.

Badekultur

Die Badekultur erfuhr zu Beginn des 19. Jahrhunderts eine Blüte. Allerorten entstanden Bäder, auch an der See, der man große Erholungs- und Gesundheit stärkende Kräfte zusprach. Auch die Vorbehalte gegen öffentliches Baden schwanden allmählich. So kamen immer mehr auswärtige Gäste in die Seebäder, auch nach Kiel.

Aber auch die Kieler selbst scheuten den weiten Weg nach Düsternbrook nicht, um zu dem großzügig angelegten, prachtvollen Gebäude der Badeanstalt mit seiner klassizistischen Fassade und seinen säulengeschmückten Eingängen zu gelangen, das 1822 nach dem Entwurf des berühmten dänischen Architekten Axel Bundsen errichtet worden war. Damit war Kiel nach Travemünde, Haffkrug und Wyk auf Föhr das vierte Seebad in Schleswig-Holstein geworden. Ein königliches Privileg sicherte der Aktiengesellschaft als Betreiberin das alleinige Recht auf eine Badeanstalt an der Kieler Förde sowie auf Durchführung kultureller Veranstaltungen. Das moderne Gebäude diente zwar vorrangig als Badehaus, besaß aber neben dem Logierhaus und einem Restaurant verschiedene Räumlichkeiten für Tanzveranstaltungen, Konzerte, Dichterlesungen. Im hinteren Gebäudeteil waren die Baderäume für Männer und Frauen strengstens getrennt untergebracht, wo Badewannen aus Marmor und Kupfer über Rohrleitungen mit erwärmtem Seewasser gefüllt wurden. Die Badekabinen waren mit Ruhebetten und jeglichem Komfort ausgestattet. Dienstpersonal war beim Aus- und Anklei-

„Blick auf die Badeanstalt in Kiel", handkolorierte Radierung von Johann Ludwig Christian Hansen um 1830, Schleswig-Holsteinische Landesbibliothek

den behilflich und für die Wassertemperatur verantwortlich. Im Sommer konnten kalte Seebäder in der Kieler Förde genommen werden, ebenfalls für Damen und Herren penibel getrennt. Für die Herren wurden vier Badekarren von Pferden ins Wasser gezogen. Die Damen konnten von einem Badefloß mit vier Badekabinetten aus über eine Treppe bequem in das Wasser steigen, natürlich mit dem angemessenen Sichtschutz durch entsprechende Schirme. Die Eintrittspreise blieben mit zwanzig Schillingen für ein warmes und zwölf Schillingen für ein kaltes Bad moderat. Nach der Chronik des Bades sind im Jahr 1834 3730 kalte und 1085 warme Bäder genommen worden. Baden galt in den ersten Jahren ausschließlich aus medizinischen Gründen als schicklich, das änderte sich erst ein wenig, nachdem 1847 der Chirurg Dr. Valentiner die inzwischen ziemlich heruntergekommene Seebadeanstalt erworben und aufwändig renoviert hatte. Allmählich galt es als schick, das Badehaus zu besuchen, und Valentiner konnte zunehmende Besucherzahlen verbuchen. Nach dem Tode des Mediziners kaufte ein Musiklehrer und Besitzer einer Instrumentenhandlung das Gebäude und veranstaltete dort Gartenkonzerte. Nach 1864 wurde das Gelände an die preußische Regierung verkauft, die hier ein Marinedepot errichten wollte.

„Das Kieler Seebad von der Wasserseite", aquarellierter Stich von Johann Ludwig Heinrich Bünsow um 1825, Schleswig-Holsteinische Landesbibliothek

Oktober 1840

Noch im August hatte Bertha ihm einen Brief geschrieben, den er von da an stets bei sich trug. Sein Inhalt war niederschmetternd. Immer wieder las er sich Berthas Zeilen durch: „Wir haben einmal einen schönen Traum gehabt, liebster Theodor, und warum durfte er sich denn nicht verwirklichen? Solche Fragen sollten freilich nicht in uns aufkommen – sie zu unterdrücken ist oft zu schwer. Es war wirklich ein herrlicher Traum! – Ich hätte so gerne eine Zeitlang Dich und Dein Kiel gesehen; aber Gott hat anders darüber verfügt."

Nein, das kam um keinen Preis in Frage. Diesen Traum wollte er nicht aufgeben. Darüber hatte auch ein Gott gefälligst nicht anders zu verfügen. Und Bertha auch nicht. Er fühlte, dass er diesem Mädchen regelrecht verfallen war. Wieder blieb ihm nur ein Gedicht, um seine tiefen Empfindungen für Bertha zum Ausdruck zu bringen:

Rechenstunde

Du bist so ein kleines Mädchen
Und hast schon so helle Augen;
Du bist so ein kleines Mädchen
Und hast schon so rote Lippen!

Nun schau mich nur an, du Kleine,
Auch ich hab helle Augen,
Und laß dir alles deuten –
Auch ich hab rote Lippen.

Nun rechne mir doch zusammen:
Vier Augen, die geben? – Blicke!
Und – mach mir keinen Fehler! –
Vier Lippen, die geben? – Küsse!

Dieses Gedicht wollte er ihr persönlich übergeben, und er wollte sehen, wie sie darauf reagierte. Deutlich genug war es in jedem Fall. Also stattete er Altona im Oktober erneut einen Besuch ab. Logis nahm er wieder bei seinen Verwandten. Aber diesmal erbat er bei Therese Rowohl die Erlaubnis zu einem Besuch Berthas in ihrer Wohnung. Als sie allein waren, überreichte er ihr die Gedichtzeilen. Doch wie enttäuscht war er, als sie ihm das Blatt zurückgab mit den Worten: „Oh ja, wie nett.“ Wie konnte er sich der Zuneigung Berthas sicher sein? Beim Abschied drückte er ihr deshalb einen Zettel in die Hand mit der Bitte, ihm ihre Liebe durch das Unterstreichen bestimmter Wörter im nächsten Brief zu signalisieren.

Die Antwort ließ etliche Tage auf sich warten. Wie grausam Bertha sein konnte, ihn so lange zappeln zu lassen. Als der Brief aus Hamburg endlich anlangte, zitterten seine Hände beim Öffnen des Kuverts. In ihrer Antwort hatte Bertha die Worte „Deine Bertha“ unterstrichen. Das konnte doch nur eines bedeuten, dass sich zwischen ihnen eine innige Seelenbeziehung entwickelt hatte. Nur so konnte er diese unterstrichenen Worte deuten. Nur so wollte er es. Er konnte also weiter hoffen. Trotzdem, welche Seelenqual!

Ablenkung konnte wieder einmal nur eine gemeinsame Unternehmung mit den Freunden verschaffen. Schon lange bestand der Plan, den Botanischen Garten zu besuchen. An einem besonders goldenen Oktobermorgen machten sich die Mommsens und er also

„Dorfgaarden“, Schleswig-Holsteinische Landesbibliothek

auf den Weg in die südliche Vorstadt zum Kuhberg. Das Akademische Krankenhaus an der Prüne bildete den Eingang zu dem großen Garten. In den Gewächshäusern bewunderten sie die seltenen Pflanzen in ihrer großen Vielfalt. Vom Botanischen Garten aus war es gar nicht mehr so weit bis zum schönen ländlichen Wirtshaus Krusenrott, wo sie sich unter einem prachtvollen Obstbaum mit frischem Apfelmus und Milch stärkten, bevor sie ihren Ausflug fortsetzten und ins nahe Vieburger Holz zogen, das auf einer Anhöhe lag und zwischen seinen hochstämmigen Buchen fantastische Aussichten auf Kiel und den ganzen Kieler Hafen bis in die offene Ostsee hinaus bot.

Da sie noch über genügend Kräfte zu verfügen glaubten, machten sie sich auf den Weg ins hübsche ländliche Dorfgaarden auf dem östlichen Ufer des Hafens und wanderten über mehrere kleine Anhöhen mit malerischen Gehölzen, besonders vielen Eichengruppen, bis zur Wilhelminenhöhe, um dort Kaffee zu trinken. Hier in Dorfgaarden unterhielten mehrere Kieler sogar Sommerwohnungen.

„Kiel von der Wilhelminenhöhe gesehen", Farblithographie von Friedrich Carl Alexander Lill um 1840, Schleswig-Holsteinische Landesbibliothek

Von der Wilhelminenhöhe aus ließen sie sich mit dem Ruderboot nach Kiel übersetzen. In dem klaren Wasser schwammen zu Hunderten Quallen umher, die sich leicht greifen und eingehend betrachten ließen, bevor man sie wieder dem kühlen Nass übergab.

Das war ein ganz besonderer, ein ganz herrlicher Ort. Immer wieder zog es ihn in das Museum, in dem die wundervollen Gegenstände aus der Frühzeit ihrer Heimat gesammelt und ausgestellt waren. Die „Schleswig-Holsteinisch-Lauenburgische Gesellschaft für die Sammlung und Erhaltung vaterländischer Althertümer" war erst wenige Jahre zuvor unter dem Vorsitz von Professor Falck gegründet worden. Auch seine Freunde teilten die Begeisterung für diese Ausstellung. Sie brauchten lediglich ein paar Schritte von ihrer Wohnung aus die Flämische Straße hinunterzugehen, denn das Museum war in einem Nebengebäude des Oberappellationsgerichtes untergebracht, das im unteren Teil der Straße lag.

Museen

Die erste Hälfte des 19. Jahrhunderts ist das Zeitalter der aufkommenden Museumskultur. Das erwachende Interesse an Geschichte und die Museumsbegeisterung entsprachen den Vorstellungen von Bildung und Kultur im aufgestiegenen und zunehmend selbstbewussten Bürgertum. In ganz Deutschland entstanden Kunstvereine und wurden Museen eingeweiht, die die Aufgabe übernahmen, die bisher ausschließlich fürstlichen Sammlungen vorbehalten war, die Förderung der Kunst.

Archäologische Funde wie Keramikscherben zu sammeln, wurde Anfang des 19. Jahrhunderts modern. Man bezeichnete sie als „Altertümer". Professor Falck, ausgewiesener Ansprechpartner für alle historischen Belange und 1833 Mitbegründer der Gesellschaft für Schleswig-Holsteinische Geschichte, wurde für das Projekt einer Kieler Sammlung angeworben. Unterstützung kam vom Kopenhagener Museum für Nordische Altertümer, das 300 Exponate stiftete, und von dem Plöner Friedrich von Warnstedt, der seine Sammlung von 516 Objekten zur Verfügung stellte. 1835 wurde in Kiel ein „Museum für Vaterländische Altertümer" eröffnet. Es

Entwurf für die erste Kunsthalle in der Dänischen Straße, Aquarell eines unbekannten Künstlers um 1857, Schleswig-Holsteinische Landesbibliothek

war das erste Museum dieser Richtung in den Herzogtümern, befand sich in einem Hintergebäude des Oberappellationsgerichts in der Flämischen Straße 21 und war für Interessierte auf Wunsch am Samstag zwischen 12 und 13 Uhr geöffnet. Der erste Kurator war Christian Flor, der an der Kieler Universität dänische Sprache und Literatur lehrte.

Bereits 1839 eröffneten die Naturwissenschaftlichen Sammlungen der Universität im Warleberger Hof, den die Stadt im Jahr 1829 erworben hatte, eine ständige Ausstellung.

Als die Kieler Antikensammlung 1843 in Anwesenheit des Königs Christian VIII. von Dänemark eröffnet wurde, war es die erste Ausstellung dieser Art in ganz Norddeutschland. Zunächst war sie in der ehemaligen Kapelle des Kieler Schlosses untergebracht. Der Kieler Altertumsforscher Peter Wilhelm Forchhammer, seit 1836 Professor für Altertumswissenschaft an der Christian-Albrechts-Universität, hatte zur Vorbereitung seiner archäologischen Vorlesungen, der ersten an der Kieler Universität, mehrere Forschungsreisen in den Mittelmeerraum unternommen. Gemeinsam mit seinem Freund, dem Archäologen Otto Jahn, gewann er Sponsoren für sein Projekt, in Kiel eine Sammlung antiker Kunst aufzubauen. Unterstützer aus den Kreisen der Professoren, der Adeligen und der Bürger ermöglichten den Aufbau einer umfangreichen Sammlung. In antiker Farbgebung, auf braunen Sockeln, vor zinnoberroten Wänden wurden Originalobjekte und Abgüsse präsentiert. Entsprechend dem Leitsatz Forchhammers „Offen und zugänglich für jedermann, zum Genuss und zur Belehrung für jedermann“ ermöglichte die Ausstellung mit ihren originalen Zeugnissen antiker Kleinkunst, zum Beispiel der griechischen Vasenmalerei, und ihren vielen Abgüssen von bedeutenden antiken Skulpturen eine Begegnung mit der Kunst und Kultur der griechischen und römischen Antike vom 2. Jahrtausend vor Christus bis zur römischen Kaiserzeit.

Wieder war es Peter Wilhelm Forchhammer, der 1843 die Initiative zur Gründung eines Schleswig-Holsteinischen Kunstvereins ergriff. Die kunstinteressierten Bürger Kiels wollten den Plan zu einer ständigen Gemäldegalerie verwirklichen. Mit dem Ziel, das Kunstverständnis der Bürger zu fördern, veranstaltete der Kunstverein regelmäßig größere oder kleinere Ausstellungen, und zwar mangels eines Museums in alternativen Räumlichkeiten, zum Beispiel im Hotel „Stadt Hamburg“ in der Holstenstraße, in der „Harmonie“ oder im Haus des Glasermeisters Ibsen in der Kehdenstraße. Nach dem Vorbild anderer deutscher Städte beschlossen die Mitglieder des Kunstvereins, zu denen maßgebliche Persönlichkeiten wie Theodor Olshausen und Wilhelm Ahlmann gehörten, nun endgültig ein Kunstmuseum zu begründen. Der Verein erwarb das alte Zollgebäude am Bootshafen, ließ es abbauen und an der für die neue Kunsthalle vorgesehenen Stelle wieder aufbauen wolle Die erste Kieler Kunsthalle befand sich unterhalb des Schlosses an der Dänischen Straße. Vor der klassizistischen Fassade der 1857 eingeweihten Kunsthalle hielten zwei Molossische Hunde hockend Wache über die Kunst.

2. November 1840

Hans Christian Andersen weilte in Kiel. Wie ein Lauffeuer verbreitete sich die Neuigkeit an der Universität, wo Andersen viele Verehrer hatte. Man erzählte sich, dass Andersen nach einer extrem stürmischen Überfahrt von Kopenhagen nach Kiel völlig erschöpft angekommen sei. Andersen sei aufgrund des gewaltigen Seegangs von einer heftigen Seekrankheit erfasst gewesen und habe große Angst vor einem drohenden Schiffbruch gehabt. Dabei wusste man aber, dass der reisefreudige Dichter eigentlich grundsätzlich den Seeweg mit einem der Dampfschiffe wählte, um dann von Kiel aus seine Fahrt ins südliche Deutschland fortzusetzen. Reisefreude allein führte aber offenbar nicht zu einer deutlicheren Seetüchtigkeit.

Es war allgemein bekannt, dass Andersen immer im Hotel Kopenhagen in der Schuhmacherstraße abzusteigen pflegte. Auch diesmal sollte er dort Quartier bezogen haben.

Am Nachmittag des 2. November begab er sich also in die Schuhmacherstraße. Vielleicht hatte er ja Glück und begegnete dem Idol. Und tatsächlich: Da war er. Er erkannte ihn sofort, aber er wagte es nicht, ihn anzusprechen. Zu groß war die Verehrung für diesen großen Schriftsteller, den er als noch viel größer empfand, seit er den erst in diesem Jahr erschienenen Roman „Kun en Spillemand" gelesen, ja, verschlungen hatte. Der Protagonist Christian träumte darin von einem Leben als bedeutender Künstler, bereiste halb Europa, starb aber doch nur als ein armer Spielmann. Der Roman erzählte auch von der unglücklichen Liebe Christians. Oh, wie gut er sich hineinversetzen konnte in die Nöte dieses armen Menschen. Es gab zwar auch bereits seit zwei Jahren eine deutsche Übersetzung. Aber da er des Dänischen gut genug mächtig war, zog er doch das Original vor. Auch den anderen Roman Andersens „O.T." hatte er auf Dänisch gelesen.

Seit einigen Jahren schon waren die Märchen des berühmten Dänen in Deutschland zu lesen und auch in Kiel verbreitet. Er hatte alle bis zum heutigen Tage erschienenen Texte gelesen. Er liebte die Märchen vom herzigen Schicksal des Däumelinchens oder vom tragischen des standhaften Zinnsoldaten, von der tapferen kleinen Meerjungfrau oder von der doch eigentlich ziemlich verwöhnten Prinzessin auf der Erbse. Am meisten aber faszinierte ihn das Märchen von des Kaisers neuen Kleidern. Herrlich war die Entlarvung des eitlen und törichten Adeligen. Das war so recht etwas nach seinem Geschmack, da er den Adel doch so tief verachtete.

„Dampfschiff Caledonia", aquarellierte Federzeichnung von A. Lämmerhirt, Schleswig-Holsteinische Landesbibliothek

Dampfschifffahrt

Das frühe 19. Jahrhundert ist die Zeit der Dampfschiffe in Europa. In Amerika war diese Technik bereits weiter entwickelt. 1812 waren dort schon über 50 Dampfschiffe im Betrieb. In Europa verkehrte das erste Schiff dieser Art ab 1816 auf der Seine zwischen Paris und Rouen. Im selben Jahr wurden auch Dampfschiffe auf dem Rhein und auf der Elbe eingesetzt. 1819 schaffte der Raddampfer „Savanna" als erstes Dampfschiff die Atlantiküberquerung in die USA. Dampfschiffe fuhren schneller als Segelschiffe, waren weniger wetterabhängig und konnten mehr Personen und Güter transportieren.

Bald verbanden Dampfschiffe auch Kiel regelmäßig mit der dänischen Hauptstadt. Die „Caledonia", das erste Dampfschiff auf der Ostsee, 1815–1817 in Glasgow unter anderem von James Watt junior gebaut, verkehrte seit 1819 als Post- und Passagierschiff zwischen Kiel und Kopenhagen. Nachdem 1832 die Chaussee nach Altona fertiggestellt worden war, belebte sich der

Fährverkehr nach Kopenhagen, aber auch nach Hadersleben, Apenrade und Kristiania (Oslo) immer mehr. Zu der „Caledonia" gesellten sich die modernere „Löven", die Johann Schweffel von Kiel aus in Fahrt gesetzt hatte, die schmucke „Frederik VI." und die „Christian VIII." eines dänischen Reeders. Neu eingesetzte Dampfschiffe wurden von den Kanonen der zwei Meilen von Kiel entfernten Festung Friedrichsort angekündigt. Zweimal in der Woche legten die Dampfschiffe in Richtung Kopenhagen ab. Die Überfahrt dauerte 26 Stunden.

Durch die hervorragende Anbindung Kiels mit Hilfe der Chaussee und der Eisenbahnlinie nach Altona war der Kieler Hafen konkurrenzfähig wie nie zuvor und bot den Kaufleuten einzigartige Chancen für den Getreideexport über die Ostsee. Die in der Landwirtschaft erzielten großen Überschüsse hatten in den Jahren nach der englischen Seeblockade von 1815 Schleswig-Holstein zu einem maßgeblichen Agrarexportland werden lassen, und der Umschlag erfolgte zum erheblichen Teil über den Kieler Hafen, der damit zum wichtigsten Transithafen nach Skandinavien wurde. Die Einrichtung der Dampfschifffahrtslinien ließ sogar den Traum von einem profitablen Russlandhandel aufkommen. In ganz

„Die Kajüte im Paketboot zwischen Kiel und Kopenhagen", kolorierte Kreidelithographie von Hjalmar Mörner 1829, Schleswig-Holsteinische Landesbibliothek

„Frederik VI.“, Aquarell von Ernst Wolperding, Schleswig-Holsteinische Landesbibliothek

Deutschland waren mittlerweile auf den Flüssen und Seen und ebenso über das Meer hinweg bereits unzählige Dampfschiffe im Einsatz. 1847 wurde die erste Dampfschifffahrtslinie von Bremen aus nach New York eröffnet.

24. Dezember 1840: Nachmittag

Wieder nahte das Weihnachtsfest. In diesem Jahr würde er nicht nach Hause fahren, sondern mit den Freunden in Kiel feiern.

Von den Freunden hatte er sich sogar überreden lassen, diesmal am weihnachtlichen Kirchgang teilzunehmen. Der kurze Weg in die Nikolaikirche führte sie über den verschneiten Markt. In der festlich erleuchteten alten Kirche waren die Bänke bereits gut gefüllt. In einer der hinteren Reihen fanden sie noch einen Platz. Als hätte sie nur noch auf sie gewartet, erklang im selben Augenblick die große Orgel mit dem herrlichen Choral „Macht hoch die Tür...“.

Er musste zugeben, dass eine gewisse Weihnachtsstimmung auch ihn erfasste. Der Kirchenraum mit den hohen gotischen Gewölben, die vielen Kerzen in den prächtigen Messingleuchtern und die vertrauten weihnachtlichen Melodien wie „Es ist ein Ros entsprungen“ und „Tochter Zion“ verfehlten ihre Wirkung nicht.

Den Weihnachtsgottesdienst hielt in diesem Jahr Claus Harms, der seit fünf Jahren Hauptpastor an der St. Nikolaikirche war. Aber nach nur wenigen Minuten schweiften seine Gedanken ab. Nicht länger konnte er zuhören, zu moralisierend waren die Worte der Predigt. Als noch schlimmer aber empfand er die Stimme des Geistlichen, die merkwürdig brüchig, ja wimmernd klang und sich nur selten zu größerer Kraft erhob. Dazu wirkten die Gesten, mit denen Harms seine Worte unterstreichen wollte, meist unpassend. Er fragte sich, warum dieser Geistliche wohl so berühmt und auch beliebt war. Das würde sicher einer seiner letzten Kirchbesuche sein.

Am späten Nachmittag saßen sie noch zu sechst, alles Husumer Kommilitonen, im Ratskeller beisammen. Es war bereits dunkel, und die tiefen Gewölbe waren nur schwach beleuchtet, aber die Bierhumpen auf dem alten Eichentisch konnten sie noch erkennen. Aus einem anderen Teil des Gewölbes tönten leise, traurige Melodien eines Geigenspielers herüber. Als sie wieder auf die Straße traten, machte ihnen eisige Winterluft die Köpfe wieder klar. Auf ihrem Heimweg versetzten sie die leuchtenden Weihnachtsbäume hinter den Fenstern in die richtige festliche Stimmung. Ebenso die altbekannten Lieder, die zu ihnen herausdrangen.

Ernüchterung erfuhr er, als er zwischen den Buden des Weihnachtsmarktes die Kinder erblickte, die ihr bescheidenes Spielzeug oder auch kleine Gegenstände wie Zündhölzer anboten. Auf sie warteten keine warme Weihnachtsstube, kein geschmückter Baum und vielleicht noch nicht einmal eine vertraute Familie. Er fühlte, wie diese Gedanken sein Herz belasteten. Betrübt ging er weiter, bis er die Flämische Straße erreichte.

Waisenhaus

Friedrich Gabriel Muhlius war Besitzer des großen stadtnahen Gutshofes gewesen, des Damperhofes, dessen Ländereien vom Exerzierplatz bis an den Kleinen Kiel reichten. Der Damperhof trug seinen Namen nach dem Gut Damp der Margarethe Hedwig von Ahlefeld, die 1697 diese Ländereien in Kiel erworben hatte.

Der unverheiratete großfürstliche Geheim- und Konferenzrat hatte sich ein erhebliches Vermögen erworben. Als er 1776 kinderlos starb, vermachte er seiner Heimatstadt Kiel die Damperhofländereien und bestimmte in seinem Testament die

„Der Damperhof", Ausschnitt aus: Karte der Stadt Kiel, Wilhelm von Thalbitzer 1853, Schleswig-Holsteinische Landesbibliothek

Gründung eines Waisenhauses in seinem Wohnhaus, dem Herrenhaus des ursprünglichen Damperhofs. Über dem Eingangsportal dieses Hauses stand ab 1781 auf schwarzem Schild mit goldenen Buchstaben „Das Muhlische Waysen-Hauß".

Muhlius hatte wahrgenommen, dass viele Waisenkinder in bitterer Armut und in erbarmungswürdigen Verhältnissen leben mussten. Vor allem fehlte es ihnen meist an familiärem Rückhalt und an Bezugspersonen. Eine Schulausbildung erhielten sie in der Regel gar nicht. Das Waisenhaus sollte nach dem Willen seines Stifters angesichts dieses sozialen Elends in den Armenvierteln Waisenknaben aufnehmen und ihnen ein Zuhause bieten.

Den großen Garten des Gutshofes bewirtschafteten die Waisenjungen selbst und versorgten auf diese Weise das Waisenhaus mit Gemüse und Kartoffeln. Spargel, Baumobst und Erdbeeren sollten nach dem Willen Muhlius' verkauft werden, um als Einnahmequelle für das Waisenhaus zu dienen.

In der Eingangshalle verkündete eine große Tafel die Erziehungsziele des Waisenhauses: „Jedes Kind ist etwas Einzigartiges. Ihm steht deshalb eine individuelle Pflege und Behandlung zu. Damit sie eine freie Persönlichkeit entwickeln können, werden die Kinder und Jugendlichen in Freiheit erzogen. Der Mensch hat die Fähigkeit, sich zum ‚Guten' zu entscheiden oder aber seine Neigungen zum ‚Bösen' auszuleben. Die Erlösung zum ‚Guten' kann nur durch den christlichen Glauben geschehen."

Das Waisenhaus nahm ab 1836 zwanzig Waisenknaben auf. Mit fünf Lebensjahren erreichten die Jüngsten unter ihnen das Mindestalter für die Aufnahme im Waisenhaus. Die Ältesten mussten nach ihrer Konfirmation mit fünfzehn Jahren das Waisenhaus verlassen, um eine Berufsausbildung anzufangen. Bei der Vermittlung einer Lehrstelle war das Waisenhaus meist behilflich. Vorrangiges Ziel der Erziehung im Muhlius'schen Waisenhaus war es, den Jungen eine Zukunftsperspektive zu geben, die sie ansonsten nicht hätten, und sie dazu zu ertüchtigen, ihren Platz im Leben zu finden und vor allem auf eigenen Füßen zu stehen. Sie sollten in der Gesellschaft, vor allem in der christlichen Gemeinschaft Aufnahme finden. Die zentralen Elemente dieser Erziehung waren daher Unterricht, Vorbereitung auf eine Berufsausbildung, Gottesdienst und Leben in der Gemeinschaft. Das Leben der Jungen bestand aus Lernen, Arbeiten im Haus und gemeinsamem Feiern. Das sollte in einer Atmosphäre der strengen Disziplin, aber auch der Geborgenheit geschehen. Die Knaben trugen alle Anzüge aus weißem Tuch. Auch die Ernährung hatte Muhlius festgelegt. Das Frühstück sah Butterbrot vor, das Mittagessen Fleisch an drei Tagen der Woche, sonntags Braten und ansonsten Gemüse. Zum Abendbrot gab es Milchbrei und Butterbrot.

24. Dezember 1840: Abend

In seinem Zimmer angekommen, fiel ihm sogleich das Weihnachtspaket wieder ins Auge, das ihm die Mutter gesandt hatte. Es enthielt neue feine Wäsche und die leckeren braunen Kuchen, die zu Hause traditionsgemäß in der Adventszeit gebacken wurden. Er schürte das schon erloschene Feuer im Ofen. Gleich würden die Freunde eintreten, da sollte es wieder schön warm sein.

Mommsen und er hatten bereits am Vortage eine prachtvolle acht Fuß hohe Tanne in seinem Zimmer aufgestellt, die reichlich mit goldenen Äpfeln, Eiern, Netzen, Zuckerzeug und vielen bunten Lichtern geschmückt war. Zunächst aus Jux, dann aber durchaus mit tieferer Bedeutung war Mommsen auf die Idee gekommen, den Baum auch mit nationalen Elementen auszustatten: An zwei langen weißseidenen Fahnen, die zu beiden Seiten des patriotischen Weihnachtsbaumes herabhingen, waren die Wappen von Schleswig und Holstein zu sehen, und der alte Spruch von der Unteilbarkeit der Herzogtümer „Wi laven, dat Sleswik und Holsten bliven ewig tosamende ungedeelt" war darauf zu lesen. Auf der anderen Fahne war das Husumer Stadtwappen abgebildet sowie der Vers aus einem alten Studentenlied „Süßer Traum der Kinderjahre, kehr noch einmal uns zurück“. Für jeden der Freunde hatten sie ein Weihnachtsgeschenk gekauft und auf einem Tisch unter dem Tannenbaum aufgebaut.

Endlich war es soweit, nachdem sie die Kerzen angezündet hatten, riefen sie die Freunde herein. Sie stürmten zur Tür herein, blieben aber alsbald auf der Schwelle wie angewurzelt stehen, so wenig verfehlte der Weihnachtsglanz seine Wirkung.

Als er den Freunden von seiner traurigen Begegnung mit den armen Kindern auf dem Markt erzählte, waren sie sich alle rasch einig, dass man angesichts des Elends der ärmeren Bevölkerung etwas tun und von der eigenen Habe etwas teilen müsse. Mommsen hatte die Idee, der Gesellschaft freiwilliger Armenfreunde, der einige seiner Bekannten angehörten, eine Spende zukommen zu lassen.

Natürlich gab es zu vorgerückter Stunde noch seinen berühmten Punsch: ein wahrer Genuss. Die Zutaten waren: Rotwein, Madeira, Arrak, Wasser, Zucker, Sulfite. Mit einem ersten Toast auf die Lieben und Freunde, mit einem zweiten auf die Vereinigung des Vaterlandes und einem dritten auf ihre eigene Vereinigung steuerte das Fest auf seinen Höhepunkt zu. In solcher Stimmung verging der ganze Heilige Abend. Um ein Uhr gingen sie alle mit ihren Geschenken beladen nach Hause.

Armenfürsorge

Nach dem dänischen Staatsbankrott von 1813 konnte die Wirtschaft das ungeheuer große Bevölkerungswachstum in den ersten Jahrzehnten des 19. Jahrhunderts nicht mehr bewältigen. Missernten führten 1819 außerdem zu einer schweren Agrarkrise, die zehn Jahre anhielt. Die Folge war Hunger in weiten Teilen der Bevölkerung. Das betraf durchaus auch Kiel.

Bereits im 18. Jahrhundert traten die sozialen Probleme immer deutlicher in den Vordergrund: Arbeitslosigkeit, Altersarmut und Kinderarmut nahmen zu. Bettler und Hausierer gehörten längst zum alltäglichen Bild der Stadt. Die Stadt Kiel musste einräumen, diese Probleme nicht allein und aus eigener Kraft lösen zu können. Sozialstaatliche Prinzipien existierten noch nicht. Die Bemühungen der Stadt, die vielen sozialen Probleme in den Griff zu bekommen, zum Beispiel durch die Einrichtung einer Armenkasse, den Bau von Armenhäusern 1822 am Sophienblatt, das Stadtkloster, und der Armenschule 1793, waren zwar anerkennenswert, blieben aber letztlich ohne Erfolg. Wie in vielen anderen Städten legte die Stadt Kiel 1830 auch Armengärten auf dem Prüner Schlag, bis dahin Koppeln der städtischen Ländereien, an, die sie gegen eine geringe Gebühr an 59 bedürftige Familien, meist kleine Handwerker oder Tagelöhner, verpachtete. Dort konnten diese Menschen Obst und Gemüse anbauen und sich damit selbst ernähren.

Professor August Christian Heinrich Niemann, Leiter der Königlich-Dänischen Forstlehranstalt in Kiel, war von den Gedanken der Aufklärung so sehr durchdrungen, dass er sich entschloss, sich in der Armenfürsorge zu engagieren. Er verfügte aufgrund seiner Position über sehr gute Verbindungen, die er nun sinnvoll zu nutzen verstand, indem er zahlreiche gebildete und wohlhabende Kieler Bürger 1793 für seine Idee gewinnen konnte, eine Gesellschaft zu begründen, die sich zu ihrer sozialen Verantwortung gegenüber dem ärmeren Teil der Kieler Bevölkerung bekannte.

Die Mitglieder dieser „Gesellschaft freiwilliger Armenfreunde“ nahmen sich freiwillig und unentgeltlich der Probleme der Armen in Kiel an. Im Zentrum stand nicht nur der Gedanke der christlichen Nächstenliebe, sondern vor allem das gesellschaftliche Pflichtgefühl, für Menschen in Not ein soziales Netz zu schaffen und ihren weiteren sozialen Abstieg aufzuhalten. Durch die Mitgliedsbeiträge konnte die Gesellschaft den Notleidenden finanzielle Unterstützung für Miete, Kleidung und Lebensmittel gewähren. Die Hauptintention galt vor allem der Hilfe zur Selbsthilfe. Man wollte nicht nur die Armut bekämpfen, sondern zugleich Prävention betreiben, indem man allen arbeitsfähigen Armen Arbeit oder möglichst eine handwerkliche Ausbildung verschaffte,

Stele zur Erinnerung an August Christian Heinrich Niemann, Niemannsweg, Foto Wenners

Arbeitsunfähige unterstützte, Kranke kostenlos betreute, für Schulunterricht in der Freischule in der Schuhmacherstraße sorgte und die Bedürftigen dazu anhielt, sich bei der eigens dafür geschaffenen Spar- und Leihkasse einen Notgroschen als Vorsorge für den Krankheitsfall, für Arbeitslosigkeit und das Alter anzusparen. Im Falle eines konkreten Notfalles gewährte diese Kieler Spar- und Leihkasse auch Kredite. Mit ihrer Gründung am 1. Juli 1796 in der Schuhmacherstraße 18 war sie eine der ältesten Sparkassen Deutschlands und entwickelte sich im Laufe des 19. Jahrhunderts zu einem bedeutenden Geldinstitut.

August Niemann blieb über viele Jahrzehnte Wortführer der „Gesellschaft freiwilliger Armenfreunde" und engagierte sich bis zu seinem Tod 1832 für sein großes karitatives Werk.

31. Dezember 1840

Vor drei Jahren war der gute alte Brauch wiederbelebt worden, dass sich am Silvesterabend alljährlich die Studenten der Kieler Universität kurz vor Mitternacht auf dem Marktplatz versammelten. Natürlich musste auch er mit seinen Freunden dabei sein. Mit Fackeln in den Händen zogen die Studierenden in feierlichem Zug vor das Rathaus, um gemeinsam die Mitternacht zu erleben und das Jahr 1841 zu begrüßen. Nachdem der letzte Schlag der Glocke vom Turm der Nikolaikirche das neue Jahr eingeläutet hatte, stimmte der Studentenchor das Lied „Des Jahres letzte Stunde" an, das Johann Heinrich Voß in Eutin gedichtet hatte:

„Des Jahres letzte Stunde
Ertönt mit ernstem Schlag,
Trinkt, Brüder, in die Runde
Und wünscht ihm Segen nach!
Zu jenen grauen Jahren
Entfliegt es, welche waren,
Es brachte Freud´ und Kummer viel
Und führt´ uns näher an das Ziel.

Auf, Brüder, frohen Mutes,
Auch wenn uns Trennung droht!
Wer gut ist, findet Gutes,
Im Leben und im Tod.

Dort sammeln wir uns wieder
Und singen Wonnelieder.
Klingt an, und: Gut sein immerdar!
Sei unser Wunsch zum neuen Jahr.“

Das Gemurmel in der Menschenmenge um sie herum verstummte, und alle lauschten andächtig dem Lied. Danach setzte sich der Fackelzug durch die Straßen der Stadt fort. Auch weitere Lieder erklangen. Die Studenten zogen vor die Häuser ihrer besonders beliebten Professoren, um ihnen ein Hoch auszubringen und alle guten Wünsche für das neue Jahr auszusprechen. Manche der Professoren hielten sogar eine kurze launige Ansprache an ihre Studenten. Im Laufe der weiteren Nacht blieb es naturgemäß nicht bei der mustergültigen Ordnung und dem feierlichen Ernst. Man wurde durchaus ausgelassener. Zum Abschluss wurden mit dem Absingen von „Gaudeamus igitur“ die Reste der Fackeln auf dem Markt verbrannt, was naturgemäß eigentlich verboten war. Aber in dieser besonderen Nacht ließen auch die Nachtwächter die Studenten gewähren, während sie ansonsten die nachts durch die Straßen ziehenden Gruppen auseinanderzusprengen versuchten. Bis zum frühen Morgen waren sie unterwegs, bis sie todmüde in ihre Betten sanken.

Obrigkeit

Dänische Soldaten gehörten in Kiel, einer der wichtigsten dänischen Hafenstädte, zum alltäglichen Stadtbild. Sie waren im Schloss und in der Hauptwache stationiert. Der Exerzierplatz, der nicht planiert war und leicht anstieg bis zu niedrigen Häusern und der Kuhhirtenhütte am Kuhberg, diente zwischen 1744 und 1846 dänischen und deutschen Garnisonen. 1832 tauchte die Bezeichnung „Am Exerzierplatz“ zum ersten Mal auf. Im zweigeschossigen Tanzsaal am Markt an der Ecke Dänische Straße fanden im oberen Stockwerk bis ins 19. Jahrhundert hinein Tanzfeste und Hochzeiten, aber auch Theateraufführungen statt. In das Erdgeschoss war 1775 die Hauptwache der so genannten Lauenburger Jäger verlegt worden.

Von 21 Uhr bis sechs Uhr in der Früh patrouillierten die zwölf von der Stadt angestellten Nachtwächter durch die Straßen. Zu ihrer Ausrüstung gehörten Morgenster-

„Das Innere der Wachstube am Alten Markt in Kiel", Öl von Hans Jørgen Hammer 1856, Schleswig-Holsteinische Landesbibliothek

ne und Pfeifen, um sich im Notfall verteidigen oder Hilfe rufen zu können. Da das Pfeifen zur Amtsausübung der Nachtwächter gehörte, war es jedem anderen strikt verboten, nach 21 Uhr auf den Straßen zu pfeifen. Jeden Abend um 22 Uhr mahnten die Nachtwächter die Bürger zum Heimgang. Wer sich danach noch auf den Straßen herumtrieb, fiel auf und wurde eventuell auf die Hauptwache mitgenommen, wenn er keine Laterne mit sich führte oder keine Rechenschaft über seinen Beweggrund geben konnte, sich auf offener Straße aufzuhalten. Zum Beweis, dass sie tatsächlich ihrem Dienst nachgingen und nicht etwa schliefen, sangen die Nachtwächter regelmäßig die Stunden aus. In der Vorstadt riefen die Nachtwächter grundsätzlich: „De Kaaalock hett tein slahn, tein is de Klock", wobei sie anschließend so kräftig wie möglich in ihr Horn tuteten. In der Altstadt dagegen sangen sie: „Hört ihr Herren, und lasst euch sagen, die Glock hat zehn geschlagen; bewahrt das Feuer und das Licht, auf dass der Stadt kein Schad geschieht, und lobet Gott den Herrn!" In der Nacht setzten die Nachtwächter den Dienst der Polizei fort. Weil sie dafür zusätzlich entlohnt wurden, übernahmen sie außerdem häufig die Aufgabe als Leuchtenanzünder und -reiniger. Wenn sie ihre Pflichten sehr gewissenhaft erfüllten, konnten sie außerdem mit freiwilligen Trinkgeldern rechnen, die sie zum Beispiel bekamen, wenn sie eine unverschlossene Tür vorgefunden oder einen Hauseigentümer auf ein offen stehendes Fenster hingewiesen hatten. Dankbar war man den Nachtwächtern oft für ihr schnelles Reagieren, wenn nachts ein Feuer in der Stadt ausbrach und sie mit ihrem Signalhorn alarmierten.

1. Januar 1841

Am Neujahrstag wollten sie sich dem Wintervergnügen hingeben, denn der diesjährige Winter war mit erheblicher Kälte und großen Schneemengen eingezogen. Der Winter hatte nicht nur beschwerliche Seiten, sondern brachte gleichzeitig das große Wintervergnügen mit sich, zum Beispiel das Schlittenfahren auf der Krusenkoppel, das Schlittschuhlaufen auf dem Pferdeborn oder dem Kleinen Kiel oder das Fahren mit dem Eisschlitten, wenn der Hafen wie in diesem Jahr richtig zugefroren war; das hielt eventuell sogar bis Mitte Februar. Es war zu lustig, die Pferdewagen in richtigem Galopp an den im Eis festgefrorenen Schiffen vorbeirasen zu sehen oder um die Kolosse herumzulaufen und sie sich aus der Nähe betrachten zu können. Ausprobieren wollten sie das größte Wintervergnügen. Also heuerten sie zwei Peekschlitten an, in denen sie jeweils zu zweit saßen. Die Schlittenlenker trieben das Gefährt mit einer langen Stange, der Peeke, mit kräftigen Stößen voran. Pfeilschnell rasten die Schlitten über das Eis. Sie hatten sich richtig gut in warme Decken gehüllt, denn der Wind auf der großen zugefrorenen Eisdecke des Hafens wehte eisig.

Der Ausflug mit den Peekschlitten führte sie nach Ellerbek, dem Fischerdorf auf der anderen Seite der Kieler Förde, um dort Kaffee zu trinken. Dort angekommen, bahnten sie sich ihren Weg durch die schneebedeckten Wege an den niedrigen Fischerhütten und Räucherkaten, in denen die leckeren Sprotten geräuchert wurden, vorbei. Sie betrachteten die vielen Fischerboote, die hier ihre Winterruhe hielten.

Endlich gelangten sie zum Ellerbeker Gasthaus, in dem man bei Kaffee und Kuchen die wohlverdiente Pause einlegte. Bei Einbruch der Dämmerung traten sie den Rückweg an und schlitterten zurück nach Kiel.

Am Abend luden sie Kommilitonen zum Neujahrsumtrunk ein. Sie verabredeten, dass ein jeder etwas darbieten sollte. Theodor, Tycho und er hatten sich für einige lebende Bilder aus dem Studentenleben entschieden. Die dargestellten Szenen hatten sie sich selber ausgedacht. Da sie sich mit viel Einfallsreichtum und Witz zu überraschenden und ziemlich lustigen Bildern gruppierten, war ihre Darbietung ein voller Erfolg, und die Stimmung wurde immer ausgelassener, sicherlich auch aufgrund des Punschgenusses.

Wintervergnügen

Frühere Winter waren häufig so kalt, dass die Kieler Förde zufror. Schifffahrt war bei Temperaturen von bis zu minus 21 °C auf der zugefrorenen Kieler Förde nicht mehr möglich. Die Schiffe mussten im festen Eispanzer überwintern. Die einzige Möglichkeit, auf der festen Fördefläche voranzukommen, boten die verschiedenen Eisfahrzeuge, Eisboote mit geblähten Segeln oder auch größere Schlitten mit Pferdegespann. Es war ein eigentümliches Bild, wenn sie an den großen eingefrorenen Schiffen vorbeizogen.

Während diese harten Winter für den Alltag der Erwachsenen eher beschwerlich waren, bescherten sie den Kindern und Jugendlichen ein großes Wintervergnügen, zum Beispiel das Schlittenfahren auf der Krusenkoppel, das Schlittschuhlaufen auf dem Kleinen Kiel oder auf dem Ziegelteich,

Peekschlitten, Kieler Stadt-und Schifffahrtsmuseum, Foto Wenners

„Kiel von Ellerbek aus gesehen", Kreidelithographie von Adolf Lohse um 1864, Schleswig-Holsteinische Landesbibliothek

das Fahren mit dem Eisschlitten, wenn der Hafen richtig zugefroren war; und das konnte manchmal sogar bis Mitte Februar andauern.

Auf der zugefrorenen Förde konnte man außerdem den Peekschlitten zur raschen Fortbewegung auf der Eisfläche nutzen. Bei diesem beliebten Peeken saßen in der Regel zwei Personen nebeneinander in einem langen und sehr flach gebauten Schlitten mit eisernen Kufen, der von einem Mann, meist einem der Fischer, die im Winter beschäftigungslos waren und sich etwas dazu verdienen wollten, mit Hilfe der Peeke, einer langen Holzstange mit eiserner Spitze, mit kräftigen Stößen vorangetrieben wurde, so dass das Gefährt blitzschnell über das Eis raste. Eigentlich war der Peekschlitten als Arbeitsschlitten konstruiert, mit dem Bauern und Fischer für ihre Winterarbeiten über das Eis fuhren. Für eine Einzelperson gab es ebenfalls kleine, sehr kurze Peekschlitten. Im Kieler Schifffahrtsmuseum ist solch ein Peekschlitten zu sehen.

Der stehende Lenker musste große Geschicklichkeit beweisen, um die vielen Waken zu umschiffen, natürliche Eislöcher, deren Ränder dünner als das Eis und in der Regel brüchig waren, oder auch die Wuhnen, künstlich in das Eis geschlagene Löcher, die das Angeln ermöglichten. Als Fahrgast musste man selbstverständlich richtig gut in warme Decken eingehüllt sein, denn der Wind auf der großen zugefrorenen Eisdecke des Hafens wehte eisig. Selbst größere Entfernungen ließen sich auf diese Weise mühelos zurücklegen, zum Beispiel für einen Ausflug nach Ellerbek, dem idyllischen Fischerdorf auf der gegenüberliegenden Seite der Kieler Förde, um dort Kaffee oder Tee zu trinken und dann bei Einbruch der Dämmerung zurück nach Kiel zu schlittern.

Februar 1841

Heute, am 1. Februar, feierte Bertha von Buchan ihren 15. Geburtstag. Ganz fest würde er an sie denken. Das musste sie dann doch auch spüren. Als Seelenverwandte waren sie immer miteinander verbunden, auch über große Entfernungen. Natürlich hatte er ihr einen Geburtstagsbrief geschrieben, den er „An mein herzliebes Blümelein" gerichtet hatte. Mit dieser Anrede hatte er auf das kleine Gedicht zurückgegriffen, das er Bertha gewidmet und dem Brief beigefügt hatte.

Frühlingslied
Zu des Mädchens Wiegenfeste

Und als das Kind geboren ward,
Von dem ich heute singe,
Der Winter schüttelte den Bart:
»Was sind mir das für Dinge!
Wie kommt dies Frühlingsblümelein
In mein bereiftes Haus hinein?
Potz Wunder über Wunder!«

Doch klingeling! Ringsum im Kreis
Bewegt' sich's im geheimen;
Schneeglöckchen hob das Köpfchen weiß,
Maiblümchen stand im Keimen;
Und durch die Lüfte Tag für Tag,
Da ging ein süßer Lerchenschlag
Weit über Feld und Auen.

Herr Winter! greif Er nur zum Stab!
Das sind gar schlimme Dinge:
Sein weißes Kleid wird gar zu knapp,
Sein Ansehn zu geringe! –
Wie übern Berg die Lüfte wehn,
Da merk ich, was das Blümlein schön
Uns Liebliches bedeute.

In seinem Schreiben hatte er auch von dem Weihnachtsfest mit den Freunden berichtet, vom Neujahrsgeschehen und natürlich von dem wundervollen Peekabenteuer. Er hatte ihr vorgeschlagen, auch einmal mit ihr zusammen solch eine Schlittenpartie zu unternehmen. Und er hatte ihr von seinen Gedanken in der Neujahrsnacht erzählt: „Denke dir nur, wie nach wenigen Jahren das ganze lebende Geschlecht von der Erde getilgt sein wird, wie dann alle, die jetzt so eifrig sich regen und mühen, dann so stille schlafen werden mit Allem; was sie liebten und litten." So hatte er diesen Brief beendet.

Als er sich nun diese Formulierungen noch einmal vergegenwärtigte, kamen Skrupel auf. War er hier zu weit gegangen? Würden solch trübe Gedanken eine Fünfzehnjährige überfordern oder gar verärgern? Aber nun war der Brief abgeschickt. Diese Erkenntnis kam wohl zu spät.

Wie dem auch sei, eines war ihm sonnenklar: Er liebte Bertha. Seit jenem Weihnachtsabend in der Familie Scherff vor fünf Jahren hatte sich der Gedanke bei ihm verfestigt. Dieses Mädchen wollte er geistig an sich binden. Schon damals, so unbegreiflich das vielleicht auch war, hatte er sich in sie verliebt. Obwohl sie noch ein Kind war. Oder gerade deswegen?

Wie in jedem Jahr animierten ihn Mommsen und sein Bruder, den großen Winterball der Albertina in der „Harmonie" zu besuchen. Eigentlich verspürte er keine große Lust mitzugehen, aber Mommsen ließ sich nicht so einfach davon abbringen. Er hielt es offenbar für eine gute Idee, um ihn von seinen Gedanken an Bertha abzubringen. Wer weiß, vielleicht lernte er ja auf dem Ball eine nette junge Dame der Kieler Gesellschaft kennen. Das waren ganz offensichtlich Mommsens geheime Gedanken. Es war in jedem Fall ein Motiv der Mommsen-Brüder, den Ball zu besuchen, um eine Vertreterin des schönen Geschlechts dort kennenzulernen und für sich zu gewinnen. Außerdem war in den Studentenkreisen eine erstaunliche Begeisterung für das Tanzen ausgebrochen.

Tanzvergnügen

Im Biedermeier griff ein regelrechtes Tanzfieber in Kiel um sich: Große Tanzsäle wurden eröffnet, und regelmäßige Tanzveranstaltungen fanden statt. Tanzlehrer wurden von den bürgerlichen Familien engagiert, um den jungen Leuten, deren Konfirmation im Frühjahr anstand, Tanzunterricht zu geben. Solche Tanznachmittage wurden meist im Saal der „Harmonie" durchgeführt. Damit verbunden war oft ein Benimmkurs für perfektes gesellschaftliches Auftreten. Bei trübem Öllampenlicht wagten die Tanzschülerinnen und -schüler die ersten Schritte auf dem Tanzparkett. Der Tanzlehrer führte die Tanzschritte vor, anschließend ging er herum und korrigierte die jungen Leute.

Sonntags durften die Tanzschüler und Tanzschülerinnen zu einem der Reunioni oder Studentenbälle gehen, die im großen Saal des Badehauses veranstaltet wurden. Begleitet wurden sie meist von ihren Müttern. Die Veranstaltung diente dem Einüben der Tänze, um für den Ernstfall, den großen Ball, vorbereitet zu sein. Studenten und Offiziere waren anwesend und standen nur zu gern als Tanzpartner zur Verfügung. Zu einer der Tanzstunden wurde vielleicht auch Gregorius Renard mit seinem Daguerreotypie-Apparat eingeladen, um die Tanzgruppe zum ewigen Andenken abzulichten.

Zu den Tänzen, die die Jugendlichen lernen sollten, gehörten Kontratänze wie Quadrillen in Karréeaufstellung, Ecossaisen, Françaisen sowie Ländler und Walzer, zum Beispiel von Franz Schubert. Der Walzer, am Anfang noch verpönt, da er den Herren erlaubte, den Arm frech um die Taille der Dame zu legen, hatte längst seinen Siegeszug angetreten. Auf allen großen Bällen erklang Walzermusik von Joseph Lanner oder Johann Strauß, der mit seiner Musik in Wien für viel Aufsehen sorgte, und man tanzte auch in Kiel mit Begeisterung dazu. Besonders beliebt waren die neuen Modetänze, nämlich schnellere Tänze wie Galopp und Polka.

Der Winterball in der „Harmonie" war eines der größten gesellschaftlichen Ereignisse der Stadt, und entsprechend groß war die Aufregung, besonders unter den Tanzschülerinnen, deren Hauptsorge nun der

Herzogin Wilhelmine von Glücksburg, Schleswig-Holsteinische Landesbibliothek

passenden Ballgarderobe galt. Die Aufregung unter den Mädchen legte sich mit Ballbeginn keineswegs, denn auf ihren Tanzkarten sollten sich nun die jeweiligen Tänzer eintragen, die sie um die einzelnen Tänze gebeten hatten. Die am Rand des Saales sitzenden Mütter blickten voller Stolz auf ihre hoffnungsvollen Sprösslinge.

Der Kotillon stellte meist den Höhepunkt des Ballabends dar, dieser Tanz war eine Art Quadrille, die von jeweils acht Personen getanzt wurde. Am Schluss erhielten die Damen einen kleinen Blumenstrauß, während sie den Herren kleine Orden ansteckten.

Ein weiterer großer Ball fand wie in jedem Jahr am 18. Januar zu Ehren der Herzogin Wilhelmine zu Schleswig-Holstein-Sonderburg-Glücksburg anlässlich ihres Geburtstages im Kieler Schloss statt.

Auf dem Orchesterbalkon, der im ersten Stock über dem großen Ballsaal lag, saßen die Musiker der Hofkapelle, um zum Tanz aufzuspielen. Genau ihnen gegenüber erhob sich das Podest mit dem Thron des Herzogspaares. Den Beginn des Balls markierte meist der Auftritt der Abgesandten der Wilhelminen-Schützen-Gilde, die ein dreifaches Hoch auf ihre Namenspatronin ausbrachten. König Fredrik VI. von Dänemark hatte der Gilde 1833 gestattet, den Namen seiner Tochter Wilhelmine Marie zu tragen. Die Männer traten in ihren traditionellen Uniformen auf, die aus grauer Joppe mit grünem Kragen und Besatz, einem schwarzen Beinkleid mit silbernen Streifen und einem großen dreieckigen Filzhut mit grüner Schnur und wallendem grünen Federbusch bestand.

Zu den Bällen am herzoglichen Hof waren neben dem Landadel zugleich die großen bürgerlichen Familien der Stadt eingeladen. Und obwohl man Galauniformen und Ordensträger in großer Zahl sah, herrschte eine freie und zwanglose Atmosphäre.

April 1841

Von Bertha kam keine Antwort auf seinen Brief. Wahre Höllenqualen. Stattdessen hielt er nun einen Brief Therese Rowohls in den Händen. Sie schrieb: „Sie sahen sie öfterer in den letzten zwei Jahren, und sehr natürlich fand ich es.“ Bertha sei ein 15-jähriges Mädchen, das über seine eigenen Gefühle unmöglich Klarheit haben könne. Hätte er eine ernsthafte Anfrage in Bezug auf diese Beziehung an sie gerichtet, wäre sie zwar sehr überrascht gewesen, hätte ihn aber freundlich, doch sehr ernst auf die Zukunft verwiesen. Das tue sie hiermit.

Was sollte er nun anfangen? Ganz allein konnte er das nicht mit sich herumtragen. Er musste mit jemandem darüber sprechen.

Einziger Vertrauter war eigentlich Theodor Mommsen. Ihn wollte er um Rat bitten. Trotz des vertrauten Umgangs waren sie stets beim Sie geblieben. Mommsen hatte zwar gemeint, er würde das Duzen bevorzugen. Er fände es angenehmer, wenn sich Kommilitonen, Freunde noch dazu, duzten. Er aber hatte lieber beim Sie bleiben wollen. Das traditionelle Schmollieren, bei dem ältere Corpsmitglieder den jüngeren das Du anstelle des formelleren Sie durch das Trinken so genannter Schmollis anboten, hatte er schon bei den Holsaten verabscheut. Sie könnten ja trotzdem sehr gute Freunde sein. Mommsen war glücklicherweise einverstanden gewesen und hatte geantwortet, es sei ja doch nur eine reine Formsache.

So suchte er das Gespräch mit Theodor über die Liebe zu Bertha. Freilich verlief es nicht ganz so, wie er es sich vorgestellt, wohl eher gewünscht hatte. Mommsen entgegnete ihm, dass er ganz offen zu ihm sein wolle. Er mache das Mädchen und auch sich selbst unglücklich mit dieser unmöglichen Liebe. Der Altersunterschied sei einfach zu groß. Das Mädchen sei zu jung, fast noch ein Kind. Mit dieser Antwort hatte er nicht gerechnet. Eigentlich wollte er doch etwas anderes hören, einen Rat, der ihm gut tun würde. Seine Reaktion war vielleicht etwas zu böse, als er hervorstieß: „Das verstehen Sie nicht. Sie sind zu solchen Gefühlen wohl gar nicht fähig. Zu groß ist meine Liebe, als dass ich sie aufgeben könnte. Für so große Gefühle haben Sie als reiner Verstandesmensch kein Verständnis.“

Vielleicht war er zu dem guten Mommsen doch zu heftig gewesen. Er hatte es sicher gut gemeint. Es tat ihm leid. Vielleicht ließ er sich versöhnen, wenn er ihm das Gedicht zeigte, das er kurz nach der Aussprache verfasst hatte:

Schlusslied

Warum ich traure alle Zeit
Und wandle all Zeit stumm?
Ich trag' im Herz ein stilles Leid
So schwer mit mir herum.

Was hilft's, daß ich dem Gram vertrau',
Der still mein Herze bricht,
Verstehen kannst du's nimmermehr
Und helfen kannst du nicht.

Verstehen würdst du nimmermehr
Das Leid, das mir geschehn,
Ach, die mein Herz gebrochen hat,
Kann's selber nicht verstehn.

Zum Glück ließ Mommsen dann auch schnell erkennen, dass er nicht verletzt und ihm nicht gram sei. Zum Zeichen ihres guten Einvernehmens ließ er sich auf ein Gespräch über eines der Lieblingsthemen Mommsens ein, die Religion. Mommsen stimmte auch in einigen Fragen der Religion mit ihm überein. Er war als Pastorensohn zwar deutlicher als er religiös sozialisiert, lehnte aber eine orthodoxe Haltung ebenso strikt ab. Die Mommsen-Brüder waren während ihrer Schulzeit am Altonaer Christianeum im Altonaer Wissenschaftlichen Primanerverein aktiv gewesen. Seitdem waren sie vehemente Verfechter religiöser Toleranz und Gleichberechtigung. Darin stimmten sie alle drei überein, und ihre Dispute darüber waren stets besonders anregend und oft hitzig.

Religion

Der Gottesdienst in der protestantischen Kirche Norddeutschlands verzichtete in der Biedermeierzeit auf übertriebene Frömmigkeit und blieb eher sachlich und nüchtern. Der sonntägliche Kirchgang war eine Selbstverständlichkeit für die ganze Familie und glich schon einer gesellschaftlichen Routine.

Im frühen 19. Jahrhundert prägten drei Kirchbauten die Stadtsilhouette Kiels, die Nikolaikirche am Markt, die Klosterkirche und die St. Jürgen-Kapelle. Hinzu kam ab 1841 die erste katholische Kirche Kiels am Sophienblatt, ein schlichter Bau im Biedermeierstil. Die kleine katholische Gemeinde von nicht einmal einhundert Gläubigen hat-

Klosterkirchhof 5, Schleswig-Holsteinische Landesbibliothek

Katholische St. Marien-Kirche 1841, Schleswig-Holsteinische Landesbibliothek

te zu der Zeit ebenfalls zum ersten Mal einen eigenen Pfarrer.

Die Kieler Nikolaikirche zeigte sich noch weitgehend in ihrer ursprünglichen Gestalt. Der Chor war durch ein Chorgitter und durch einen Lettner, auf dem die Chorsänger zu stehen pflegten, vom Hauptkirchenschiff mit seinem gotischen Gewölbe getrennt. Über dem Lettner hing das Triumphkreuz von 1490. Das Kirchengestühl, das durch hölzerne Trennwände voneinander abgeteilt war, war fest mit den Häusern der

„Die St.-Jürgen-Kapelle", getönte Zeichnung von Adolf Lohse 1860, Schleswig-Holsteinische Landesbibliothek

Kiel von Westen mit der Nikolaikirche und der Klosterkirche, Ausschnitt aus: „Kiel von Ellerbek", Lithographische Anstalt von W. Loeillot Berlin, Schleswig-Holsteinische Landesbibliothek

Altstadt verknüpft. Wer ein solches Haus besaß, erwarb sogleich einen festen Sitzplatz in der Kirche. Rechts und links vor dem Chorraum waren die logenartigen Sitzplätze der alten Familien angeordnet, mit Blick auf die Kanzel an einem der starken Pfeiler der linken Seite und die Orgel.

1816 wurde der Theologe Claus Harms zum Archidiakon, also zweiten Pastor, und nach dem Tode seines Vorgängers Johann Georg Fock 1835 zum Hauptpastor an St. Nikolai und zum Propst gewählt. Harms, als Sohn eines Dithmarscher Müllers 1778 geboren, hatte ab 1799 in Kiel Theologie studiert. Schon da hatte er sich eine strikte Haltung gegen den Rationalismus erworben, den er durch die Kraft der lutherischen Lehre überwinden wollte. Anlässlich des 300. Jubiläums der Reformation am 31.

Claus Harms, Schleswig-Holsteinische Landesbibliothek

„Das Innere der Nikolaikirche während eines Gottesdienstes", Bleistiftzeichnung von Theodor Rehbenitz um 1845, Schleswig-Holsteinische Landesbibliothek

Oktober 1817 verfasste er seine eigenen 95 Thesen, die eine lebhafte Debatte auslösten. Harms brachte darin kurz und scharf formuliert zum Ausdruck, was ihm an den Tendenzen in der evangelischen Kirche nicht recht war. Seine Predigten vermochten trotz seiner etwas problematischen Stimme die Zuhörer zu begeistern. Das Entsprechende galt für seine zahlreichen Schriften, die weit über die Grenzen Kiels hinaus in ganz Deutschland Beachtung fanden.

„Die Rasdorfer Papiermühle", Johann Ludwig Christian Hansen um 1825, Schleswig-Holsteinische Landesbibliothek

Anfang Mai 1841

Als das Wetter endlich stabiler wurde und die Maisonne ihre wärmenden Strahlen auf die Stadt herabsandte, sollte am Sonntag endlich der lange geplante Ausflug nach Plön stattfinden. Frühmorgens setzten sie mit dem Boot ins idyllische Fischerdorf Ellerbek über. Von dort aus wanderten sie zu Fuß über Klausdorf bis Preetz, wo sie sich bei einem kräftigen Frühstück stärkten, bevor sie ihre Wanderung bis nach dem Appelwarder fortsetzten. Von dort ruderten sie über den See nach Plön. Für die Rückfahrt nutzten sie die Kutsche über die Preetzer Landstraße und passierten dabei die Rastorfer Papiermühle, die in einem tiefen Tal an der Schwentine lag. In dem Wirtshaus erquickten sie sich mit einer ganz vorzüglichen Dickmilch. Dann machten sie Rast und schlossen auf der üppigen Wiese kurz die Augen. Das Rauschen des Wassers und das Geklapper der Mühle machten so wunderbar schläfrig.

„Die Rasdorfer Papiermühle an der Schwentine", handkolorierte Radierung von Carl Daniel Voigts 1806, Schleswig-Holsteinische Landesbibliothek

Industrie

Die Frühzeit der Industrialisierung lag in der Zeit des Biedermeiers. Die Erfindung der Dampfmaschine und die Umstellung auf Maschinenarbeit im frühen 19. Jahrhundert markierten den Aufschwung der industriellen Fertigung. Unterstützt wurde diese Entwicklung durch die Revolution im Transportwesen, durch den Bau der Chaussee seit 1830, der Eisenbahn 1844 und der Dampfschifffahrt, die für Kiel zu Symbolen der Industrialisierung wurden, sowie durch den weiteren Ausbau des Chaussee- und Bahnnetzes mit der Folge einer weitgehenden Unabhängigkeit von natürlichen Hindernissen. Zugleich entstanden aber auch neue soziale Probleme. 1819 wurde in England der Zwölfstundentag eingeführt und ein Arbeitsverbot für Kinder unter neun Jahren erlassen. Das blieb aber praktisch unwirksam. Arbeitstage bis zu 16 Stunden waren möglich, und die Kinderarbeit blieb ein ungelöstes Problem.

Für den Anfang des 19. Jahrhunderts wurden in den Reiseberichten über Kiel nur sehr wenige Fabriken genannt. Lediglich von einer Hutfabrik ist die Rede. 1813 gründete der aus Hamburg stammende Kaufmann Abraham Christian Brauer mit königlichem Privileg eine Tabakfabrik in Kiel, in die 1825 auch sein Neffe Fritz Klemm eintrat, der sich wiederum 1831 selbstständig machte und eine Zichorien-, also Kaffeeersatz-Fabrik eröffnete. Brauer hatte von der verwitweten Gräfin Brockdorff das Haus Schuhmacherstraße 14 erworben mit Hintergebäuden zur Pfaffenstraße für seine Fabrik und mit Ausfahrt zur Torstraße. Der Fabrikant beschäftigte in seiner Tabakfabrik etwa sechzig Arbeiter, darunter auch viele Kinder vom zehnten Lebensjahr an. Kinderarbeit war damals auch in Kiel durchaus üblich. In der Herstellung des Tabaks waren verschiedene Maschinen eingesetzt: Schnittmaschinen, Plättmühlen und Druckerpressen. Fabriziert wurde vorrangig für Hamburg, England und Dänemark. Brauer nutz-

„Klinke 2, Bahnhof mit dem Brauer-Speicher", Foto, Schleswig-Holsteinische Landesbibliothek

te einen sehr großen Speicher in der Nähe des Bahnhofs.

Mit der Zeit kamen immer mehr Fabriken hinzu. Neben zwei Zuckersiedereien, die den Bedarf der Kieler decken konnten, werden Seifensiedereien, eine Schokoladenfabrik, eine Hutfabrik, Schirm- und Krawattenfabriken, ja sogar eine Pianofortefabrik genannt. Tabakfabriken, die sich bis 1862 auf 19 vermehrt hatten, besaßen einen hohen Stellenwert in der Wirtschaftsstruktur der Stadt, ebenso wie zahlreiche Brauereien, 1832 wurden 32 Brauhäuser gezählt, ferner eine Korbflechterei, die 1855 achtzehn Arbeiter beschäftigte.

„Neumühlen an der Schwentine", handkolorierte Radierung von Carl Daniel Voigts um 1805, Schleswig-Holsteinische Landesbibliothek

Besondere Bedeutung kam der Ölfabrikation zu. Die erste Ölmühle war 1783 in Neumühlen an der Schwentine geschaffen worden, weitere Mühlbetriebe folgten. Ab 1840 vollzog sich der Übergang zur Dampfmühle. Angekurbelt wurde dieser wirtschaftliche Aufschwung auch durch die Gründung der ersten Kieler Bank 1852 durch den Kaufmann und Wirtschaftswissenschaftler Wilhelm Ahlmann.

Die Rosenwiese am Hafen, ehemals ein Gebiet mit Wiesen, Gärten und Badeplätzen, wurde zunehmend für industrielle Zwecke genutzt, seit sich die Maschinenbaufabrik und Eisengießerei des erfolgreichen Kaufmanns Johann Schweffel und des tüch-

Maschinenbau und Eisengießerei Schweffel & Howaldt 1845, Schleswig-Holsteinische Landesbibliothek

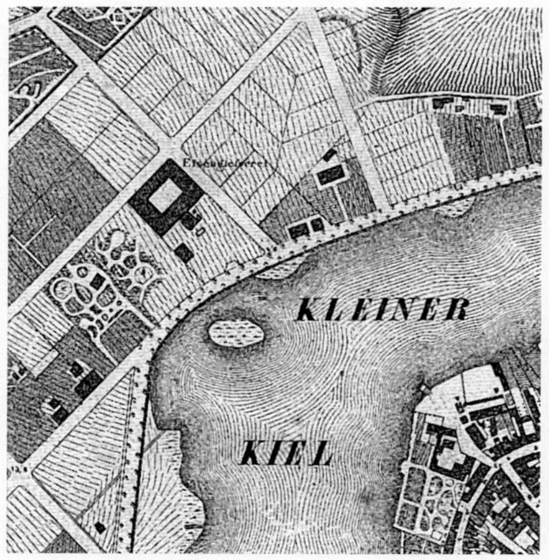

Eisengießerei am Lorentzendamm, Ausschnitt aus: Karte der Stadt Kiel, Wilhelm von Thalbitzer 1853, Schleswig-Holsteinische Landesbibliothek

tigen Mechanikus August Ferdinand Howaldt dort im Jahre 1838 als erster großer industriell geführter Fabrikbetrieb Kiels angesiedelt hatte, und erst recht seit der Eröffnung des Bahnhofes im Jahr 1845.

Die Gebäude der Firma Schweffel und Howaldt bestanden aus einer Maschinenwerkstatt, einer Schmiede, einer Schlosserwerkstatt und einer Eisengießerei, hinzu kamen eine Dampfkesselfabrik, ein Putzhaus, ein Zylinderofen und ein Maschinenhaus. Das Unternehmen beschäftigte mehr als 150 Fabrikarbeiter und produzierte Tender und Güterwagen für die neue Eisenbahn sowie Kessel für die Dampfschiffe. 1851 verlegte die Firma ihre Eisengießerei an den Lorentzendamm am Nordrand des Kleinen Kiel.

Juli 1841

Er konnte gar nicht glauben, was Mommsen ihm gerade erzählt hatte. Franz Liszt würde nach Kiel kommen und hier ein Konzert geben. Dieses musikalische Genie, das er so sehr verehrte, obwohl er Liszt nur vom Hörensagen her kannte und ihn noch nie persönlich erlebt hatte. Er konnte sich davon überzeugen, dass Mommsen nicht geschwindelt hatte. Im „Kieler Correspondenzblatt" vom 10. Juli stand es schwarz auf weiß, der Musikalienhändler Schloßbauer teilte mit, dass der berühmte Komponist auf einer großen Konzertreise nach Norden und nach Kopenhagen in Kiel Station machen und ein Konzert geben werde, bevor er mit dem Schiff in die dänische Hauptstadt weiterreisen werde. Dann die Enttäuschung: Für das erste Konzert gab es keine Eintrittskarten mehr. Alles ausverkauft. Aber man vertröstete die Enttäuschten auf ein weiteres Konzert, das der Meister auf der Rückreise in Kiel zu geben beabsichtige.

Und tatsächlich: Für das Konzert am 27. des Monats ergatterte er eine Karte. Auch Mommsen und sein Bruder hatten sich schon Billets erworben. Das Programm war auch schon vorher bekanntgegeben worden. Man durfte gespannt sein. Umso verwunderlicher, als vier Tage vor dem Konzert annonciert wurde, dass bis jetzt erst 72 Karten verkauft worden seien und man doch sehr für dieses musikalische Ereignis werbe, wenn schon ein so großer Mann der Stadt die Ehre gebe, hier aufzutreten. Aber trotz aller Werbung durch Schloßbauer, der sogar kleine Gipsstatuen des Künstlers anbot, blieb es bei der geringen Zuhörerzahl. Das war ja mehr als peinlich für Kiel. Geradezu beschämend. Trotzdem fand das Konzert statt, und es wurde ein großer Erfolg.

Voller Spannung und froher Erwartung begaben sie sich am Abend des 27. Juli in den Konzertsaal. Wie erwartet, machten die vielen leeren Stuhlreihen einen ernüchternden Eindruck. Aber die Anwesenden sorgten mit ihrer Begeisterung für den Virtuosen für eine warmherzige Atmosphäre. Und da trat er auf, der geniale Mensch. Ein interessanter, aber auch durchaus fremdartig wirkender Mann, im grünen Frack und mit Wespentaille, so groß, mit langen Haaren und langer Nase, vor allem mit sehr langen Fingern, mit denen er nur so über die Tasten flog. Unglaublich, was dieser Mensch dem Instrument entlocken konnte. Wenn man so Klavier spielen könnte. Es war ein beeindruckender Abend, den er nie vergessen würde.

Musik

Das musikalische Leben nahm in der Zeit des Biedermeier einen enormen Aufschwung. In vielen bürgerlichen Familien wurde intensiv Hausmusik betrieben, oder es wurden musikalische Soireen veranstaltet. In Gesellschaften wurde gesungen und das Volkslied gepflegt, Gesangsvereine wurden gegründet und erluhren einen großen Zulauf. Besonders das Klavier erlebte eine beispiellose Karriere als wesentlicher Bestandteil des bürgerlichen Haushalts. Viele bekannte Kompositionen der Bühne und des Konzertsaals wurden für das Klavier bearbeitet, so dass sie auch am heimischen Piano erklingen konnten.

Kiel war zwar nur eine kleine Mittelstadt, dank der Universität aber trotzdem ein geistiger Mittelpunkt des Landes. Das fand seinen Niederschlag auch im musikalischen Leben der Stadt. Musikalische Veranstaltungen fanden in einigen Bürgerhäusern statt, zum Beispiel im Jahnschen Hof, wo sogar Opern und Oratorien aufgeführt wurden. Ansonsten fanden Konzerte meist im großen Hörsaal des Universitätsgebäudes in der Kattenstraße, im Schloss oder in der „Harmonie“ in der Faulstraße statt. Der große Saal wurde dort für diese Konzerte mit langen Holzbänken ausgestattet, auf die rote Samtkissen gelegt wurden. Der Musikerbereich wurde durch ein zierliches Holzgitter von dem Zuschauerraum abgetrennt. Hinter dem Gitter standen der Flügel, Stühle für die Musiker, davor die Notenpulte mit Kerzen. In der Konzertpause waren im Foyer verschiedene kalte und warme Speisen für die Konzertbesucher aufgebaut. Für die Gäste gab es nach dem Konzert bei Dessert und Kaffee noch die Gelegenheit, ausführlich zu plaudern und mit den anwesenden Künstlern ins Gespräch zu kommen. Zu den Höhepunkten der Konzerte in der „Harmonie“ zählen große Oratoriumsaufführungen wie Haydns „Schöpfung“ 1818 und Mendelssohns „Paulus“ 1842.

Beleuchtet wurde der Saal mit Hilfe der Argandschen Lampen, die an den Längswänden angebracht waren. Diese besonders hell brennenden Öllampen waren von dem Schweizer Aimé Argand so konstruiert worden, dass ihr Brenner aus einem Metallzylinder mit doppelter Wand gebaut war. In der hohlen Wand war ein runder Baumwolldocht befestigt mit einer Brennstoffzuführung durch einen separaten Tank. Der innere Zylinder war unten offen, so dass Luft hindurch innen an den Docht gelangen konnte. Zudem war ein Glaszylinder über die Flamme gesetzt, um durch Kaminwirkung einen höheren Zug zu erhalten. Durch diese zwar deutlich verbesserte Beleuchtung waren die Säle allerdings noch schneller überhitzt und die Luft wurde rasch fürchterlich schlecht.

Die Förderung des musikalischen Lebens war besonders dem St. Nikolai-Organisten und späteren Universitätsmusikdirektors Georg Christian Apel zu verdanken, der einen Singverein und einen Instrumentalverein gründete und die Harmonie-Konzerte organisierte, aber auch Musikabende im Saal seines eigenen Hauses in der Küterstraße veranstaltete. Dieses große Engagement Apels für das Kieler Musikleben setzte sein Nachfolger Carl Grädener, der auch der Kieler Liedertafel als Dirigent vorstand, ab 1839 fort und nach dessen Weggang nach Hamburg ab 1848 Friedrich Christian August Hundertmark, Apels Nachfolger als Organist an der St. Nikolaikirche. Etliche

„Das Kollegiengebäude der Universität, im Hintergrund das Schloss“, Zeichnung von Adolf Burmester, Schleswig-Holsteinische Landesbibliothek

auswärtige Musikgrößen traten dank ihrer Initiativen in Kiel auf. Günstig wirkte sich dabei die Fährverbindung von Kiel nach Kopenhagen aus, da die Stadt dadurch immer wieder zur Zwischenstation auf dem Weg nach Norden wurde. Auf einer Konzertreise ins dänische Königreich trat so der große Klaviervirtuose Franz Liszt 1841 in Kiel auf. Auch Clara Schumann machte auf ihrer Reise nach Kopenhagen in Kiel Halt und gab am 20. März 1842 ein Konzert im Kieler Theater. Die Künstlerin kam mehrfach nach Kiel. Im August 1855 begab sie sich zwecks Erholung zusammen mit ihrer Freundin, der Sängerin Livia Frege, in das Seebad Düsternbrook und lobte besonders die Ruhe und Schönheit des Düsternbrooker Gehölzes. 1864 trat sie noch einmal in Kiel auf. Auch Johannes Brahms gastierte 1856 mit einem Klavierabend in Kiel.

Anfang September 1841

Ihr Freundeskreis erweiterte sich von Jahr zu Jahr. Mommsen hatte sich mittlerweile mit den Brüdern Olshausen angefreundet, mit deren politischen Ansichten er übereinstimmte. Er verkehrte darüber hinaus im Haus des liberalen Arztes Franz Hegewisch und durfte an den politischen Diskussionsabenden in dessen Haus in der Kehdenstraße 6 teilnehmen. Dazu hatte Mommsen auch ihn schon mehrfach mitgenommen.

Mommsen schaffte es auch, sein politisches Bewusstsein zu wecken. Lange schon schrieb der Freund für die burschenschaftlich beeinflussten „Neuen Kieler Blätter" politische Artikel, in denen er seine liberalen und nationalen Überzeugungen zum Ausdruck brachte und für ein einiges und demokratisches Vaterland eintrat. Mommsens Gedanken fielen bei ihm auf mehr als fruchtbaren Boden.

Obwohl unter den nun einmal herrschenden politischen Konstellationen er eigentlich als Däne geboren war, fühlte er sich als Deutscher. Er war zwar dänischer Staatsbürger, und er liebte auch die dänische Kultur und Literatur durchaus, aber er würde sich trotzdem der schleswig-holsteinischen Volksbewegung gegen die dänische Vorherrschaft anschließen. Er erhoffte sich so sehr ein freies, selbstständiges und demokratisches Schleswig-Holstein. Auch die Herzogtümer müssten aus dem Gebilde des dänischen Gesamtstaates herausgelöst werden, wie 1814 Norwegen im Rahmen des Kieler Friedens dem Gesamtstaat verloren gegangen war.

Er würde zeit seines Lebens ein Feind der dänischen Herrschaft in seiner Heimat sein. Freilich, eines war genauso klar, auch der preußische Staat und das ganze preußische Wesen waren ihm nicht recht geheuer. Dieses militärische Gehabe war ihm zutiefst zuwider. Auch Mommsen teilte seine politischen Ansichten. Er engagierte sich zunehmend in der schleswig-holsteinischen Bewegung, für die die Schleswig-Holstein-Frage zu einer ungelösten nationalen Frage aufstieg. Mehr und mehr wurden auch patriotische Lieder in das „Liederbuch dreier Freunde" aufgenommen. Das war die logische Folge.

Presse

Das frühe 19. Jahrhundert war die Epoche der Zeitungen, ihrer Gründungen, Erfolge und zugleich ihrer Verfolgung. Die Weiterentwicklung der Druckpresse zur Schnellpresse schuf die technischen Voraussetzungen. Das immer stärker werdende politische Interesse vor allem der städtischen Bürger verlangte nach entsprechender Berichterstattung. Die Journale nach 1815 wurden meinungsbildend. Die Maßregelungen und Restriktionen während der Restauration nach dem Wiener Kongress hemmten den zunächst einsetzenden Aufschwung. Die neuen Presseorgane mussten zum Teil dem Druck der allgegenwärtigen Zensur nachgeben. Die Prüfung der Zeitungsartikel machte ein offenes Wort schwierig. Von Presse- oder gar Meinungsfreiheit konnte zumeist keine Rede sein. Trotzdem nahm das Pressewesen einen ungeheuren Aufschwung. Aus den Zeitungen entwickelte sich allmählich die Tagespresse mit Anzeigen und Inseraten.

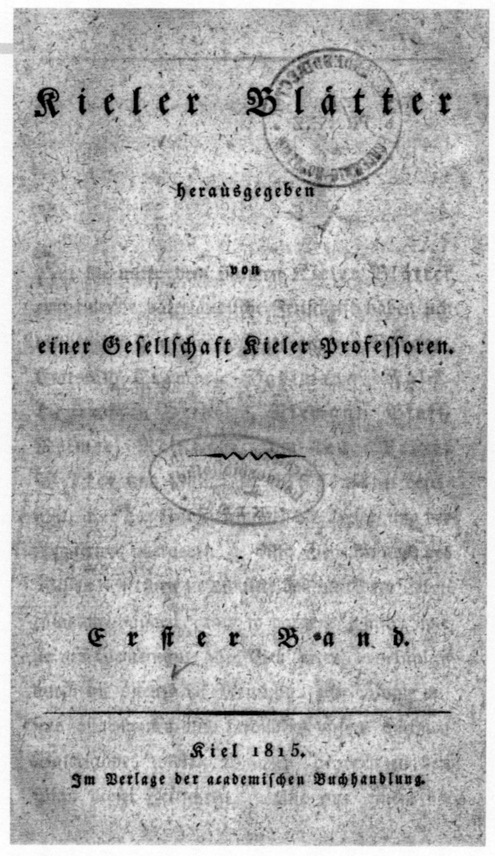
Kieler Blätter

herausgegeben

von

einer Gesellschaft Kieler Professoren.

Erster Band.

Kiel 1815.

Im Verlage der academischen Buchhandlung.

Kieler Blätter, Titelblatt Erster Band 1815, Schleswig-Holsteinische Landesbibliothek

1815 gründeten mehrere Professoren, unter ihnen Nikolaus Falck und Friedrich

Christoph Dahlmann, die „Kieler Blätter" und griffen mit diesem Organ schonungslos die brisanten politischen Themen auf. 1793 erschien zum ersten Mal das „Wochenblatt zum Besten der Armen", das von der Gesellschaft Freiwilliger Armenfreunde herausgegeben wurde. 1841 änderte sich der Titel in „Kieler Wochenblatt", das wenig später 1843 mit dem „Correspondenzblatt" zum „Kieler Correspondenzblatt" vereinig wurde. Diese Zeitung in einer Auflage von 600

Wochenschrift

zum

Besten der Armen

in Kiel.

Erster Jahrgang.

Kiel,

Gedr. bey Mich. Friedr. Bartsch Univers. Buchdr.

1793.

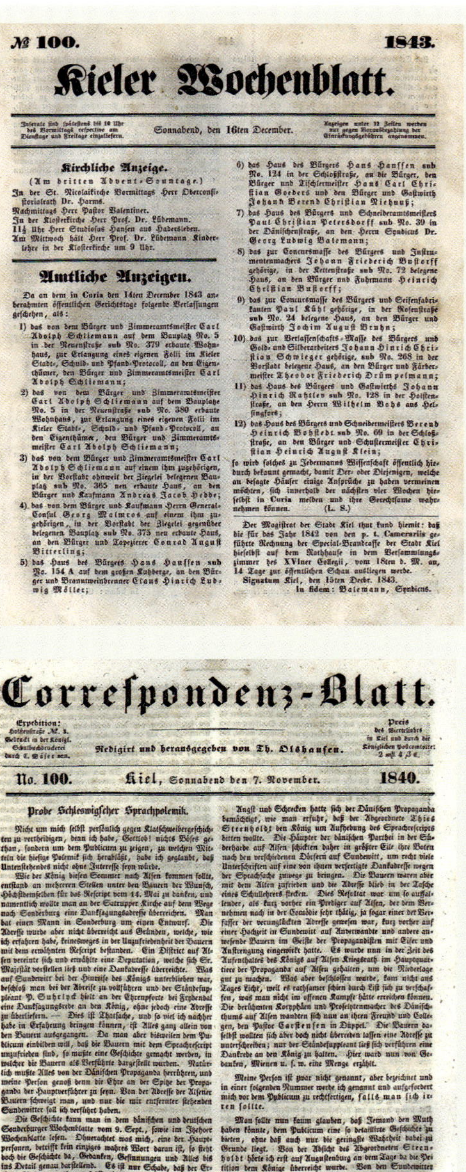

№ 100. 1843.

Kieler Wochenblatt.

Inserate sind spätestens bis 10 Uhr des Vormittags respective am Dienstage und Freitage einzuliefern.

Sonnabend, den 16ten December.

Anzeigen unter 12 Zeilen werden nur gegen Vorausbezahlung der Einrückungsgebühren angenommen.

Kirchliche Anzeige.

(Am dritten Advent-Sonntage.)

In der St. Nicolaikirche Vormittags Herr Oberconsistorialrath Dr. Harms.
Nachmittags Herr Pastor Valentiner.
In der Klosterkirche Herr Prof. Dr. Lüdemann.
11½ Uhr Herr Studiosus Hansen aus Hadersleben.
Am Mittwoch hält Herr Prof. Dr. Lüdemann Kinderlehre in der Klosterkirche um 9 Uhr.

Amtliche Anzeigen.

Da an dem in Curia den 14ten December 1843 anberahmten öffentlichen Gerichtstage folgende Verlassungen geschehen, als:

1) das von dem Bürger und Zimmeramtsmeister Carl Adolph Schliemann auf dem Bauplatz No. 5 in der Neuenstraße sub No. 379 erbaute Wohnhaus, zur Erlangung eines eigenen Folii im Kieler Stadt-, Schuld- und Pfand-Protocoll, an den Eigenthümer, den Bürger und Zimmeramtsmeister Carl Adolph Schliemann;
2) das von dem Bürger und Zimmeramtsmeister Carl Adolph Schliemann auf dem Bauplatze No. 5 in der Neuenstraße sub No. 380 erbaute Wohnhaus, zur Erlangung eines eigenen Folii im Kieler Stadt-, Schuld- und Pfand-Protocoll, an den Eigenthümer, den Bürger und Zimmeramtsmeister Carl Adolph Schliemann;
3) das von dem Bürger und Zimmeramtsmeister Carl Adolph Schliemann auf einem ihm zugehörigen, in der Vorstadt ohnweit der Ziegelei belegenen Bauplatz sub No. 365 neu erbaute Haus, an den Bürger und Kaufmann Andreas Jacob Hedde;
4) das von dem Bürger und Kaufmann Herrn General-Consul Georg Malmros auf einem ihm zugehörigen, in der Vorstadt der Ziegelei gegenüber belegenen Bauplatz sub No. 375 neu erbaute Haus, an den Bürger und Tapezierer Conrad August Bitterling;
5) das Haus des Bürgers Hans Hanssen sub No. 154 A auf dem großen Kuhberge, an den Bürger und Branntweinbrenner Claus Hinrich Ludwig Möller;
6) das Haus des Bürgers Hans Hanssen sub No. 124 in der Schloßstraße, an die Bürger, den Bürger und Tischlermeister Hans Carl Christian Goeders und den Bürger und Gastwirth Johann Berend Christian Niehuuß;
7) das Haus des Bürgers und Schneideramtsmeisters Paul Christian Petersdorff sub No. 30 in der Dänischenstraße, an den Herrn Syndicus Dr. Georg Ludwig Balemann;
8) das zur Concursmasse des Bürgers und Instrumentenmachers Johann Friederich Bustorff gehörige, in der Kettenstraße sub No. 72 belegene Haus, an den Bürger und Fuhrmann Heinrich Christian Bustorff;
9) das zur Concursmasse des Bürgers und Seifenfabrikanten Paul Kühl gehörige, in der Rosenstraße sub No. 24 belegene Haus, an den Bürger und Gastwirth Jochim August Bruhn;
10) das zur Verlassenschafts-Masse des Bürgers und Gold- und Silberarbeiters Johann Hinrich Christian Schwieger gehörige, sub No. 268 in der Vorstadt belegene Haus, an den Bürger und Färbermeister Theodor Friederich Drümpelmann;
11) das Haus des Bürgers und Gastwirths Johann Hinrich Rahtlev sub No. 128 in der Holstenstraße, an den Herrn Wilhelm Bohs aus Helsingfors;
12) das Haus des Bürgers und Schneidermeisters Berend Heinrich Bohstedt sub No. 69 in der Schloßstraße, an den Bürger und Schustermeister Christian Heinrich August Klein;

so wird solches zu Jedermanns Wissenschaft öffentlich hiedurch bekannt gemacht, damit Der- oder Diejenigen, welche an besagte Häuser einige Ansprüche zu haben vermeinen möchten, sich innerhalb der nächsten vier Wochen hieselbst in Curia melden und ihre Gerechtsame wahrnehmen können. (L. S.)

Der Magistrat der Stadt Kiel thut kund hiemit: daß die für das Jahr 1842 von den p. t. Camerariis geführte Rechnung der Special-Brandcasse der Stadt Kiel hieselbst auf dem Rathhause in dem Versammlungszimmer des XVIner Collegii, vom 18ten d. M. an, 14 Tage zur öffentlichen Schau ausliegen werde.

Signatum Kiel, den 15ten Decbr. 1843.

In fidem: Balemann, Syndicus.

Correspondenz-Blatt.

Expedition: Holstenstraße № 1. Gedruckt in der Königl. Schulbuchdruckerei durch C. Mäser sen.

Redigirt und herausgegeben von Th. Olshausen.

Preis des Vierteljahrs in Kiel und durch die Königlichen Postcomtoire: 2 ℳ 4 β C.

No. 100. Kiel, Sonnabend den 7. November. 1840.

Probe Schleswigscher Sprachpolemik.

Nicht um mich selbst persönlich gegen Klatschweibergeschichten zu vertheidigen, denn ich habe, Gottlob! nichts Böses gethan, sondern um dem Publicum zu zeigen, zu welchen Mitteln die hiesige Polemik sich herabläßt, habe ich geglaubt, daß Untenstehendes nicht ohne Interesse seyn würde.

Wie der König diesen Sommer nach Alsen kommen sollte, entstand an mehreren Stellen unter den Bauern der Wunsch, Höchstdemselben für das Rescript vom 14. Mai zu danken, und namentlich wollte man an der Satrupper Kirche auf dem Wege nach Sonderburg eine Danksagungsadresse überreichen. Man bat einen Mann in Sonderburg um einen Entwurf. Die Adresse wurde aber nicht überreicht aus Gründen, welche, wie ich erfahren habe, keineswegs in der Unzufriedenheit der Bauern mit dem erwähnten Rescript bestanden. Ein District auf Alsen vereinte sich und erwählte eine Deputation, welche sich Sr. Majestät vorstellen ließ und eine Dankadresse überreichte. Was auf Sundewitt bei der Hinreise des Königs unterblieben war, beschloß man bei der Abreise zu vollführen und der Ständesuppleant P. Suhrlyck hielt an der Ehrenpforte bei Frydendal eine Danksagungsrede an den König, ohne jedoch eine Adresse zu überliefern. — Dies ist Thatsache, und so viel ich nachher habe in Erfahrung bringen können, ist Alles ganz allein von den Bauern ausgegangen. Da man aber bisweilen dem Publicum einbilden will, daß die Bauern mit dem Sprachrescript unzufrieden sind, so mußte eine Geschichte gemacht werden, in welcher die Bauern als Verführte dargestellt wurden. Natürlich mußte Alles von der Dänischen Propaganda herrühren, und meine Person genoß denn die Ehre an der Spitze der Propaganda der Hauptverführer zu seyn. Von der Adresse der Alsener Bauern schweigt man, und nur die mir entfernter stehenden Sundewitter soll ich verführt haben.

Die Geschichte kann man in dem dänischen und deutschen Sonderburger Wochenblatte vom 9. Sept., sowie im Itzehoer Wochenblatte lesen. Ohnerachtet was mich, eine der Hauptpersonen, betrifft kein einziges wahres Wort daran ist, so steht doch die Geschichte da, Gedanken, Gesinnungen und Alles bis ins Detail genau darstellend. Es ist nur Schade, daß der Erzähler Alles unter einem „soll", einem „dem Vernehmen nach" u. s. w. vorträgt, denn es hätte sonst für einen Roman gelten können. Allein schon dadurch erscheint es als gemeine Klatscherei. Die Geschichte, wie sie erzählt ward, ist im Wesentlichen folgende:

Angst und Schrecken hatte sich der Dänischen Propaganda bemächtigt, wie man erfuhr, daß der Abgeordnete Thies Steenholdt den König um Aufhebung des Sprachrescripts bitten wollte. Die Häupter der dänischen Parthei in der Süderharde auf Alsen schickten daher in größter Eile ihre Boten nach den verschiedenen Dörfern auf Sundewitt, um recht viele Unterschriften auf eine von ihnen verfertigte Dankadresse wegen der Sprachsache zuwege zu bringen. Die Bauern waren aber mit dem Alten zufrieden und die Adresse blieb in der Tasche eines Schullehrers stecken. Dies Resultat war um so auffallender, als kurz vorher ein Prediger auf Alsen, der dem Vernehmen nach in der Comödie sehr thätig, ja sogar einer der Verfasser der verunglückten Adresse gewesen war, kurz vorher auf einer Hochzeit in Sundewitt auf Anverwandte und andere anwesende Bauern im Geiste der Propagandisten mit Eifer und Anstrengung eingewirkt hatte. Es wurde nun in der Zeit des Aufenthaltes des Königs auf Alsen Kriegsrath im Hauptquartiere der Propaganda auf Alsen gehalten, um die Niederlage gut zu machen. Was aber beschlossen wurde, kam nicht ans Tages Licht, weil es rathsamer schien durch List sich zu verschaffen, was man nicht im offenen Kampfe hätte erreichen können. Die berühmten Koryphäen und Proselytenmacher des Dänischthums auf Alsen wandten sich nun an ihren Freund und Collegen, den Pastor Carstensen in Düppel. Die Bauern daselbst wollten sich aber doch nicht überreden lassen eine Adresse zu unterschreiben; nur der Ständesuppleant ließ sich verführen eine Dankrede an den König zu halten. Hier ward nun von Gedanken, Mienen u. s. w. eine Menge erzählt.

Meine Person ist zwar nicht genannt, aber bezeichnet und in einer folgenden Nummer werde ich genannt und aufgefordert mich vor dem Publicum zu rechtfertigen, falls man sich irren sollte.

Man sollte nun kaum glauben, daß Jemand den Muth haben könnte, dem Publicum eine so detaillirte Geschichte zu bieten, ohne daß auch nur die geringste Wahrheit dabei zu Grunde liegt. Von der Absicht des Abgeordneten Steenholdt hörte ich erst auf Augustenburg an dem Tage da die Petition dem Könige überreicht wurde. Von den Sundewitter Danksagungen in Satrup und Düppel hatte ich zwar ungefähr in der Zeit oder kurz nach derselben sprechen hören; allein ob Adressen überreicht oder Reden gehalten werden sollten, ja ob es geschehen war oder nicht, davon wußte ich nicht das Geringste, bis ich es ungefähr einen Monat später im Wochenblatte las

Wochenschrift zum Besten der Armen 1793, Kieler Wochenblatt 1843 und Correspondenzblatt 1840, Schleswig-Holsteinische Landesbibliothek

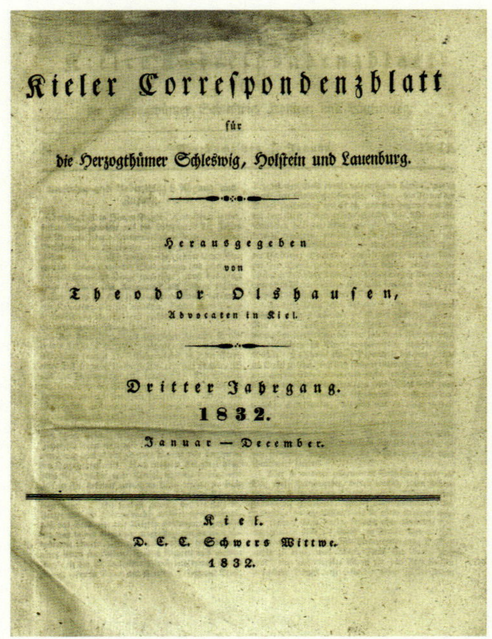

Kieler Correspondenzblatt
für
die Herzogthümer Schleswig, Holstein und Lauenburg.

Herausgegeben
von
Theodor Olshausen,
Advocaten in Kiel.

Dritter Jahrgang.
1832.
Januar — December.

Kiel.
D. C. C. Schwers Wittwe.
1832.

Kieler Correspondenzblatt 1832, Schleswig-Holsteinische Landesbibliothek

Stück erschien dreimal wöchentlich, besaß einen ausgesprochen politischen Charakter und vertrat die Ansichten der Schleswig-Holsteinischen Bewegung. Eingriffe der Zensur entlarvte das Blatt durch leere Spalten. Von 1848 bis 1850 wurde das „Schleswig-Holsteinische Wochenblatt“ zweimal in der Woche herausgegeben, ebenfalls ein sehr politisches Organ und gedruckt in der Kieler Schulbuchdruckerei.

Daneben war auch in Kiel eine Vielzahl von Zeitungen und Zeitschriften verbreitet und zum Beispiel in der „Harmonie“ öffentlich zugänglich. Nicht nur Familienjournale lagen im Leseraum aus, wie die „Gartenlaube“, die „Modewelt“ oder „Über Land und Meer“. Hier lagen die politischen Zeitungen aus, ebenfalls ausländische Zeitungen, zum Beispiel aus Hamburg der „Altonaer Merkur“ oder der „Hamburger Korrespondent“, waren greifbar, allerdings erst frühestens einen Tag nach ihrem Erscheinen, da sie durch die Post mittels der Eisenbahn befördert wurden. Drei dänische Zeitungen waren abonniert. Die Möglichkeit dieser umfassenden Information erklärte, dass die „Harmonie“ rasch zum Mittelpunkt des politischen Lebens geworden war.

Mitte September 1841

Aber so einfach war es nicht, seine politischen Ansichten derzeit offen zu bekennen. Schließlich war Kiel letztlich eine dänische Stadt und die Christian-Albrechts-Universität eine dänische Universität, sogar die zweitgrößte im dänischen Staat nach Kopenhagen. Die Tochter des dänischen Königs, Prinzessin Wilhelmine, residierte im Kieler Schloss. Der Dannebrog gehörte zum Kieler Stadtbild. Dänisches Militär war überall präsent. Viele Studenten waren dä-

nisch, auch etliche Professoren. Aber an der Universität breiteten sich immer deutlicher eine zunehmende Politisierung und eine antidänische Stimmung aus, sowohl unter den Studierenden als auch in der Professorenschaft. Das war sehr deutlich zu spüren. Dabei entstanden allerdings zwei gegensätzliche Lager. Auf der einen Seite standen die dänischen Hochschullehrer wie Christian Flor, der dänische Sprache und Literatur lehrte, oder Christian Paulsen, auf der anderen Seite diejenigen, die für die Autonomie der Herzogtümer eintraten, wie Nikolaus Falck, der allerdings für eine Anbindung an Dänemark plädierte, oder Gustav Droysen, der vehement ein völlig selbstbestimmtes Schleswig-Holstein forderte. Diese Gegensätze prallten aufeinander, auch in den Vorlesungen, und er mittendrin. Aber spannend war es schon. Wie sich diese Gegensätze wohl weiterentwickeln würden. Sicher würden sie sich immer schärfer zuspitzen, bis sie sich eines Tages in einem Aufstand oder einer Revolution entladen würden. Da war er eigentlich recht sicher. Vielleicht würde es sogar einen Krieg gegen Dänemark geben? Auch wenn er kriegerische Auseinandersetzungen verabscheute, ausschließen konnte man wahrscheinlich auch das nicht.

Neuen Schwung in die politische Diskussion brachte der Burschenschaftler Georg Beseler. Endlich. Großes Aufsehen erregte seine Herausgabe der „Unionsverfassung Dänemarks und Schleswig-Holsteins" von Uwe Jens Lornsen. Das wurde auch Zeit, dass man sich wieder auf Lornsen besann. Lornsen, der 1816 die Kieler Burschenschaft mitbegründet hatte und anschließend auch die Allgemeine Deutsche Burschenschaft, war wegen seiner Initiative für die Verfassungsbewegung in Schleswig-Holstein seines Amtes als Landvogt von Sylt enthoben worden und hatte mehrere Jahre in Gefängnissen in Rendsburg und Friedrichsort verbracht. Die Rehabilitation dieses standhaften Freiheitskämpfers war unumgänglich.

Standhaft war auch sein Vater, das stand fest. Der alte Storm hatte sich in der Ständeversammlung geweigert, die erste Rede, die auf Dänisch gehalten worden war, zu protokollieren, wie es seine Aufgabe gewesen wäre. Er wollte nicht akzeptieren, dass man mit der Tradition brach, dass alle Reden hier in deutscher Sprache zu halten waren. Immer schon hatte er zu seinen Überzeugungen gestanden, so auch jetzt, obwohl er andererseits in Treue zu seinem obersten Landesherrn, dem dänischen König, stand und auch zur Zugehörigkeit des Herzogtums Schleswig zum dänischen Reich. 1840 hatte der König ihn sogar zum Mitglied des Dannebrogor-

dens ernannt, worauf er sehr stolz war. Aber er war nun einmal Deutscher, ein Deutscher, der in Dänemark lebte. Die Eigenständigkeit der beiden Herzogtümer innerhalb des dänischen Gesamtstaats wollte er gewahrt wissen. Er fand die Haltung seines Vaters bewunderns- und nachahmenswert.

Dänemark

Im Vertrag von Zarskoje Selo von 1773 trat Zarin Katharina ihre russischen Anteile an Holstein, die sie von ihrem Mann Zar Peter III., Herzog von Holstein-Gottorf, geerbt hatte, an Dänemark ab und ermöglichte damit den dänischen Gesamtstaat, das hieß, der dänische König regierte beide Landesteile in Personalunion. Dieses große territoriale Tauschgeschäft bildete den Grundstock für eine ungeheure wirtschaftliche Blüte. Der Gesamtstaat genoss ein hohes Ansehen, nicht zuletzt aufgrund der großen Reformen im Inneren, wie zum Beispiel der Abschaffung der Leibeigenschaft. Auch Kiel profitierte enorm durch seine Zugehörigkeit zum dänischen Gesamtstaat, zu dem neben dem dänischen Stammland die Herzogtümer Schleswig, Holstein und Lauenburg gehörten sowie Grönland, Island, die Färöer Inseln und bis 1814 auch Norwegen. Der Wirtschaftsraum war unsagbar groß, der gesamte Transithandel zwischen Dänemark und Hamburg wurde über Kiel abgewickelt.

Seit dem Kieler Frieden von 1814, in dem Dänemark Norwegen an Schweden abtreten musste und das Herzogtum Lauenburg als Ausgleich erhielt, bekam das deutschsprachige Element im dänischen Gesamtstaat mehr Gewicht und die innenpolitischen Spannungen nahmen ständig zu.

Den Forderungen der Liberalen sowohl im Königreich als auch in den Herzogtümern nach einer gemeinsamen Verfassung für Schleswig und Holstein, schon 1830 unter dem Eindruck der Pariser Julirevolution von Uwe Jens Lornsen konkret formuliert, wollte der König niemals nachkommen. In seiner Schrift „Ueber das Verfassungswerk in Schleswigholstein“ forderte der Sylter Landvogt Lornsen 1830 Verwaltungsreformen, Gewaltenteilung und vor allem eine neue Verfassung.

Zugestanden wurden 1834 lediglich Ständeversammlungen, jeweils getrennt für Schleswig und Holstein, die allerdings ausschließlich beraten, nichts entscheiden durften. Die Abgeordneten der beiden Provinzialstände in Itzehoe und in Schleswig wurden seit Mitte der 30er Jahre nicht müde, die Einigkeit der beiden Herzogtümer Schleswig und Holstein zu betonen. Die radikalen Vertreter der Dänen in Schleswig, die sogenannten Eiderdänen, strebten dagegen den vollständigen Anschluss des Herzogtums Schleswig an Dänemark an. „Danmark til Ejderen – Dänemark bis zur

Eider", lautete ihre Forderung. Im Gegenzug war man gerne bereit, die Herzogtümer Holstein und Lauenburg an Deutschland abzutreten. Der dänische König und seine Regierung wollten ebenfalls Schleswig, das man gern Südjütland nannte, stärker an Dänemark binden, die dänische Sprache dort durchsetzen und der Bevölkerung einen dänischen Geist einhauchen.

Der Konflikt verschärfte sich durch das Thronfolgeproblem. Im Jahre 1846 erschien der „Offene Brief" des dänischen Königs Christian VIII., in dem er den Ansprüchen der Herzogtümer auf feste Verbundenheit und Selbstständigkeit sowie auf eine eigene, nämlich männliche Erbfolge heftig entgegentrat. Der König wollte ein für alle Mal geregelt wissen, dass „die gleiche Erbfolge des Königsgesetzes im Herzogtum Schleswig in voller Kraft und Gültigkeit bestehe" und dass „Unsere unablässigen Bestrebungen auch fernerhin darauf gerichtet sein werden, die zur Zeit vorhandenen Hindernisse zu beseitigen und die vollständige Anerkennung der Integrität des dänischen Gesamt-Staats zuwege zu bringen, so dass die unter Unserm Zepter vereinigten Landesteile niemals voneinander getrennt werden."

Christian VIII. war nämlich wie sein Sohn und Nachfolger Frederik VII. kinderlos, es würde danach keinen männlichen Thronfolger aus dem Oldenburger Stamm geben. In Dänemark war die Thronfolge in männlicher und weiblicher Linie möglich. Der König wollte, dass das in allen Landesteilen gelten sollte, also ebenso in Schleswig und Holstein. In Holstein dagegen galt ausschließlich die männliche Thronfolge, und der Kandidat der männlichen Linie war der

Christian VIII. von Dänemark, Lithographie von Emil Bærentzen um 1845, Schleswig-Holsteinische Landesbibliothek

Herzog von Augustenburg, dessen Thronansprüche die nationaldeutsche Bewegung unterstützte und damit eine untrennbare Zusammengehörigkeit der Herzogtümer. Schleswig sollte deutsch bleiben und mit Holstein vereinigt. Die Vertragsformel von Ripen aus dem Jahr 1460 „Und so laven wi, dat Schleswig und de Holsten bliven up ewich tosamende ungedeelt" wurde zum Schlagwort „Up ewig ungedeelt". Sowohl die Thronfolge des von ihm ungeliebten Herzogs als auch die Aufnahme Schleswigs in den Deutschen Bund wollte der dänische König um jeden Preis verhindern. Entsprechende Bittschriften und Demonstrationen, die Verfassungsbeschwerde der Holsteiner beim Deutschen Bund und der Antrag der Schleswiger auf Aufnahme in den Deutschen Bund heizten den Konflikt weiter an. Die Schleswig-Holstein-Sache erfuhr in der gesamten deutschen Nationalbewegung eine starke Resonanz. Das Sängerfest in Schleswig 1844 und der erste deutsche Germanistentag 1846 in Lübeck standen ganz im Zeichen dieser Bewegung.

Sowohl Professoren, zum Beispiel Niemann, Pfaff, Falck oder Dahlmann, Hegewisch, Droysen und Waitz, als auch Studenten an der Christian-Albrechts-Universität, die zu einem geistigen Zentrum der Schleswig-Holsteinischen Bewegung wurde, vertraten und verbreiteten seit langem die liberalen und nationalen Gedanken. Sie alle arbeiteten an der Rechtfertigungslehre der schleswig-holsteinischen Selbstständigkeit gegenüber dem Königreich Dänemark. Nicht ohne Grund forderte Friedrich Dahlmann eine eigene freie Verfassung für Schleswig und Holstein gemeinsam, unabhängig von dem Königreich. Die Befürchtung war, dass bei einer mit Dänemark gemeinsamen Verfassung die Herzogtümer stets niedergestimmt würden.

Frederik VII. von Dänemark, Schleswig-Holsteinische Landesbibliothek

Nach dem Tod des dänischen Königs Christian VIII. am 20. Januar 1848 bestieg sein Sohn als Frederik VII. den Thron. Die eiderdänische Partei nutzte die Gunst der Stunde, um wieder die Forderung nach Einbeziehung Schleswigs in das dänische Reich mit großer Vehemenz zu erheben.

Die Folge waren die Schleswig-Holsteinische Erhebung, die Bildung einer provisorischen Regierung in Kiel und der Drei-Jahres-Krieg zwischen Dänemark und Schleswig-Holstein, den die Letzteren schließlich verloren. Nach dem Schleswig-Holsteinischen Krieg gegen Dänemark wurden im Londoner Vertrag von 1852 der Dänische Gesamtstaat bestätigt und damit die Herzogtümer wieder vollständig der dänischen Krone unterstellt. Die entscheidenden politischen Fragen wurden damit zwar keineswegs gelöst. Dänemark musste sich allerdings verpflichten, keine weiteren Schritte zur Eingliederung Schleswigs in Dänemark zu unternehmen. Diese Verpflichtung wurde später nicht eingehalten, so dass es zum Krieg von 1864 kam.

Dezember 1841

Am Wochenende vor Heiligabend stand ein Theaterbesuch auf dem Programm. In dem erst am 5. des Monats eingeweihten neuen Haus sollte der „Freischütz" von Carl Maria von Weber gegeben werden. Also machten sie sich auf in die Schuhmacherstraße. Eigentlich schade, dass die Straße so eng war, dass man die reich verzierte Fassade des Theaters gar nicht eingehend betrachten konnte. So betraten sie das Foyer und konnten wenigstens die angenehme Inneneinrichtung bewundern. Um zu ihren Plätzen zu gelangen, mussten sie die recht steilen Treppenaufgänge zu den Rängen emporsteigen. Sie hatten natürlich Plätze in der Galerie genommen, für die man nur vier Schillinge bezahlen musste. Von dort aus schauten sie auf den unter ihnen liegenden Saal hinunter, bei dem man an bauschenden Vorhängen, Fransen und Quasten nicht gespart hatte. Auch die festlichen Abendgarderoben der Damen waren bewundernswert. Sie entdeckten den Herzog von Glücksburg und die Herzogin Wilhelmine, die mit ihren Hofdamen in der Proszeniumsloge Platz genommen hatten. In den Logen daneben saßen Vertreter der Adelsfamilien und die Honoratioren der Stadt. Anwesend waren auch der Kieler Bürgermeister Schwen Hans Jensen sowie mehrere Professoren der Universität.

Als die Öllampen allmählich verloschen, spürte man, wie sich eine vor Spannung knisternde Atmosphäre auszubreiten begann. Endlich betrat der Dirigent das Podium vor seinem Orchester. Der aus Italien stammende Maestro hob mit einer theatralischen Geste den Taktstock.

Nachdem die Ouvertüre verklungen war, öffnete sich der Vorhang und gab den Blick frei auf den Platz vor einer Waldschenke, auf dem der Bauer Kilian von den Dorfbewohnern als Gewinner des Schützenfestes gefeiert und zugleich der Jägerbursche Max verspottet wurden, der bisher verlässlich gut getroffen hatte und ausgerechnet diesmal keinen erfolgreichen Schuss hatte abgeben können. Während Kilian sich großspurig inmitten der Volksmenge postierte, stand Max abseits, gänzlich entmutigt. Er hatte Angst zu versagen. Am Probeschuss hing viel, denn die versprochene Ehe mit seiner geliebten Agathe, der Tochter des Erbförsters, und die damit verknüpfte Erbförsterei wären für ihn dahin, wenn er das Ziel beim Probeschuss verfehlte. Seit Tagen schoss Max ständig dane-

ben. Da war es nicht verwunderlich, dass ihm die Idee mit der Zauberkugel, die todsicher traf, nicht aus dem Kopf ging.

Carl Maria von Webers „Freischütz", dessen Uraufführung in Berlin 1821 ein triumphaler Erfolg gewesen war, war die absolute Lieblingsoper vieler Kieler Kommilitonen. Sie wurde als „erste deutsche Nationaloper" gerühmt, die die Idee einer nationalen Einheit Deutschlands besonders eindrücklich verkörpere. Wenn schon keine einheitliche Nation, dann wenigstens eine einigende Kultur. Die jungen Leute gerieten ins Schwärmen, denn diese Oper treffe den Nerv der Zeit. Die Deutschen könnten darin zumindest musikalisch ihre nationale Identität empfinden. Vor allem die eingängigen und sangbaren Melodien hatten es ihnen angetan, besonders in den prächtigen Männerchören.

Die fantastische Waldkulisse wurde noch bedrohlicher in der zentralen Szene in der schaurigen Wolfsschlucht, in der das Geschehen sich in die unheimliche Sphäre des Dämonischen verwandelte, als der verzweifelte Jägerbursche Max sich in höchster Not den finsteren Mächten überließ und mit dem unheimlichen Samiel um Mitternacht die Freikugeln goss, mit deren Hilfe ihm der Probeschuss gelingen sollte. Dem Teufel war eine wahrhaft erschütternde Gestalt gegeben.

Er musste seinen Freunden Recht geben, die Atmosphäre der Oper, die von diesen monumentalen Landschaftsszenen geschaffen wurde, wurde in jeder Phase der Musik so genial eingefangen, dass die Oper trotz der eingefügten Dialoge wie aus einem musikalischen Guss erschien. Die Musik Webers gab dem ungeheuerlichen Geschehen um das Spiel des Menschen mit dem Verbotenen, mit dem Bösen eine kraftvolle, wuchtige Gestalt. Obendrein machte das musikalische Ensemble seine Sache gut. Der Maestro dirigierte das Opernorchester perfekt, der Chor zeigte die gewohnte Qualität und die prominenten Solisten agierten stimmlich und schauspielerisch überzeugend, das war der allgemeine Eindruck auf der Galerie. Viele Minuten dauerte der donnernde Schlussapplaus an und dankte damit dem Ensemble für eine zweifellos sehens- und hörenswerte Aufführung des „Freischütz".

Kein Wunder also, dass ihnen allen der „Jungfernkranz" und der „Jägerchor" tagelang nicht mehr aus den Ohren gingen.

Theater

Theaterbesuche gehörten im Biedermeier zu den großen künstlerischen und gesellschaftlichen Ereignissen. Oft ging man gar nicht ins Theater, um ein bestimmtes Stück zu sehen, sondern um die mehr oder weniger berühmten Schauspielerinnen und Schauspieler, für die man schwärmte, zu bewundern. Die Stadt Kiel überließ den Theaterbetrieb privaten Initiativen.

Seit dem 17. Jahrhundert wurde in Kiel Theater gespielt, regelmäßig während des Kieler Umschlags im Januar und oft durch fahrende Schauspieltruppen, meist Gaukler und Possenreißer, die aus allen Regionen Deutschlands, häufig auch aus England, Holland und Dänemark anreisten. Während der Zeit außerhalb des Umschlags rentierte sich zunächst ein festes Theater nicht. Schließlich stellte der Herzog 1671 das Ballhaus in der Schuhmacherstraße für die Einrichtung eines ersten richtigen Theaters zur Verfügung. Dieses Gebäude, ursprünglich ein Ort für das Ballschlagen, eine akademische Leibesübung nach französischem Vorbild, wurde zu einem „Opern- und Comödienhaus“ umgebaut. Da dieses Theatergebäude im Laufe der Zeit baufällig wurde, trat 1841 ein Neubau mit einer reich verzierten Fassade an die gleiche Stelle. Neben anderen kleineren Theaterstätten Kiels war das Stadttheater unter der Leitung des äußerst originellen Theatergrafen Fritz Hahn

„Das Tivoli-Theater in Düsternbrook“, Kreidelithographie von Friedrich Wilhelm Saxesen um 1845, Schleswig-Holsteinische Landesbibliothek

die anspruchsvolle Bühne für Opern, Operetten und Schauspiele. Am 5. Dezember 1841 wurde das neue Haus mit Eugène Scribes Lustspiel „Das Glas Wasser“ eröffnet. Zum ersten Mal gab es in Kiel ein festes Ensemble. Garderobe und Foyer boten eine angenehme innere Einrichtung. Der große hufeisenförmige Theaterinnenraum, bei dem man an bauschenden Vorhängen, Fransen und Quasten nicht gespart hatte, bot 600 Zuschauern Platz und war von ansehnlicher Höhe. Öllampen beleuchteten den großen Saal. Über dem Parterre erhoben sich ohne Stützen zwei freihängende Ränge mit Logen, darüber gab es noch eine Galerie. Zu den Rängen musste man recht steile Treppenaufgänge emporsteigen. Hinter dem Parkett befand sich unter der Decke des ersten Ranges noch das so genannte „Trampelparterre“, wo man stehend dem Bühnengeschehen zuschauen konnte.

In der Mitte des ersten Ranges befand sich die Proszeniumsloge für den Herzog von Glücksburg und die Herzogin Wilhelmine mit ihren Hofdamen. Zu den regelmäßigen Besuchern des Theaters gehörten die ansässigen Adelsfamilien, der Kieler Bürgermeister sowie die Professoren der Universität. Oben auf der Galerie, wo man für nur vier Schillinge einen Platz bekommen konnte, saßen die einfacheren Bürger, Dienstmädchen, Studenten.

Die privaten Unternehmer dieses neuen Stadttheaters, der Geschäftsmann Muhl und der Malermeister Schunk, übernahmen nach dem Fortgang Hahns selbst das Theater und eröffneten wegen des großen Erfolgs 1845 außerdem ein Sommertheater,

„Tivoli“, Ausschnitt aus: „Kiel von Ellerbek“, Lithographische Anstalt von W. Loeillot Berlin, Schleswig-Holsteinische Landesbibliothek

das Tivoli, ein Freilufttheater unterhalb des Hohenbergs im Düsternbrooker Holz. Vorbild für diese Anlage mit Gaststätte und angeschlossenem Vergnügungspark war das Tivoli, das zwei Jahre zuvor in Kopenhagen seine Tore geöffnet hatte. Schauspieler des Stadttheaters führten hier in den Sommermonaten Komödien auf. Etwa 1859 wurde das Tivoli überdacht. 1870 brannte das Theater ab und wurde nicht wiederaufgebaut.

1847 trennten sich die Wege der beiden Theaterbesitzer, Muhl übernahm das Tivoli, Schunk führte das Stadttheater weiter, aber schon 1854 musste die Witwe Schunks Konkurs für das Haus in der Schuhmacherstraße anmelden. Das Theater wurde geschlossen. Erst 1857 leitete der Hamburger Opernkapellmeister Friedrich Witt mit seiner Opern- und Schauspielgesellschaft die Wiedereröffnung des Kielers Theaters ein. Am 1. Oktober öffnete das Theater mit der Oper „Martha" seine Pforten. Zusammen mit seiner Frau Josephine Schütz-Witt, einer erstklassigen Sängerin, führte Witt das Kieler Haus in eine glänzende Zukunft.

Februar 1842

Eine gewichtige Stimme erhob gleichfalls Georg Waitz, wie er fand. Auch dessen Vorlesungen besuchte er ja seit einiger Zeit. Die Berufung dieses Gelehrten, eines in Flensburg gebürtigen Schleswigers, an die Kieler Universität stellte seiner Meinung nach auch einen nicht unerheblichen Gewinn für die Schleswig-Holsteinische Bewegung dar. Waitz war auch Sekretär bei der 1833 gegründeten Gesellschaft für Schleswig-Holsteinische Geschichte, deren Veranstaltungen Mommsen und er häufiger besuchten. Diese Abende fanden in dem Haus Meyer Isaak Schiffs statt. Der Obergerichtsadvokat Schiff, geboren 1783 in Altona, gefragter juristischer Ratgeber der Gutsbesitzer, war Mitbegründer der Gesellschaft. Trotz der Anfeindungen wegen seiner jüdischen Abstammung hatte er Karriere gemacht und war in der ganzen Stadt sehr anerkannt, nicht zuletzt, weil er beträchtliche Teile seines Vermögens an Bedürftige spendete. Schiff, einer der vermögendsten Männer der Stadt, besaß mehrere Häuser in Kiel, unter anderem das geräumige Gebäude auf dem weitläufigen Grundstück gegenüber dem Schloss an der Ecke Schlossstraße und Kattenstraße, in dem die Gesellschaft auch gegründet worden war.

Jüdische Gemeinde

Die ersten jüdischen Mitbürger Kiels werden gegen Ende des 17. Jahrhunderts erwähnt. Es handelte sich um die Handel treibenden so genannten „Hofjuden", die unter dem besonderen Schutz des dänischen Königs Christian VII. standen und für ihn die Geldgeschäfte regelten. Im 19. Jahrhundert wuchs die jüdische Gemeinde an. Zunächst war für diese Gemeinschaft 1782 ein erstes jüdisches Bethaus im ehemaligen Kaffeehaus der Universität in der Kehdenstraße 12 eingerichtet worden. Hinter der hoch aufragenden gotischen Fassade des ersten Stockwerks lag der große Betsaal. Im Erdgeschoss dieses Hauses aus dem 16. Jahrhundert lebte die Familie des Kultusbeamten, dem wie allen Juden der Erwerb von Grundbesitz, das Betreiben von Landwirtschaft oder eines Zunfthandwerks verwehrt war, der seine Familie durch einen Kleinhandel ernährte und feiertags unentgeltlich die Funktion des Kultusbeamten wahrnahm, denn einen hauptamtlichen Rabbiner hatte die kleine Kieler Gemeinde aus 62 Gläubigen nicht.

„Kehdenstraße 12", Zeichnung von Carl Rahn, Schleswig-Holsteinische Landesbibliothek

Ab 1852 konnten die jüdischen Bürger Kiels ihre Verstorbenen auf einem eigenen Friedhof in der Michelsenstraße beisetzen, zuvor war das nur in Rendsburg möglich, einer so genannten „Toleranzstadt", in der die jüdischen Bewohner unter besonderem rechtlichen Schutz als Minderheit leben konnten. 1854 wurde im Herzogtum Schleswig endlich die bürgerliche Gleichstellung der Juden vollzogen, 1863 zog das Herzogtum Holstein nach.

1869 konnte in der Haßstraße die erste richtige Synagoge bezogen werden, ein dreistöckiges Backsteinhaus mit einem Betsaal für 85 Männer und einer Frauenempore. Doch auch diese Stätte wurde schließlich aufgrund der auf über 400 Menschen angewachsenen Gemeinde zu klein. Am 2. Januar 1910 wurde deshalb eine große Synagoge am Schrevenpark an der Ecke Goethestraße/Humboldtstraße in Anwesenheit des Kieler Oberbürgermeisters Paul Fuß und des Oberrabbiners aus Wandsbek feierlich eingeweiht, ein prächtiger Zentralbau mit einer imposanten Kuppel, der mehr als 400 Menschen Platz bot.

Mai 1842

Beunruhigende, geradezu alarmierende Nachrichten aus Hamburg. Die ganze Stadt brannte. Wenn nun Bertha etwas zugestoßen wäre.

Die schlimmen Meldungen über die Katastrophe hatten sich rasant verbreitet und auch Kiel erreicht. Am 5. Mai war nachts in einem Speicher in der Hamburger Deichstraße ein Feuer ausgebrochen. Obwohl die Feuerwehr schnell vor Ort gewesen war, hatten die Flammen in rasender Geschwindigkeit um sich gegriffen. Vor allem die vielen Fachwerkhäuser hatten offenbar sofort wie Zunder gebrannt. Durch einen heftigen Wind hatte sich das Feuer in der eng bebauten Altstadt schnell ausgebreitet. Vier Tage lang hatte die Feuersbrunst in der alten Hansestadt gewütet. Insgesamt war mindestens ein Viertel der ganzen Stadt niedergebrannt. Mehr als 4.000 Wohnungen und Speicher waren vernichtet, so dass fast 20.000 Menschen, ein Zehntel aller Hamburger, obdachlos geworden waren. Mehr als 50 Menschen waren ums Leben gekommen.

Er musste sich schnellstens vergewissern, dass Bertha nichts geschehen war. Ein Brief an Friederike Scherff würde Aufklärung herbeiführen. Erst zu Ostern hatte er Bertha zuletzt gesehen. Er hatte die Katharinenkirche besucht und sie während des Gottesdienstes unbemerkt beobachten können.

Glücklicherweise antwortete Friederike Scherff umgehend. Da die Post von Altona bis Kiel auf der neuen Chaussee nur so wenige Stunden benötigte, hatte er schon am nächsten Tag die ersehnte Antwort. Bertha ging es gut. Sie war von der Katastrophe nicht direkt betroffen. Welch ein Segen.

Chaussee

Bis weit ins 19. Jahrhundert war das Reisen kein großes Vergnügen. Zweimal wöchentlich verkehrte eine Postkutsche zwischen Kiel und Altona. Die Fahrt führte über Preetz, Plön, Segeberg, Oldesloe, Ahrensburg und Wandsbek und überwand eine Entfernung von zwölfeinviertel dänischen Meilen, etwa 93 Kilometer, für die damaligen technischen Möglichkeiten eine gewaltige Entfernung. Die Wagen waren unbequem, ungefedert und meist offen, so genannte Stuhlwagen. Wenn man morgens um sechs Uhr aus Kiel aufbrach, erreichte man Altona erst nachts um 23 Uhr, war mithin etwa 17 Stunden unterwegs. Das lag besonders an dem miserablen Zustand der unbefestigten Straßen, die lediglich mit Sand bedeckt waren, viele Löcher aufwiesen und sich nach heftigen Regenfällen in Schlammgassen verwandelten, so dass der Verkehr oft vollständig zum Erliegen kam. Die Höchstgeschwindigkeit der Wagen war deshalb maximal eine Dreiviertel Meile in der Stunde. Unfälle und Wagenradbrüche waren an der Tagesordnung. Anekdoten erzählten, dass das ständige Gerüttel die Zähne der Fahrgäste so gelockert habe, dass sie fortan keine festen Speisen mehr zu sich nehmen konnten. Außerdem habe das beständige Stoßen, Rütteln und Gegeneinanderschleudern der Insassen oft zu Rippenbrüchen geführt.

Die Reisebedingungen änderten sich erst, als der dänische König Frederik VI., der zugleich Herzog von Schleswig-Holstein war, in den Jahren 1830 bis 1832 eine 91 km lange zweispurige, alleeartig von Linden gesäumte Chaussee bauen ließ. Die Fahrten wurden nun bequemer und sicherer, vor allem auch schneller, denn die Fahrt dauerte nur noch neun Stunden von Kiel über Neumünster, Bramstedt und Quickborn bis in das damals dänisch-holsteinische Altona. Bis 1874 wurde an mehreren Schlagbäu-

„Anfangspunkt der Chaussee von Kiel nach Altona“, Lithographie von Otto Speckter 1834, Schleswig-Holsteinische Landesbibliothek

„Blick auf Kiel und die Förde vom Ostufer", Öl von Johann Heinrich Hintze um 1830/40, Schleswig-Holsteinische Landesbibliothek

men ein Chausseegeld erhoben, je einen Schilling für einen Reiter, ein Pferd oder einen Reisewagen, zwei Schillinge für ein schweres Fuhrwerk. 1841 erwirtschaftete man damit immerhin 39.000 Reichstaler, während die Verwaltung lediglich 8.230 Reichstaler kostete.

Die neue Chaussee war eine nach neuesten Erkenntnissen gebaute Kunststraße mit einem wasserundurchlässigen und durch das ständige Befahren fortlaufend dichter werdenden Schotterbelag. Dafür wurden Feldsteine zerkleinert und in nach Größen sortierten Schichten auf das vorbereitete Straßenbett gebracht und glatt geharkt. Die Chaussee glich einem in der Mitte leicht gewölbten und an beiden Seiten von Gräben begrenzten Damm. Diese Kunststraßen bezeichnete man nach dem Erfinder dieser Straßenbaumethode, einem schottischen Ingenieur namens MacAdam, als „makadamisiert".

Etwa einen Meter hohe Meilensteine aus Granit gaben am Straßenrand die Entfernung nach Altona bzw. nach Kiel in Meilen an, immer versehen mit den Initialen des dänischen Königs (FR - Fridericus Rex), mit Krone und Jahreszahl der Fertigstellung. Die Chaussee begann in Kiel mit dem Sandstein-Obelisken (heute Ecke Hamburger Chaussee - Alte Lübecker Chaussee), der die Entfernung bis Altona mit 12 ¼ Meilen angibt. Im oberen Quader befindet sich das Königsinitial FR VI mit Krone aus Schmiedeeisen. Die lateinische Inschrift darunter lautet: FRIDERICUS VI HANC VIAM STERNENDAM CURAVIT MDCCCXXX (Friedrich VI. ließ diese Straße im Jahr 1830 pflastern.).

Der Erfolg des Chausseebaus ließ sich an den gestiegenen Einnahmen aus den Chausseegeldern für die Benutzung ablesen. Betrugen die Einnahmen im ersten Jahr der Inbetriebnahme 1833 noch 20.000 Reichsbanktaler, stiegen sie im Jahr 1841 auf 39.000 Reichsbanktaler. Nach der Eröffnung der Chaussee am 1. Januar 1832 nahm auch der Fährverkehr von Kiel nach Kopenhagen immer mehr zu. Zweimal in der Woche legten Dampfschiffe wie die „Caledonia“, die „Löven“ oder die „Frederik VI.“ in Richtung Kopenhagen ab. Durch die Chaussee nach Altona, durch die Dampfschifffahrt, durch den Ausbau des Hafens, später auch durch die Eisenbahnverbindung nach Altona und damit zur Nordsee erlebte Kiel einen beachtlichen wirtschaftlichen Aufschwung. Aufgrund der hervorragenden Anbindung Kiels an Nordsee und Ostsee bot der Kieler Hafen den Kaufleuten unermessliche Handelsmöglichkeiten. Der Chausseebau kann also als Meilenstein in der Verkehrsgeschichte der Stadt Kiel und Schleswig-Holsteins gelten.

2. August 1842

Ludwig Uhland in Kiel! Welch ein Ereignis! Diese literarische Größe in seiner Stadt! Ludwig Uhland wurde nicht nur von ihm, sondern von vielen Studenten der Christian-Albrechts-Universität aufs höchste verehrt. Im großen Hörsaal würde er einen Vortrag halten. Der Dichter musste aber darüber hinaus eine besondere Ehrung erfahren. Dieser Meinung war nicht nur er. Während die Holsatia aber eine Beteiligung daran ziemlich schroff ablehnte, sprachen sich die führenden Köpfe der Albertina dafür aus, wie er von Mommsen erfuhr. Man war übereingekommen, Uhland zu Ehren nach seinem Vortrag einen Fackelzug durch die Stadt abzuhalten, dessen Führung die Albertina übernahm. Für ihn eine Selbstverständlichkeit, dass er daran teilnahm. Das waren erhebende Momente, sowohl der Vortrag als auch der Fackelzug.

„Der Strand von Ellerbek", Öl von Adolph Lohse 1862, Schleswig-Holsteinische Landesbibliothek

Uhland zeigte sich äußerst zufrieden mit seinem Besuch in Kiel und lobte die Stadt, die Umgebung und das herrliche Augustwetter. Nach seiner Abreise blieb es warm und trocken, so dass ein Ausflug geplant werden konnte. Dieses Mal war das Ziel Neumühlen. Für die Überfahrt hatte er ein Schiff bestellt, das ihn und seine Freunde an das gegenüberliegende Ufer bringen sollte. Das Dorf mit einer wunderschönen alten Wassermühle lag an der Schwentine, die sie entlang wandern wollten. Das Ufer des Flüsschens war von ansehnlichen Höhen gesäumt und bot idyllische Plätze zum Ruhen. Es war himmlisch, bei geschlossenen Augen dem Geräusch des fallenden Wassers und dem Geklapper der Mühle zu lauschen. Er konnte durchaus nachvollziehen, warum es Leute gab, die diese Gegend mit einem schweizerischen Tal verglichen. Über hoch liegende Wiesen und Kornfelder gelangten sie zu der steinernen Brücke zurück, die den Weg über die Schwentine ins Fischerdorf Ellerbek ermöglichte. Von dort setzten sie wieder mit dem Boot über die Förde über.

Literatur

Die Karlsbader Beschlüsse 1819 brachten vor allem das Verbot der Burschenschaften und eine strenge literarische Zensur mit sich. Viele Schriftsteller reagierten darauf mit Werken, die sich unter einer nur scheinbar harmlosen Oberfläche mit der politischen und gesellschaftlichen Realität auseinandersetzten.

Als wichtigster Vertreter des literarischen Biedermeiers kann wohl Eduard Mörike gelten, der mit Novellen wie „Mozart auf der Reise nach Prag" und „Maler Nolten" zwar oberflächlich betrachtet belanglose Inhalte anbot, aber trotzdem dabei die geistigen Strömungen seiner Zeit ironisch kommentierte. Annette von Droste-Hülshoff setzte sich in ihrer Erzählung „Die Judenbuche. Ein Sittengemälde aus dem gebirgichten Westfalen" mit dem aufkommenden Judenhass auseinander.

Bei alldem war die Literatur der Biedermeierzeit eigentlich wenig charakteristisch, wurde vielmehr überlagert von ganz unterschiedlichen Strömungen. Goethe, der Vertreter der Klassik, starb 1832. Neben der Klassischen Literatur entwickelten sich die Romantische und der Vormärz. Die bekanntesten Dramatiker der Epoche waren Christian Dietrich Grabbe sowie die Österreicher Johann Nestroy, Franz Grillparzer und Ferdinand Raimund. Bekannte Dichter waren Heinrich Heine, E.T.A. Hoffmann, Joseph von Eichendorff, Adalbert Stifter, Jeremias Gotthelf, Ludwig Uhland.

Ludwig Uhland (1787–1862), der sich durch seine Balladen und volkstümlichen Lieder großer Verehrung erfreuen konnte, unternahm alljährlich Studienreisen durch Deutschland zur Vervollständigung seiner Volksliedsammlung und im Rahmen seiner Forschung zu nordischen Sagen. Vom 2. bis 4. August 1842 besuchte er mit seiner Frau Emilie auch Kiel. Er war von Tübingen über Hamburg nach Kiel gereist, um mit dem Schiff nach Kopenhagen überzusetzen. Im vom Brand im Mai 1842 erheblich zerstörten Hamburg hatte er sich mit seinem jungen Dichterkollegen Friedlich Hebbel getroffen. In Kiel rief sein Besuch hellste Aufregung hervor. Man wollte dem großen Dichter die tiefste Verehrung erweisen. Wie mit dem Wirt des Gasthofs „Stadt Lübeck" verabredet, überraschte eine Abordnung der Professoren und der Kieler Bürger den Gast am Morgen und entführte ihn und seine Frau auf ein Ruderboot im direkt vor der Hoteltür gelegenen Bootshafen, um ihn über den Hafen zur Düsternbrooker Seebadeanstalt zu bringen, wo ein Festessen stattfinden sollte. Uhland hatte zuvor noch nie das Meer gesehen und war entsprechend erfreut. Von unzähligen Booten auf der Förde aus winkten die Kielerinnen und Kieler dem Dichter zu, der offenbar sehr gerührt über dieses herzliche Willkommen war. In den Trinksprüchen beim Festessen kam immer wieder der Wunsch nach einem geeinten Deutschland unter Einschluss von Schleswig und Holstein zum Ausdruck, weil man sich mit dem Gast in dieser politischen Haltung einig wusste. Den Abend verbrachte Uhland im Haus seines Freundes Franz Hegewisch. Bis Mitternacht zogen die Studenten an dem Gasthof vorbei, um Uhland ein dreifaches Hoch auszubringen. Am nächsten Morgen reiste Uhland in Richtung Kopenhagen ab.

Einem der größten deutschen Dichter widmete die Stadt Kiel am 9. und 10. November 1859 eine beachtliche Feier, der 1805 verstorbene Friedrich Schiller hatte 100. Geburtstag. Aus diesem Anlass gab es öffentliche Feiern an allen Kieler Schulen. Im Rahmen eines Festumzugs, an dem unzählige Kieler teilnahmen, wurde auf dem Marktplatz eine Schillerstatue von Engelbert Peiffer enthüllt. In der Aula der Universität wurden Festreden gehalten. Im Theater gab es eine Festvorstellung mit lebenden Bildern aus Schillers Werken, zum Beispiel aus dem „Lied von der Glocke", und mit einer Aufführung des Dramas „Wallensteins Lager". In der „Harmonie" fand ein Festessen statt.

Mit Kiel verbunden war auch der dänische Dichter Jens Immanuel Baggesen (1764–1826), der 1764 in Korsør das Licht der Welt erblickt hatte. Gefördert durch Stipendien konnte der aus ärmlichen Verhältnissen Stammende in Kopenhagen und Göttingen studieren. Seine Gedichte, Verserzählungen und Erzählungen veröffentlichte er teils auf Dänisch, teils auf Deutsch. In seinem bekanntesten Werk, der Reiseerzählung „Das Labyrinth", beschrieb er seine Reise von Kopenhagen nach Basel im Jahr der Französischen Revolution 1789. Dabei

Schiller-Denkmal an der Westecke des Marktes, Foto von H. Schwieger, Schleswig-Holsteinische Landesbibliothek

war auch Kiel eine seiner Stationen. In der Fördestadt hielt sich Baggesen mehrfach auf. Von 1811 bis 1813 nahm er eine Professur für dänische Sprache und Literatur an der Christian-Albrechts-Universität wahr. Oft besuchte er die Güter seiner adeligen Gönner in Süddänemark und Holstein. Baggesens erste Frau Sophie von Haller starb nach erst siebenjähriger Ehe 1797 in Kiel. Nach dem Tod seiner zweiten Ehefrau und beruflichen Rückschlägen verfiel Baggesen in schwere Depressionen und machte sich rastlos wieder auf die Reise durch Deutschland und Frankreich. Auf der Heimreise starb der Dichter am 3. Oktober 1826 in Hamburg. Es lag nahe, ihn neben seiner ersten Frau in Kiel beizusetzen. Mit seinem zweisprachigen Werk trat Baggesen ein für das friedvolle Miteinander und den kulturellen Austausch zwischen Deutschland und Dänemark.

Grabmal Jens Baggesens, Friedhof Eichhof, Foto Wenners

Ein weiterer dänischer Dichter war eng mit Kiel verbunden. Auf seinen zahlreichen Reisen bildete stets das Schuhmachertor das Tor zur weiten Welt. In Kiel machte Hans Christian Andersen (1805–1875) mehrfach Station. Er logierte dann meist im Hotel Kopenhagen in der Schuhmacherstraße. So auch 1840 am Beginn einer großen Reise, die ihn Ende 1841 wieder nach Kiel führte. Nach 1844 nutzte Andersen dann auch die Reiseverbindung mit dem Dampfschiff von Kopenhagen nach Kiel, weiter mit der Eisenbahn von Kiel bis Altona und von dort aus in die weiteren Teile Deutschlands. In eine arme Familie in Odense geboren, war es Andersen durch sehr einflussreiche Förderer möglich gewesen, die Lateinschule und anschließend die Universität in Kopenhagen zu besuchen. Andersen verfasste einige Romane, bevor er schließlich mit seinen Märchen weltberühmt wurde. Seine mehr als dreißig großen Reisen führten ihn durch ganz Deutschland und in mehrere europäische Länder, und stets über Kiel.

In Kiel geboren wurde August Daniel von Binzer (1793–1868). Er studierte an den Universitäten Kiel und Jena und war Mitglied der Kieler Burschenschaft Teutonia und der Urburschenschaft in Jena. 1817 wurde er Gründer der burschenschaftlichen Bewegung in Kiel und nahm am Wartburgfest teil. Einen gewissen Bekanntheitsgrad erlangte er durch seine zwei Lieder „Stoßt an!" (1817) und „Wir hatten gebauet ein stattliches Haus" (1819), in dem zum ersten Mal die drei Farben der Burschenschaft schwarz-rot-gold erwähnt wurden. Binzer lebte als Journalist in verschiedenen Städten, bevor er in Neisse/Schlesien starb.

Wilhelm Jensen (1837–1911) war ein uneheliches Kind des Kieler Bürgermeisters Schwen Hans Jensen. Mit drei Jahren wurde er von Pauline Moldenhawer adoptiert. Bis zum 18. Lebensjahr besuchte er die Gelehrtenschule in Kiel, bevor er im letzten Schuljahr auf das Katharineum in Lübeck wechselte. Er studierte zunächst Medizin und dann Philosophie und Literatur in Kiel, Würzburg und Breslau. Er arbeitete dann als Journalist an verschiedenen Zeitungen und als Schriftsteller in Stuttgart, Flensburg, Kiel, Freiburg und München.

Der ebenfalls in Kiel gebürtige Detlev von Liliencron (1844–1909), Spross einer dänischen Adelsfamilie, besuchte als Jugendlicher die Kieler Gelehrtenschule, brach diese humanistische Ausbildung allerdings ab, um nach dem Realschulabschluss in Erfurt die Berliner Kadettenschule zu absolvieren. In der preußischen Armee machte er dann Karriere. Aus Anlass von Glücksspielschulden musste er 1875 den Militärdienst verlassen.

Eng mit Kiel verbunden war Klaus Groth (1819–1899), der wohl berühmteste niederdeutsche Lyriker und Schriftsteller. Seine Gedichtsammlung „Quickborn" begründete die neue niederdeutsche Literatur. In Heide als Müllerssohn geboren, wurde Groth die niederdeutsche Sprache praktisch in die Wiege gelegt. Nach seiner Ausbildung zum Lehrer am Lehrerseminar in Tondern war er zunächst an der Mädchenschule in Heide tätig. Aus gesundheitlichen Gründen zog er 1847 für einige Jahre nach Fehmarn. Seine 1852 erschienene Gedichtsammlung „Quickborn" mit dem Untertitel „Volksleben in plattdeutschen Gedichten in Dithmarscher Mundart" machte ihn mit einem Schlag berühmt. 1853 wurde er von Karl Müllenhoff in Kiel aufgenommen, der an der Universität deutsche Sprache und Literatur lehrte. Mit ihm erarbeitete er eine niederdeutsche Grammatik und Orthographie sowie eine neue Auflage seines „Quickborn". Klaus Groth habilitierte sich an der Christian-Albrechts-Universität, aber erst 1866 wurde er zum Professor ernannt.

Ende August 1842

Das Wetter hielt. Die letzten Augusttage brachten sogar noch einmal große Hitze. So entschlossen sie sich, die immer wieder verschobene Fahrt zum Kanal anzutreten. Der Korb für die Rast war rasch gepackt, und los ging es mit dem Schiff in den Norden der Stadt. Ein beeindruckendes Schauspiel bot ihnen die Durchfahrt durch die schön gebaute Holtenauer Schleuse, die den Eingang zum 1784 fertiggestellten Kanal darstellte. Die beiden Hälften der Brücke konnten von einem einzigen Menschen auseinandergezogen werden. Die Ufer des Kanals, den sie nun durchfuhren, waren mit dichten Wäldern bedeckt. An der zweiten Schleuse bei Knoop stiegen sie aus und stärkten sich in dem dort gelegenen Wirtshaus, das der Schleusenwärter betrieb, mit einem Schinkenbrot. Der Anblick des so perfekt proportionierten Herrenhauses des Grafen Baudissin und des schönen Gartens darum herum begeisterte sie alle sehr. Sie ruhten noch ein wenig am Ufer des Kanals und sahen etliche Schiffe an sich vorbeifahren. Zu Fuß ging es nun am Kanal entlang bis Holtenau mit seinem imposanten königlichen Packhaus, wo sie wieder das Schiff bestiegen, um in den Hafen zurückzukehren.

Eiderkanal

Der Traum von einer Verbindung zwischen Nord- und Ostsee war alt. Nach Schaffung des Dänischen Gesamtstaates 1773 wurden die Pläne in Kopenhagen konkretisiert. Eigentlich wünschte man sich eine Anbindung an die Elbe und damit an das gesamte Deutschland. Aber aufgrund von notwendigen Zugeständnissen an das finanziell und auch technisch Leistbare entschied man sich in der Kopenhagener Kanalkommission für eine andere Trasse über den schleswig-holsteinischen Landrücken. Der nun entstehende Kanal stellte unter Ausnutzung des Verlaufs der Untereider eine Verbindung zwischen der Kieler Förde und dem Mittelauf der Eider her. Der 1784 eröffnete Schleswig-Holsteinische Kanal, ab 1853 aus politischen Gründen nur noch „Eiderkanal“, wurde als technische Sensation gefeiert. Er war 34 km lang und 3,45 m tief. Die Wasserspiegelbreite maß 31 m, die Sohlenbreite 17 m.

Sechs Schleusen waren zur Überwindung der Höhenunterschiede notwendig. Treidelwege, Pferdestationen und Packhäusern

Oben: „Die Einfahrt des Kanals bei Holtenau", Kreidelithographie von Ferdinand Thöming 1822, unten: „Die Schleuse von dem Canal zu Knoop, in der Nähe von Kiel", handkolorierte Radierung von Carl Daniel Voigts 1805, Schleswig-Holsteinische Landesbibliothek

„Ansicht von Knoop am Schleswig-Holsteinischen Kanal", aquarellierte Umrisszeichnung von Johann Ludwig Christian Hansen um 1825–30, Schleswig-Holsteinische Landesbibliothek

wurden in Tönning, Rendsburg und Holtenau eingerichtet. Die Nutzung des Kanals für den Transitverkehr erwies sich als äußerst erfolgreich. Doch schon im frühen 19. Jahrhundert zeigte sich, dass die Schifffahrtsstraße nicht mehr den gestiegenen Anforderungen des modernen Schifffahrtsverkehrs genügte. Für die Kieler Bürger aber blieb der Eiderkanal ein beliebtes Ausflugsziel. Der Schleusenwärter in Knoop unterhielt nebenbei eine lukrative Gastwirtschaft. Ein Besuch des sehenswerten Gutshofs Knoop und seines schönen Gartens lohnte sich.

Oktober 1842

Die Freunde waren wirklich rührend. Das musste er sagen. Sie versuchten unermüdlich, ihn von seinen Gedanken an Bertha abzubringen. Sie regten lange Spaziergänge im herbstlichen Düsternbrooker Gehölz an, sie entführten ihn in die „Harmonie" zum Billard- oder Kartenspiel, sie schlugen Theaterbesuche vor. Sogar vor einem gemeinsamen Küchenabenteuer scheuten sie nicht zurück. Von der Bäckersfrau Andersen hatten sie die Erlaubnis erwirkt, deren Küche nutzen zu dürfen. Natürlich unter der strengsten Auflage, alles sauber und aufgeräumt zu hinterlassen. Sie hatten Kartoffeln, Karotten und kleine Steckrüben besorgt, alle Zutaten bereitgelegt und sogar an die Kochwürste gedacht. Natürlich war es wirklich sehr lustig, gemeinsam die Vorbereitungsarbeiten zu bewältigen. Ungeübt, wie sie allesamt waren, gab es manche Pannen und entsprechend etwas zu lachen. Schließlich wurde alles doch noch fertig, und wider Erwarten schmeckte das Rübenmus tadellos.

Doch alle Ablenkungen durch die fröhlichen Unternehmungen mit Theodor und Tycho und den anderen Freunden nützten ihm nichts. Er konnte nicht anders, er musste ihr noch einmal schreiben und sie anbetteln, ihn zu heiraten. Bertha musste ihn schließlich doch erhören. Anderes war gar nicht möglich. Jetzt war sie auch bereits sechzehn Jahre alt, letztlich fast alt genug. Er würde ihr jetzt ganz offiziell einen Heiratsantrag machen. Ernähren könnte er sie, nach seinem Examen. Das müsste auch Therese Rowohl einsehen und endlich zustimmen.

Die Antwort der Angebeteten ließ nicht sehr lange auf sich warten. Zitternd vor Aufregung öffnete er den Brief. Bertha schrieb: „Das Wort zu sprechen, was Du von mir erwartest, ist wahrlich nicht so leicht für mich, als Du zu glauben scheinst. Und wenn Du es recht erwägen willst, so wirst Du mir recht geben, daß ich noch viel zu jung bin, um mit Ernst einen solchen Gedanken in mir aufzunehmen, wie vielmehr einen Schritt zu tun, an dem mein ganzes Leben hängt."

Also wies Bertha von Buchan seinen Heiratsantrag tatsächlich zurück. Das war doch gar nicht möglich. Er war völlig am Boden zerstört. Er meinte, in einen Abgrund zu stürzen. Das Ende. Er blieb tagelang im Bett. Hatte er nicht sogar Fieber? Wie sollte es für ihn nun weitergehen? Aber er würde nicht aufgeben. Er würde auf sie warten, bis sie schließlich doch einwilligte. Mit diesem festen Vor-

satz verließ er Bett und Stube. Orientierungslos lief er durch die Gassen. Der Herbstwind schlug ihm entgegen. Aber was machte ihm das?

Am 17. des Monats war das juristische Staatsexamen angesetzt. Und das sollte er jetzt in dieser Verfassung angehen und sogar bestehen? Kaum möglich. Aber es half nichts. Er musste es versuchen, schon wegen seines Vorhabens, Bertha vielleicht eines Tages doch eine gute Perspektive für ein gemeinsames Leben zu geben. Außerdem waren da auch noch die Erwartungen in Husum. Also guten Mutes. Die Woche vor dem Examen verließ er das Haus kaum noch. Den Kopf steckte er tief in die Bücher. Und das mit Erfolg. An drei aufeinander folgenden Tagen mussten etliche Rechtsfälle schriftlich, zum Teil auf Lateinisch, bearbeitet werden. Beim anschließenden mündlichen Examen wurden innerhalb von zwei Tagen alle juristischen Zweige abgeprüft. Aber es waren auch Fragen zu Geschichte und Philosophie dabei. Das lag aber nun alles hinter ihm. Die Prüfung war bestanden, und eigentlich sogar recht ordentlich, immerhin mit der Note „Zweiter Charakter“.

Küche

In den hinteren Seitenflügeln der bürgerlichen Häuser Kiels lagen die Küche sowie die weiteren Vorrats- und Wirtschaftsräume. Die Schlafkammern der Küchenbediensteten waren häufig in den ziemlich niedrigen Zwischengeschossen untergebracht, die über dem Küchentrakt eingezogen waren.

Die Küche war oft ein Raum, der weit von den Wohnräumen entfernt lag, so dass störende Geräusche und Gerüche im Hause praktisch nicht wahrnehmbar waren. Sie war meist von der Diele wie vom Hof aus zugänglich, dadurch angenehm hell und gut zu belüften. Neben der Küche lagen die Speisekammern, voll mit großen Vorratsgefäßen wie Truhen, Körben, Fässern und Krügen, und weitere Lagerräume, in denen unter anderem Brennmaterial untergebracht war. Zentrum der Küche war der imponierende Feuerherd, der unter einem hohen Abzug fest eingebaut war, zum Beispiel ein ganz moderner „Oberlin Stove“ aus Amerika, ein ziemlich aufwändiger Herd mit fünf Kochlöchern, einem eingebauten Bratofen, einem Dörrofen und einem eingelassenen „Wasserschiffchen“, einem Metallgefäß zur Erwärmung des Wassers durch die Hitze des Ofenfeuers. Die Kochstellen konnte man durch eiserne Ringe in ihrer Größe verändern und entsprechend den Töpfen an-

Küchen, Freilichtmuseum Molfsee, Foto Wenners

passen. Die Töpfe wurden in die dafür vorgesehenen Öffnungen gehängt und dadurch von allen Seiten gleichmäßig beheizt, dadurch konnte die Wärme effizienter ausgenutzt und die Garzeit verkürzt werden. Der Herd war mit einem einzigen Holz- oder Kohlefeuer äußerst bequem zu beheizen und häufig mit leicht zu reinigenden bunten Fayenceplatten umkleidet. An der Wand stand der steinerne Waschtisch. Zum weiteren Mobiliar der Küche gehörten Küchenschränke und Kommoden mit Schubladen, ferner Stühle und Schemel. Die Mitte des Raumes beherrschte meist ein starker Tisch. An den Wänden standen auf den Regalen oder hingen, schnurgerade aufgehängt und nach Größe sortiert, die unzähligen Töpfe,

Pfannen, Teller, Kannen, Tiegel, Kellen, Schöpflöffel und Krüge.

Aufgabe der Hausmädchen war es regelmäßig, nach den Anweisungen der Köchin die kupfernen und verzinnten eisernen Töpfe und Kasserollen, die großen gusseisernen Wasserhäfen, große und kleine Pfannen, flache Eierkuchenpfannen, größere und kleinere Messingpfannen, die eisernen und kupfernen Bratpfannen zu putzen und zu polieren.

Die gleiche Prozedur war für die kupfernen Teekessel, die gusseisernen Schmortöpfe sowie für alle passenden Deckel notwendig, ebenso für die Mörser aus Messing, die Waagen mit den verschiedenen Gewichten und für die zahllosen Tabletts. Herzurichten waren die vielen Leuchter und Petroleumlampen. Der Arbeitstag der Hausmädchen begann morgens um sechs Uhr in der Küche. Ihre ersten Pflichten galten der Besorgung von heißem Wasser sowie der Zubereitung des Frühstücks. Die höchste Kunst, die ein Dienstmädchen beherrschen musste, war das Licht- und Feuermachen. Dazu bedurfte es eines länglichen weißen Blechkästchens, in dem ein Schlageisen, ein Stück Feuerstein, Schwefelfaden und in einer Extrazunderbüchse der so genannte Zunder zu finden waren, eine bräunliche, lockere und pulverige Masse aus getrockneten pflanzlichen Stoffen. Mit Hilfe dieser vier Gegenstände konnte man Licht erzeugen, indem man Schlageisen und Feuerstein so zusammenschlug, dass durch die entstehenden Funken der Zunder zum Glimmen gebracht wurde und dann mit ein bisschen Glück den Schwefelfaden entflammte. Zuständig waren die Dienstmädchen auch für die Öllampen im Hause, deren Putzen eine recht unangenehme Aufgabe war, weil das Öl schnell grünlich und dickflüssig wurde.

November 1842

Am 29. November stand noch die obligatorische dänische Sprachprüfung bei Professor Falck an. Die war Voraussetzung für die Zulassung als Rechtsanwalt im dänischen Staat. Das aber war ja kein Problem, schließlich war er mit der dänischen Sprache seit seiner Kindheit vertraut und war in der Husumer Gelehrtenschule intensiv an die dänische Literatur herangeführt worden. Alle dänischen Klassiker waren ihm bekannt. Er war ohne jede Schwierigkeit in der Lage, sie im Originaltext zu lesen. So bescheinigte Falck ihm erwartungsgemäß, „dass Herr Candidat Storm nicht nur das Dänische mit guter Aussprache liest, sondern auch sowohl poetische als prosaische Stücke mit vollkommener Sicherheit richtig und fertig übersetzen kann."

Ihre gemeinsame Studienzeit, die so anregend und stets frohgestimmt war, neigte sich dem Ende zu. Den Sonntagnachmittag verbrachte er mit seinen Freunden in der „Harmonie", um bei einem Glas Wein die aktuellen Zeitungen zu lesen und später L'hombre oder Whist zu spielen. Whist hatte sich erst seit kurzem als bevorzugtes Kartenspiel in englischen Clubs in Mitteleuropa verbreitet, wo man den britischen Lebensstil nachahmen wollte, und war dabei, das ziemlich komplizierte L'hombre zu verdrängen. Ansonsten gehörten sonntags auch häufig die Kegelbahn oder der Billardraum ihnen. Außerdem war es aufschlussreich, den Gesprächen der anwesenden Professoren, Kaufleute oder auch Handwerksmeister, übrigens ein reiner Männerkreis, zuzuhören oder sich auch daran zu beteiligen, wenn man sie denn in den erlauchten Kreis aufnahm. Man unterhielt sich über Gott und die Welt. Manches Mal aber gab es handfeste politische Diskussionen. Er hatte schon beobachtet, dass das politische Interesse und Engagement erheblich zugenommen hatten in der letzten Zeit. Nicht zu überhören war besonders, dass sich die antidänische Stimmung so augenfällig verbreitete.

Am Abend gingen sie ein letztes Mal gemeinsam ins Kieler Theater. Leider aber war es eine erbärmlich schlechte Aufführung von Schillers „Die Räuber" vor übrigens fast leerem Haus. Herr Keller gab den Franz Moor. Aber das Bemerkenswerteste an seiner Darbietung war, dass ihm beim letzten leidenschaftlichen Monolog die Hose drei Handbreit zerriss, was natürlich zu allgemeinem Amüsement führte.

Geselligkeit

Herzstück der biedermeierlichen Kultur und Lebensauffassung war die häusliche Geselligkeit mit Familie und Freunden. Daraus zog man Kraft und Lebensfreude. Man kam zusammen, um zu singen und zu musizieren, zu essen und zu trinken, zu spielen und zu diskutieren. Man traf sich im Theater oder im Konzert, bei Tanzveranstaltungen oder im Verein.

Das bedeutendste Zentrum der Geselligkeit in Kiel war die „Gesellschaft der Harmonie", die im Jahre 1800 gegründet worden war. Seitdem entwickelte sie sich zu einem Sammelpunkt der gebildeten Stände der Stadt, vorbehalten dem männlichen Teil der Bevölkerung, den Angehörigen der Universität, den Professoren wie den Studenten, den Beamten, zum Teil Offizieren, den Kaufleuten und zunehmend den Fabrikanten und wohlhabenderen Handwerksmeistern. Ziel dieser Gesellschaft war es, „durch anständige Unterhaltung und Vergnügungen und durch ein Leseinstitut Männern aus allen Ständen eine angenehme und nützliche Erholung von ihren Berufsgeschäften zu verschaffen", kurz Bildung und Geselligkeit zur Förderung der Zufriedenheit und der Harmonie. Die Gegensätze zwischen den Akademikern und den Bürgern, den Kaufleuten und den Handwerkern traten hinter dem gemeinsamen Bekenntnis zu Verfassung, Recht und Freiheit zurück.

Einen eigenen Vereinsraum hatte die „Harmonie" zunächst im „Gasthof zum Adler" in der Vorstadt, dann von 1810 an im Haus des Weinhändlers Juels in der Schuhmacherstraße 4. 1834 konnte ein eigenes Gebäude in der Faulstraße 7 mit Garten zum Kleinen Kiel bezogen werden.

Hier wurden Meinungen ausgetauscht, hier hatte das geistige, das gesellschaftliche, das politische, auch das künstlerische Leben der Stadt sein Zentrum. Das Gebäude in der Faulstraße verfügte über geräumige Konversations-, Spiel- und Lesezimmer, eine Kegelbahn und einen Billardraum sowie recht große Säle für Konzerte und Tanzveranstaltungen. Es fanden Konzerte, Gesellschaftsabende mit Vorträgen, Tanzbälle statt. Das Lesekabinett war täglich von 10 bis 23 Uhr geöffnet und bot in seiner Bibliothek neben unglaublich vielen Büchern wissenschaftlichen Inhalts vor allem Memoiren und Broschüren, an schöngeistiger Literatur die Klassiker wie etwa Goethe, Schiller, Shakespeare. Moderne Romanliteratur suchte man dagegen vergebens. Daneben hielt man vor allem eine Vielzahl von Zeitungen und Zeitschriften bereit. Nicht nur Familienjournale lagen im Leseraum aus, wie die „Gartenlaube", die „Modewelt" oder „Über Land und Meer". Hier fand sich der einzige Ort in Kiel, an dem politische Zeitungen auslagen, unter anderem die „Kieler Blätter", die seit ihrer Gründung 1815 und unter der Führung von Nikolaus Falck und Friedrich Christoph Dahlmann furchtlos klar das Ideal einer freiheitlichen Verfassung vertraten, das „Kieler Wochenblatt" und das „Kieler Correspondenzblatt", das erst seit 1843 erschien und ausgesprochen liberale politische Inhalte vorhielt. Eingriffe der staatlichen Zensur machte die Redaktion, die vaterländische Ideen in Schleswig-Holstein vertrat, durch leere Spalten erkennbar. Und auch das war äußerst

"Die Préférence", Wiktor Michailowitsch Wasnezow, 1879

aussagekräftig. Ebenfalls ausländische Zeitungen, darunter drei dänische Zeitungen waren abonniert. Den Mitgliedern standen die Vereinsräume bis 23 Uhr offen, um bei einem Glas Wein die aktuellen Zeitungen zu lesen oder, was allerdings nur bis 21 Uhr erlaubt war, um mit Freunden L'hombre oder Whist zu spielen.

In ihrer Blütezeit hatte die Gesellschaft über 1.200 Mitglieder. Mit dem Wachstum der Stadt in der zweiten Jahrhunderthälfte entstanden viele weitere Freizeitangebote und Vereine. 1893 beschlossen die wenigen verbliebenen Mitglieder den Verkauf des Gebäudes. Am 11. April 1896 löste sich die Gesellschaft auf.

Dezember 1842

Ein letzter Schritt. Dann war alles bereitet für den Einstieg in das Berufsleben als Jurist. Ein Gesuch an den dänischen König um Zulassung als Rechtsanwalt musste verfasst werden. Schon gewöhnungsbedürftig, so einen devoten Ton anzuschlagen, aber unum-

gänglich: „Der Candidat der Rechte Theodor Storm aus Husum bittet Eure Königliche Majestät allerunterthänigst, Allerhöchstderselbe wollen allergnädigst geruhen, ihm eine Bestallung als Advokat der Herzogthümer Schleswig und Holstein zu ertheilen." Dem Gesuch wurde natürlich stattgegeben.

Auch dem Magistrat der Stadt Husum gegenüber war noch eine Erklärung abzugeben, in der er versicherte, dass er vorläufig als Advokat in Husum zu bleiben gedenke, dass er aber zu diesem Zeitpunkt noch keine verbindliche Erklärung darüber abgeben könne, ob späterhin eine Ortsänderung eintreten werde. Nun stand seiner Zulassung als Rechtsanwalt nichts mehr im Wege.

Zukünftig wäre er also ein Teil des schleswig-holsteinischen Justizwesens. Eine einerseits gute und sichere Aussicht, andererseits machte ihm die Endgültigkeit auch Angst. Zu den ehemaligen Kommilitonen behielte er sicherlich weiter Kontakt. Alle Juristen des Landes kannten sich irgendwie. Und auch zu Kiel, zum dortigen Appellationsgericht bliebe die Verbindung bestehen.

Hoffentlich würde ihm die Juristerei nicht innerlich so fremd bleiben wie bisher. Zunächst würde er ja in der väterlichen Kanzlei arbeiten. Ob das gut ging? Zu verschieden waren ihre Ansichten und ihre Temperamente. Auch wenn der Vater erst 52 Jahre alt war, so gehörte er doch einer anderen Generation an. Viel mehr aber wog noch der Unterschied im Wesen und Charakter.

Justizwesen

Die Deutsche Bundesakte von 1815 sah vor, dass nach Auflösung des Reichskammergerichts in Wetzlar und des Reichshofrats in Wien die Mitglieder des Deutschen Bundes jeweils eigene Gerichte letzter Instanz einrichten sollten. Der dänische König Frederik VI. setzte diese Verordnung erst sehr spät um und schuf 1834 das schleswig-holsteinisch-lauenburgische Oberappellationsgericht mit Sitz in Kiel. Dieses wurde am 1. Oktober 1834 in der Flämischen Straße 21, im ehemaligen Stadthaus des Caspar von Saldern aus dem Jahr 1768, feierlich eröffnet. Erster Präsident des Gerichts war der Kanzler für Schleswig-Holstein Cay Lorenz Graf von Brockdorff. Neben ihm waren acht bis neun weitere Gerichtsräte tätig. Das Gericht war von der städtischen Gerichtsbarkeit natürlich unabhängig und in letzter Instanz für die beiden Herzogtümer Holstein und Lau-

Oberappellationsgericht in der Flämischen Straße, Foto, Schleswig-Holsteinische Landesbibliothek

enburg zuständig, die zum Deutschen Bund gehörten, zunächst auch für das Herzogtum Schleswig, für das der König aber 1850 nach dem Scheitern der Schleswig-Holsteinischen Erhebung ein eigenes Oberappellationsgericht in Flensburg einrichtete.

Februar 1843

Nun hieß es Abschied nehmen von den Freunden in Kiel. Das fiel schwer genug. Aber man würde ganz gewiss den Kontakt aufrechterhalten, wohin auch immer der Lebensweg sie alle führen würde. Auch Mommsen bestand sein juristisches Examen im Frühjahr mit Auszeichnung. Bei Georg Christian Burchardi wurde er promoviert. Auch Mommsen würde Kiel sicher bald verlassen. Zum Ab-

schied ein Gedicht, seine Möglichkeit, seinen Empfindungen Ausdruck zu verleihen, wie in allen Lebenslagen:

An die Freunde

Wieder einmal ausgeflogen,
Wieder einmal heimgekehrt;
Fand ich doch die alten Freunde
Und die Herzen unversehrt.

Wird uns wieder wohl vereinen
Frischer Ost und frischer West?
Auch die losesten der Vögel
Tragen allgemach zu Nest.

Immer schwerer wird das Päckchen,
Kaum noch trägt es sich allein;
Und in immer engre Fesseln
Schlinget uns die Heimat ein.

Und an seines Hauses Schwelle
Wird ein jeder festgebannt;
Aber Liebesfäden spinnen
Heimlich sich von Land zu Land.

Zum Abschied verabredeten sie einen letzten Besuch all der Stätten, die in ihrer Studienzeit eine große Bedeutung hatten. Dazu gehörten auch die vielen Gaststätten, in denen die Studenten ein- und ausgingen. Also führte sie ihre Tour ins Burchardt in der Schuhmacherstraße, zu Weidemann am Schlossgarten sowie in Wichmanns Bierlokal in der Dänischen Straße. Die letzte Station war noch einmal das Sanssouci im Düsternbrooker Holz.

Nun war seine Jugendzeit endgültig vorüber. Und das, was man den Ernst des Lebens nannte, begann. Das konnte ja heiter werden. Aus Kiel würde er einen Haufen Schulden mitbringen. Er würde zu Hause wohl gestehen müssen, dass er leichtfertig gewesen war und am Spieltisch nennenswerte Beträge verloren hatte. Was der Vater wohl dazu sagen würde? Natürlich brächte er kein Verständnis auf. Egal. So schnell wie möglich wollte er unabhängig werden vom Vater. So schnell wie möglich wollte er eine eigene

Rechtsanwaltskanzlei in Husum eröffnen, auch wenn es sicher der Fürsprache durch den Vater bedurfte, der ja als einer der angesehensten Rechtsanwälte Husums über vielerlei Verbindungen verfügte. Auch manchen Rat würde er vom Vater mit auf den Weg bekommen, zum Beispiel den eisernen Grundsatz des Vaters: „Treue Arbeit um bescheidenen Lohn".

Gasthäuser

Gasthäuser und Hotels nahmen in der Biedermeierzeit einen beachtenswerten Aufschwung, denn mit den Erleichterungen durch Chaussee, Eisenbahn und Dampfschiff kam das Reisen in Mode. In den Städten, an den Häfen, in der Nähe von Bahnhöfen, an landschaftlich reizvollen Orten entstanden neue Gasthöfe, die immer mehr zu Stätten der Geselligkeit und zu Zielen der beliebten Ausflüge wurden.

In Kiel gab es das Bahnhofshotel am Sophienblatt 3, Muhl's Gasthof an der Klinke 24, das Hotel Stadt Lübeck in der Vorstadt am Bootshafen, das angesehene Hotel Stadt Hamburg in der Holstenstraße, in der auch der dänische König Frederik VI. abzusteigen pflegte, das Hotel Stadt Kopenhagen in der Schuhmacherstraße 24 und einige andere Hotels sowie Gasthöfe. Beliebte Gaststätten waren: das Burchardt in der Schuhmacherstraße 7, Weidemann am Schlossgarten sowie Wichmanns Bierlokal in der Dänischen Straße 9. Am Königsweg 403 wurde 1846 die Gartenwirtschaft „Felsenhalle" über den drei übereinander liegenden Braukellergeschossen der Brauerei Willrodt eingeweiht. Von dem 15 m hohen Aussichtsturm hatten die Besucher einen fantastischen Rundblick.

In Düsternbrook betrieb Friedrich Ferdinand Bruhn ab 1808 eine Gastwirtschaft, aus der 1824 das Hotel Düsternbrook hervorging. 1846 wurde in der Obstbaumschule eine Sommerwirtschaft eingerichtet, die

„Gartenwirtschaft Felsenhalle", Ausschnitt aus: „Kiel von Ellerbek", Lithographische Anstalt von W. Loeillot Berlin, Schleswig-Holsteinische Landesbibliothek

„Bellevue in Düsternbrook bei Kiel", Kreidelithographie nach Friedrich Ernst Wolperding um 1860, Schleswig-Holsteinische Landesbibliothek

nach einem Brand 1849 zum Logierhaus umgebaut wurde. Wegen der einmaligen Aussicht wurde das Etablissement im Volksmund „Bellevue" genannt. Das Düsternbrooker Gehölz war überhaupt in jener Zeit das beliebteste Ausflugsziel der Kieler. Es ist also nicht erstaunlich, dass hier mehrere Ausflugslokale entstanden.

Eines davon war mitten im Gehölz die 1811 eingeweihte Waldgaststätte „Sanssouci", vormals „das landesherrschaftliche Kaffeehaus", das wegen seines breiten Treppenaufgangs in Anlehnung an das

„Die Waldwirtschaft Sanssouci", Zeichnung von Adolph Lohse 1853, Schleswig-Holsteinische Landesbibliothek

„Dorfgaarden bei Kiel“, Lithographie von Adolf Lohse 1860, Schleswig-Holsteinische Landesbibliothek

„Wilhelminenhöhe“, Lithographie von Adolf Lohse 1860, Schleswig-Holsteinische Landesbibliothek

Potsdamer Schloss den neuen Namen erhalten hatte. Das „Sanssouci“ wurde vor allem bei Studenten zum populären Treffpunkt. Aber obwohl es eigentlich recht erfolgreich bewirtschaftet wurde, wechselten häufig die Pächter, und wegen der starken Konkurrenz der anderen Gaststätten drohte sogar oft der Konkurs. 1865 brannte das „Sanssouci“ ab und wurde nie wieder aufgebaut.

Außerhalb der Stadt zogen bei schönem Wetter mehrere ländliche Gaststätten die Kieler an, zum Beispiel im Süden der Stadt das Krusenrott in der Nähe des Vieburger Gehölzes, im Norden die Restauration an der Knooper Schleuse oder auch im Osten die Rastorfer Mühle.

Ein besonders beliebtes Ausflugslokal auf dem Ostufer Kiels war der nach dem benachbarten Sandberg benannte „Sandkrug", der alte Fährkrug, von dem aus man mit Ruderbooten zum Schuhmachertor übersetzen konnte. In Dorfgaarden gab es Bauernhöfe und Meiereien, aber auch Landwohnungen Kieler Bürger. J. G. Rist berichtete in seinen Lebenserinnerungen: „Für die Männer war ein Wirtshaus in Dorfgarten der tägliche Sammelplatz. Nach Tische um 2 Uhr wanderten Professoren, Offiziere, Geistliche, Stadtbeamte, und was von gebildeten Studenten sich ihnen anschloß, so zur Winter- als zur Sommerzeit, nach dem niedrigen Häuschen, wo trefflicher Kaffee geschenkt wurde. Es ward politisiert, Schach gespielt und wacker geraucht; nach 3 Uhr trennte sich alles." Auch für die Kinder war während der Ausflüge hierher gesorgt, es gab Schaukeln und ein Karussell. 1838 wurde die Gaststätte in „Wilhelminenhöhe" umbenannt nach der dänischen Prinzessin Wilhelmine Marie.

Dezember 1843

Das „Liederbuch dreier Freunde" mit mehr als 120 Gedichten war endlich in der Kieler Schwers'schen Buchhandlung erschienen, immerhin 170 Seiten mit all ihren Jugendgedichten. 41 davon waren von ihm. Im Sinne einer Einleitung stellten sie der Anthologie ein Sonett Theodor Mommsens voran. Das war schon echte Meisterschaft, das musste er neidlos anerkennen.

Weil wir nun schon die ersten Gläser nippten
Und rings sich die Philister auch zerstreuen,
So les' ich aus dem Liederbuch, dem neuen,
Die Rhythmen, die zu schlingen wir beliebten.

Fremd blieben wir in Schiras und Egypten,
Denn unsre ganze Kunst ist, mit den treuen
Gesellen uns am guten Tag zu freuen,
Zu weinen wiederum mit den Betrübten.

Wohl habt ihr Recht, daß unsre Lieder anders
Noch klingen sollen, daß sie klingen werden
Wie Schwerterklang vom Ufer des Skamanders.

Doch ist es noch nicht Zeit sich zu geberden,
Als trügen uns die Planken eines Branders,
Denn seht! wir mauern jetzt noch in der Erden.

Auch der Band mit den Märchen und Sagen würde bald herauskommen. Karl Müllenhoff, der seit dem Wintersemester 1841/42 auch wieder in Kiel studiert und sich inzwischen vollends der germanischen Sprachwissenschaft verschrieben hatte, bekleidete mittlerweile nach seiner Promotion eine Stelle an der Universitätsbibliothek im Schloss, die ihm genügend Zeit für andere Studien ließ, und bereitete bereits alles für die Veröffentlichung vor. Die Sammlung sollte „Sagen, Märchen und Lieder der Herzogthümer Schleswig, Holstein und Lauenburg" heißen. Mommsens Anteil an den in der Sammlung zusammengetragenen Sagen war bedeutend, sein eigener aber ebenfalls. Über einzelne Sagen war es zu einem regen Austausch zwischen ihnen gekommen, wobei sie viele Texte bearbeitet und bereinigt hatten. So hatte er Müllenhoff zum Beispiel ein Exzerpt zukommen lassen, das er aus Heimreichs Chronik von 1666 herausgeschrieben hatte. Daraus hatte Müllenhoff dann die Sage von Rungholt komponiert.

Rungholt

In Rungholt auf Nordstrand wohnten weiland reiche Leute; sie bauten große Deiche und wenn sie einmal darauf standen, sprachen sie: „Trotz nu, blanke Hans!" –

Ihr Reichthum verleitete sie zu allerlei Uebermuth. Am Weihnachtsabend des Jahres 1300 machten in einem Wirthshause die Bauern eine Sau betrunken, setzten ihr eine Schlafmütze auf und legten sie ins Bett. Darauf ließen sie den Prediger ersuchen, er möchte ihrem Kranken das Abendmahl reichen und verschwuren sich dabei, daß wenn er ihren Willen nicht würde erfüllen, sie ihn in den Graben stoßen wollten. Wie aber der Prediger das heilige Sakrament nicht so gräulich wollte misbrauchen, besprachen sie sich unter einander ob man nicht halten sollte, was man geschworen. Als der Prediger daraus leichtlich merkte, daß sie nichts gutes mit ihm im Sinne hätten, machte er sich stillschweigends davon. Indem er aber wieder heim gehen wollte und ihn zween gottlose Buben, so im Kruge gesessen, sahen, beredeten sie sich, daß so er nicht zu ihnen hereingehen würde, sie ihm die Haut voll schlagen wollten. Sind darauf zu ihm hinausgegangen, haben ihn mit Gewalt ins Haus gezogen und gefragt, wo er gewesen. Und wie ers ihnen geklaget, wie man mit Gott und ihm geschimpfet habe, haben sie ihn gefragt, ob er das heilige Sakrament bei sich hätte, und ihn gebeten, daß er ihnen dasselbige zeigen möchte. Darauf hat er ihnen die Büchse gegeben, darin das Sakrament gewesen, welche sie voll Biers gegossen und gotteslästerlich gesprochen, daß so Gott darinnen sei, so müsse er auch mit ihnen saufen. Wie der Prediger auf sein freundliches Anhalten die Büchse wiederbekommen, ist er damit zur Kirche gegangen und hat Gott angerufen, daß er diese gottlosen Leute strafe. In der folgenden Nacht ward er gewarnet, daß er aus dem Lande, so Gott verderben wollte, gehen sollte; er stand auf und gieng davon. Und sogleich erhob sich ein ungestümer Wind und ein solches Wasser, daß es vier Ellen hoch über die Deiche stieg und das ganze Land Rungholt, der Flecken und sieben andre Kirchspiele dazu, untergieng, und niemand ist davon gekommen als der Prediger und zwo, oder wie andre setzen, seine Magd und drei Jungfrauen, die den Abend zuvor von Rungholt aus nach Bopschlut zur Kirchmeß gegangen waren, von welchen Bake Boisens Geschlecht auf Bopschlut entsprossen sein soll, dessen Nachkommen noch heute leben. Die Ulversbüller Kirche hat noch eine alte Kirchenthür von Rungholt.

Nun giebt es eine alte Prophezeiung, daß Rungholt vor dem jüngsten Tage wieder aufstehn und zu vorigem Stande kommen wird. Denn der Ort und das Land steht mit allen Häusern ganz am Grunde des Wassers und seine Thürme und Mühlen thun sich oft bei hellem Wetter hervor und sind klar zu sehen. Von Vorüberfahrenden wird Glockenklang und dergleichen gehört. – Imgleichen wird bei der Süderog am Hamburger Sand ein Ort gezeigt, welcher Süntkalf geheißen und es ist ein Sprichwort: Wenn upstaen wert Süntkalf, so werd Strand sinken half.

Die Tätigkeiten für die Herausgabe des Liederbuchs und auch der Märchensammlung hatten für ihn eine willkommene Abwechslung bedeutet. Noch hatte er sich nämlich in Husum nicht wieder richtig eingelebt. Er vermisste seine Kieler Freunde. Und Bertha war für immer verloren.

Da brachte das Weihnachtsfest eine überraschende Wende. Im Haus seiner Eltern lebte seit dem Herbst seine Cousine Constanze Esmarch. Ernst Esmarch, ihr Vater, war Bürgermeister in Segeberg und ein ehemaliger Schulfreund des Vaters, zu dem er seine Tochter schickte, damit die Achtzehnjährige einmal eine andere Umgebung und eine größere Hauswirtschaft kennenlernen sollte. Er kannte sie eigentlich schon seit Kindesbeinen. Constanzes Mutter war eine Schwester seiner Mutter, und er erinnerte sich, dass sie häufiger zu Besuch war und sie dann beide im Garten herumgetobt waren. Mittlerweile war sie zu einer schönen jungen Frau herangewachsen. Das musste er zugeben. Besonders ihre schönen grauen Augen hatten es ihm angetan. Außerdem war sie lebhaft und sehr musikalisch. Wie er selbst sang und tanzte auch sie sehr gerne. Aber bisher hatte er ihr keine Beachtung geschenkt. Eigentlich wusste er gar nicht, warum. Er war wohl zu abgelenkt durch eher trübe Gedanken. Nun aber, am Weihnachtsabend, war sie ihm richtig aufgefallen. Ein hübsches junges Mädchen. Wie schlicht und dabei geschmackvoll sie gekleidet war. Sie gefiel ihm ganz außerordentlich. Ja, er hatte sich wieder verliebt.

Liederbuch dreier Freunde

Eine besondere literarische Frucht der Wohngemeinschaft in der Flämischen Straße und der Freundschaft zwischen Theodor Storm, Theodor Mommsen und Tycho Mommsen war der Gedichtband „Liederbuch dreier Freunde“, der 1843 in der Buchhandlung Schwers erschien, die sich nur wenige Schritte vom Haus der Freunde entfernt ebenfalls in der Flämischen Straße 9 befand.

Nach dem einleitenden Sonett Mommsens folgten die Gedichte der drei Autoren auf 170 Seiten, gegliedert in drei Bücher, wobei das zweite Buch drei Abteilungen besaß. Von den 113 Gedichten stammten die meisten, nämlich 59 von Theodor Mommsen, während sein Bruder Tycho 14 Texte beisteuerte. Theodor Storm verfasste 40 Gedichte.

Das Gedicht „Damendienst“ zeugte davon, worum sich die Gedanken des jungen Mannes drehten:

Damendienst
Die Schleppe will ich dir tragen,
Ich will deinem Wink mich weihn,
An Festen und hohen Tagen!
Sollst du meine Königin sein!

Deiner Launen geheimste und kühnste
Gehorsam erfüll ich dir;
Doch leid ich in diesem Dienste
Keinen andern neben mir.
Solang ich dir diene in Ehren,
Gehöret dein Lächeln mein;
Deinen Hofstaat will ich vermehren;
Doch der Erste will ich sein.

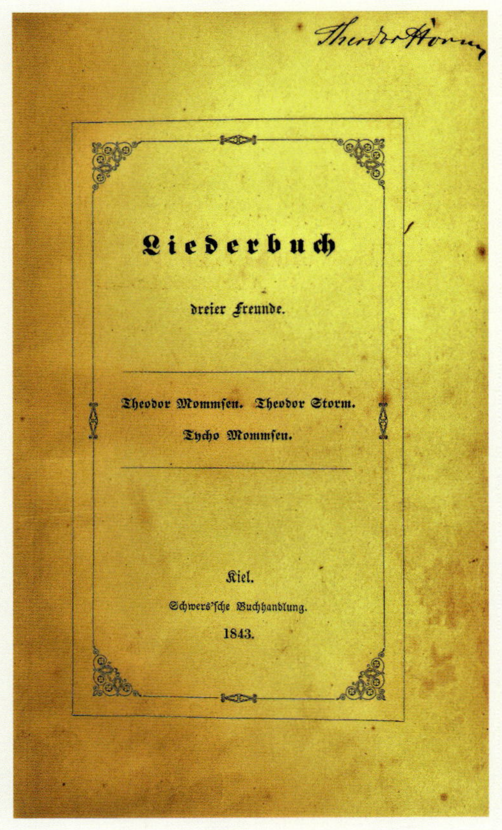

Theodor Storm

Liederbuch

dreier Freunde.

Theodor Mommsen. Theodor Storm.

Tycho Mommsen.

Kiel.

Schwers'sche Buchhandlung.

1843.

„Liederbuch dreier Freunde“, Titelblatt 1843, Schleswig-Holsteinische Landesbibliothek

Historische Ereignisse

14. Januar 1814	Frieden von Kiel
08. Mai 1815	Unterzeichnung der Wiener Kongressakte und Gründung des Deutschen Bundes
08. Juni 1815	Der König von Dänemark tritt für das Herzogtum Holstein, später auch für das Herzogtum Lauenburg dem Deutschen Bund bei.
12. Juni 1815	Gründung der „Allgemeinen Deutschen Burschenschaft“ in Jena
07. Juli 1815	Der Kieler Professor Dahlmann fordert in seiner Rede zur Feier des Sieges von Waterloo in der Kieler Universität: „Schleswig und Holstein sind deutsch und untrennbar verbunden.“
20. September 1819	Karlsbader Beschlüsse: Maßnahmen gegen „demagogische Umtriebe“, d. h. Überwachung der Universitäten und strenge Zensur zur Bekämpfung der nationalen und liberalen Bewegung
Juli 1830	Juli-Revolution in Frankreich
November 1830	Uwe Jens Lornsen gibt seine Schrift „Über das Verfassungswerk in Schleswigholstein“ heraus.
27. Mai 1832	Hambacher Fest mit Schwarz-Rot-Gold; ca. 30.000 Teilnehmer für Einheit und Freiheit gegen Fürstenwillkür
15. Mai 1834	Errichtung einer Schleswig-Holsteinischen Regierung auf Schloss Gottorf unter Aufsicht der Schleswig-Holstein-Lauenburgischen Kanzlei in Kopenhagen
14. Mai 1840	Kopenhagener Sprachreskript: In Gebieten mit dänischer Kirchen- und Schulsprache (d. h. im ländlichen Nordschleswig) ist Dänisch als Gerichts- und Verwaltungssprache angeordnet.
26. August 1841	Hoffmann von Fallersleben dichtet auf Helgoland „Das Lied der Deutschen“.
18. Mai 1843	dänische Volksversammlung auf Skamlingsbanke bei Kolding (Treffen der dänisch gesinnten Nordschleswiger)
23.-25. Juli 1844	Sängerfest in Schleswig: Schleswig-Holstein-Lied und Blau-Weiß-Rot als Farben Schleswig-Holsteins
08. Juli 1846	König Christian VIII. erlässt den „Offenen Brief“: Die weibliche Erbfolge gilt auch für die Herzogtümer Holstein und Schleswig. Prinz Friedrich von Schleswig-Holstein-Sonderburg-Augustenburg (Prinz Friedrich von Noer) tritt aus Protest als Statthalter und Kommandierender General in den Herzogtümern zurück.

04. August 1846	Die Abgeordneten der holsteinischen Ständeversammlung verlassen aus Protest gegen den „Offenen Brief" den Ständesaal in Itzehoe.
04. Dezember 1846	Die deutschen Abgeordneten der schleswigschen Ständeversammlung verlassen aus Protest gegen den „Offenen Brief" den Ständesaal in Schleswig.
20. Januar 1848	Tod König Christians VIII. von Dänemark
28. Januar 1848	König Friedrich VII. von Dänemark proklamiert den Entwurf einer Gesamtverfassung für Dänemark und die Herzogtümer als künftiges Verfassungswerk.
17. Februar 1848	Erste gemeinsame Sitzung der Stände von Holstein und Schleswig; sie fordert eine gemeinsame Verfassung für Holstein und Schleswig.
22. Februar 1848	Revolution in Paris
08. März 1848	Bundestag in Frankfurt/Main beschließt Schwarz-Rot-Gold als deutsche Nationalfarben.
13.-15. März 1848	Unruhen in Wien; Sturz des Fürsten Metternich
18.-19. März 1848	Unruhen in Berlin
18. März 1848	Gemeinsame Versammlung der schleswig-holsteinischen Stände in Rendsburg
21. März 1848	Revolution in Kopenhagen; das nationalliberale, eiderdänische Ministerium fordert die Einverleibung Schleswigs in Dänemark.
24. März 1848	Bildung der Provisorischen Regierung in Kiel; Forderung nach Anschluss Schleswigs und Holsteins an den Deutschen Bund; Einnahme der Festung Rendsburg durch schleswig-holsteinische Truppen; Bildung der schleswig-holsteinischen Armee
25. März 1848	Sitz der Provisorischen Regierung von Kiel nach Rendsburg verlegt
31. März 1848	Aufruf der Provisorischen Regierung an das dänische Volk mit dem Angebot einer Abstimmung im nördlichen Schleswig über die Staatszugehörigkeit
09. April 1848	Erste Kämpfe: Die durch Freiwillige aus Deutschland unterstützte schleswig-holsteinische Armee wird nördlich von Flensburg (Bau/Bov) geschlagen.
12. April 1848	Anerkennung der Provisorischen Regierung durch den deutschen Bundestag
23. April 1848	Osterschlacht bei Schleswig

Lebensläufe wichtiger Personen der Kieler Geschichte von 1814 bis 1848

Als Theodor Storm 1837 in Kiel sein Studium begann, ...

... war **Hans Theodor Woldsen Storm** kurz vor seinem 20. Geburtstag an der Christian-Albrechts-Universität immatrikuliert worden. Er war 1817 als erstes Kind des Justizrats Johann Casimir Storm und seiner Frau Lucie Woldsen in Husum geboren worden. Nach seiner Schulzeit an der Husumer Gelehrtenschule und am Katharineum in Lübeck nahm er 1837 das Jurastudium in Kiel auf. Nach einer eineinhalbjährigen Zeit in Berlin lernte er bei seiner Rückkehr nach Kiel 1839 die Brüder Mommsen kennen. Zeugnis dieser Freundschaft wurde das 1843 herausgegebene „Liederbuch dreier Freunde". 1843 eröffnete Storm eine Anwaltskanzlei in Husum. 1846 heiratete Storm seine Cousine Constanze Esmarch. Aus der Ehe gingen sieben Kinder hervor. Wegen seines Engagements gegen die dänische Herrschaft in den Herzogtümern Schleswig und Holstein wurde ihm die Zulassung als Advokat entzogen. Storm ging von 1853 bis 1856 als Gerichtsassessor nach Potsdam. Von 1856 bis 1864 arbeitete er als Kreisrichter im thüringischen Heiligenstadt. Nach der Niederlage Dänemarks im Deutsch-Dänischen Krieg von 1864 berief man Theodor Storm zum Landvogt in Husum. Nach dem Tod Constanzes heiratete er 1866 die 38-jährige Dorothea Jensen. Im Zuge der preußischen Verwaltungsreform wurde Storm 1867 Amtsgerichtsrat. 1880 trat er in den vorzeitigen Ruhestand und zog nach Hademarschen, wo er 1888 starb. (Vgl. Theodor-Storm-Straße in Kiel)

... war **Wilhelm Ahlmann** nach seiner Kaufmannslehre in Kiel Schüler des Johanneums in Hamburg, bevor der 1817 Geborene in Berlin und Tübingen Staatswissenschaften studierte. 1846/47 habilitierte er sich in Kiel und nahm seine Lehrtätigkeit an der Christian-Albrechts-Universität auf. Ab März 1848 war er Mitglied der provisorischen schleswig-holsteinischen Regierung und organisierte das Postwesen. 1852 gründete er erfolgreich das erste Bankgeschäft in Kiel. Ahlmann war stets ein Verfechter eines unabhängigen Schleswig-Holsteins und setzte sich für diese Idee besonders in der 1864 von ihm begründeten Kieler Zeitung ein. Das Bankhaus Ahlmann wurde Finanzier der mit der Entwicklung Kiels zur Marinestadt verbundenen Investitionen. Wilhelm Ahlmann starb 1910 in Kiel. (Vgl. Ahlmannstraße)

... war **Wilhelm Friedrich Georg Behn** zum außerordentlichen Professor für Anatomie, Zoologie und Physiologie und zum Direktor des Anatomischen Instituts und des Zoologischen Museums in Kiel ernannt worden. 1839 wurde auf seine Initiative der Warleberger Hof durch die Christian-Albrechts-Universität angekauft und als Zoologisches Museum genutzt. Behn erweitere und modernisierte die Sammlung. Der 1808 in Kiel geborene Behn hatte in Göttingen und Kiel Medizin studiert und von mehreren Forschungsreisen wertvolles Material für die Sammlung zusammengetragen. Aus Protest gegen die Bildung der preußischen Provinz Schleswig-Holstein zog er sich 1867 von seiner Professur zurück. 1878 starb Behn in Dresden.

... war **Wilhelm Hartwig Beseler**, geboren 1806 in Sande/Friesland, nach seinem Jurastudium in Heidelberg und Kiel königlich-dänischer Beamter im Herzogtum Schleswig. Schon früh engagierte sich Beseler in der Schleswig-Holsteinischen Bewegung. 1841 leistete er durch die Herausgabe der Schrift Uwe Jens Lornsens zur Unionsverfassung einen wesentlichen Beitrag zur Schleswig-Holstein-Frage. Von 1844 bis 1846 gehörte er der Schleswigschen Ständeversammlung an. Als ihm eine weitere Mitgliedshaft aufgrund seines politischen Engagements verwehrt wurde, verließ er 1847 den Staatsdienst und arbeitete als Journalist. Beseler war einer der führenden Köpfe in der Schleswig-Holsteinischen Erhebung. Von 1848 bis 1851 war er Präsident der Provisorischen Regierung von Schleswig-Holstein. Wegen seiner „Teilnahme am antidänischen Widerstand“ wurde er 1851 des Landes verwiesen. Nach einigen Jahren als Publizist wurde er Kurator an der Universität Bonn. Dort starb Wilhelm Hartwig Beseler 1884. (Vgl. Beselerallee)

... war **Friedrich Christoph Dahlmann** einer der bekannten „Göttinger Sieben“. Von 1813 bis 1829 lehrte Dahlmann als Professor an der Christian-Albrechts-Universität. 1815 erregte er politisches Aufsehen mit seiner „Waterloo-Rede“, in der er für die deutsche Einigung und für die schleswig-holsteinischen Verfassungsforderungen gegenüber Dänemark eintrat. 1829 wechselte er nach Göttingen. Sein politisches Wirken aber blieb an der Kieler Universität unvergessen und beeinflusste nachhaltig die politische Haltung der Hochschule. 1848 war er Abgeordneter in der Paulskirche. (Vgl. Dahlmannstraße)

... war **Johann Gustav Bernhard Droysen** noch außerordentlicher Professor in Berlin, bevor er ab 1840 als Professor für Geschichte an die Christian-Albrechts-Universität Kiel berufen wurde. Der politisch engagierte Hochschullehrer, 1808 in Treptow an der Rega geboren, war 1848 Vertreter der Provisorischen Regierung beim Bundestag in Frankfurt und Abgeordneter der Frankfurter Nationalversammlung. Aufgrund seiner deutlichen Haltung in der Schleswig-Holstein-Frage, in der er für eine Trennung der Herzogtümer von Dänemark plädierte, verließ er 1851 Kiel und ging zunächst nach Jena, später wieder nach Berlin. Aufsehen hatte schon sein Erstlingswerk über Alexander den Großen erregt. Droysen prägte in seiner „Geschichte des Hellenismus“ diesen Epochenbegriff. Mit diesen Werken zählte Johann Gustav Droysen zu den Großen der deutschen Geschichtswissenschaft. 1884 starb Johann Gustav Droysen in Berlin. (Vgl. Droysenstraße)

... war **Friedrich Esmarch**, einer der bedeutendsten Chirurgen des 19. Jahrhunderts, noch Schüler der Flensburger Gelehrtenschule. 1843 nahm der 1823 geborene Esmarch das Studium der Medizin in Kiel auf. Nach vier Semestern wechselte er nach Göttingen, kehrte aber 1846 nach Kiel zurück und wurde Assistent bei einem der bedeutendsten deutschen Chirurgen, Bernhard von Langenbeck, am Friedrichshospital in der Flämischen Straße. Als Mitglied des schleswig-holsteinischen Turnerkorps nahm er als Arzt 1848 am Schleswig-Holsteinischen Krieg gegen Dänemark teil. Er promovierte und habilitierte sich bei Langenbecks Nachfolger, dem ebenso bekannten Louis Stromeyer, dessen Assistent er wurde. 1854 wurde er Nachfolger Stromeyers, dessen

Schwiegersohn er inzwischen war. Mit 31 Jahren wurde er Direktor der Chirurgischen Universitätsklinik in Kiel. In dieser Stellung blieb er 44 Jahre bis zu seiner Emeritierung im Jahre 1898. Aufgrund seiner Erfahrungen im Krieg erfand Esmarch das Verbandspäckchen und das Dreieckstuch. Esmarch führte viele neue Methoden für die Kriegs- und Unfallmedizin ein und war Mitbegründer der Ersten Hilfe in Deutschland. Als Esmarch am 23. Februar 1908 im Alter von 85 Jahren starb, bestätigte die Trauerfeier das hohe Ansehen des Chirurgen. (Vgl. Esmarchstraße)

... war **Nikolaus Falck** Professor an der Christian-Albrechts-Universität. Er wurde am 25. November 1784 als einziger Sohn eines wohlhabenden Hofbesitzers in Emmerleff an der Nordwestküste Schleswig-Holsteins geboren. Nachdem er zunächst von Landpfarrern und anschließend an der Lateinschule in Hadersleben unterrichtet worden war, studierte er ab 1803 an der Christian-Albrechts-Universität in Kiel Theologie und Philosophie. Seine Promotion legte er 1808 ab. Anschließend arbeitete er als Hauslehrer und wandte sich dem Jurastudium zu. Bereits 1809 bestand er das juristische Examen. In Kopenhagen arbeitete er in der Schleswig-Holsteinischen Kanzlei. 1815 promovierte er in Jura. Ein Jahr zuvor war er zum Professor in Kiel ernannt worden, eine Stellung, die er bis zu seinem Tode am 11. Mai 1850 bekleidete. 1816 vertrat er in seiner staatsrechtlichen Schrift „Das Herzogthum Schleswig in seinem gegenwärtigen Verhältnis zu dem Königreiche Dänemark und zu dem Herzogthum Holstein. Nebst einem Anhang über das Verhältnis der Sprachen im Herzogthum Schleswig“ die Meinung, dass das Herzogtum Schleswig zwar dem dänischen Königsgesetz unterworden sei, dass es aber ebenso eine unzertrennliche Verbindung zum Herzogtum Holstein besitze und deshalb Anspruch auf eine gemeinsame Verfassung beider Herzogtümer bestehe. Falck wurde Mitglied der holsteinischen Ständeversammlung. 1826 wurde er zum Ritter des Danebrogordens geschlagen, dessen Kommandeur er ab 1840 war. Von 1833 bis zu seinem Tod war er Präsident der Geschichtsgesellschaft, seit 1834 Direktor der Gesellschaft zur Erhaltung der Altertümer. (Vgl. Falckstraße)

... war **Peter Wilhelm Forchhammer** außerordentlicher Professor für klassische Philologie und Archäologie an der Christian-Albrechts-Universität Kiel. Er gehörte zu den ersten, die in Kiel archäologische Lehrveranstaltungen anboten. Nach seinem Studium in Kiel und Leipzig unternahm der 1801 geborene Forchhammer mehrere Forschungsreisen in den Mittelmeerraum, die in ihm das Bewusstsein stärkten, dass neben den Studien antiker Schriften und Sprachen auch die Anschauung ein wesentlicher Bestandteil des Studiums der Altertumswissenschaft sein müsse. Seit 1840 setzte er sich für die Gründung eines Museums für Gipsabdrücke antiker Kunstwerke in Kiel ein. Zwei Jahre später hatte seine Werbung Erfolg und das Museum konnte im Kieler Schloss eröffnet werden. Forchhammer war ebenfalls Mitbegründer des Kieler Kunstvereins und als solcher maßgeblich an der Entstehung der ersten Kieler Kunsthalle beteiligt. Zeit seines Lebens war er politisch engagiert. 1894 starb Peter Wilhelm Forchhammer in Kiel.

... war **Klaus Groth**, der wohl berühmteste niederdeutsche Lyriker und Schriftsteller, als 18-Jähriger nach seinem Schulbesuch auf das Lehrerseminar in Tondern gewechselt, bevor er anschließend als Lehrer an der Mädchenschule in Heide unterrichtete. Aufgrund seiner angeschlagenen Gesundheit musste er sich 1847 nach Fehmarn zurückziehen, wo er 1852 sein bedeutendstes Werk vollendete, die Gedichtsammlung „Quickborn“ mit dem Untertitel „Volksleben in plattdeutschen Gedichten in Dithmarscher Mundart“. Nach Kiel kam der kranke und völlig verarmte 34-Jährige erst 1853. Karl Müllenhoff, Professor für deutsche Sprache und Literatur an der Kieler Universität, vermittelte ihm eine Wohnung in einem Nebengebäude der Seebadeanstalt Düsternbrook, im Winter in der Pension von „Mutter Brandis“ in der Faulstraße. Zusammen mit Müllenhoff erarbeitete Groth in den Folgejahren eine niederdeutsche Grammatik und Orthographie sowie eine neue Auflage seines „Quickborn“. Erst 1866 wurde Klaus Groth, der sich schon viele Jahre zuvor an der Christian-Albrechts-Universität habilitiert hatte, der Titel eines Professors verliehen. Von 1866 bis zu seinem Tod am 1. Juni 1899 wohnte er mit seiner Familie im Schwanenweg. Klaus Groths Wirken war für die Geschichte der niederdeutschen Sprache und Literatur von immenser Bedeutung. Das Werk dieses

Klassikers der niederdeutschen Literatur fand auch weit über Schleswig-Holstein hinaus Beachtung. Die Gedichtsammlung „Quickborn“ hat die neue niederdeutsche Literatur begründet. (Vgl. Klaus-Groth-Platz und Klaus-Groth-Straße)

... war **Claus Harms**, geboren 1778 in Fahrstedt/Süderdithmarschen, Hauptpastor in der Nikolaikirche sowie Propst der Propstei Kiel. Ab 1799 hatte er Theologie an der Christian-Albrechts-Universität zu Kiel studiert. 1816 wurde er Archidiakon in der Kieler Nikolaikirche. 1817 veröffentlichte Harms zum Jubiläum der Reformation 95 eigene Thesen, die eine heftige theologische Diskussion hervorriefen und ihn zu einem Begründer des entstehenden Neuluthertums machten. Ab 1830 gab Harms in drei Bänden seine maßgebliche Pastoraltheologie heraus, in der er dem Pfarrer eine dreifache Funktion als Prediger (Verkündigung), Priester (Taufe und Abendmahl) und Pastor (Seelsorge und Beichte) zuordnete. 1841 wurde er anlässlich seines 25-jährigen Amtsjubiläums zum Oberkonsistorialrat ernannt. Claus Harms starb 1855 in Kiel. (Vgl. Harmsstraße)

... war **Charlotte Friederike Dorothea Hegewisch** mit ihren fünfzehn Jahren Zeugin des gesellschaftlichen Lebens in ihrem Elternhaus und des politischen Engagements ihres Vaters, des Medizinprofessors Franz Hermann Hegewisch. Dadurch pflegte sie schon als ganz junge Frau Umgang mit großen Persönlichkeiten ihrer Heimatstadt Kiel. Im einflussreichen Salon ihrer Eltern in der Kehdenstraße gingen Professoren wie der Historiker und Politiker Friedrich Christoph Dahlmann oder Künstler wie der Universitätszeichenlehrer Theodor Rehbenitz oder der Maler Friedrich Loos ein und aus. Nach dem Tode ihrer Eltern setzte Lotte Hegewisch die Tradition des Salons fort. Gäste waren dort unter anderem Ferdinand Tönnies oder Clara Schumann. Lotte Hegewisch blieb unverheiratet und vermachte in ihrem Testament der Universität Kiel ihr 6000 m² großes Grundstück mit dem Haus „Klein Elmeloo“ am Düsternbrooker Weg, damit dort eine Kunsthalle erbaut werden konnte. Lotte Hegewisch starb 1903 in Kiel.

... war **Franz Hermann Hegewisch** einflussreicher politischer Schriftsteller in Kiel. Geboren 1783 in Kiel, besuchte Franz Hermann Hegewisch die Lateinschulen in Kiel und Eutin. Nach seinem Medizinstudium in Kiel, Göttingen und Würzburg wurde er als 22-Jähriger promoviert und arbeitete zunächst für einige Jahre am Friedrichshospital in seiner Vaterstadt. Als Hausarzt erwarb er sich in allen Bevölkerungskreisen großes Ansehen. Bedeutend war aber auch sein politisches Engagement. In den „Kieler Blättern", die er ab 1815 mit seinem Freund Professor August Niemann herausgab, vertrat er seine politischen Ansichten über die Verhältnisse in Schleswig-Holstein. Als Bewunderer der englischen konstitutionellen Monarchie wünschte er sich eine Landesverfassung mit Zensuswahlrecht, Pressefreiheit und Geschworenengerichten. Aufgrund der Karlsbader Beschlüsse mussten die „Kieler Blätter" ihr Erscheinen einstellen. Ab 1820 gab Hegewisch nun die „Kieler Beiträge" heraus, in denen er Freiheit und eine gemeinsame Verfassung für die beiden Herzogtümer forderte. Hervorzuheben ist sein Engagement für den Bau einer Eisenbahnlinie zwischen Kiel und Altona. Hegewisch und seine Familie führten in ihrem Haus in der Kehdenstraße einen Salon, in dem bedeutende Vertreter des politschen und geistigen Lebens Kiels verkehrten. Nach 1848 zog er sich immer mehr in sein Düsternbrooker Sommerhaus „Klein Elmeloo" zurück, wo er 1865 starb. (Vgl. Hegewischstraße)

... war **August Friedrich Karl Himly** Privatdozent in Göttingen geworden, wo er 1811 geboren worden war. Er wurde 1842 als erster Chemiker nach Kiel berufen. Von 1846 bis 1884 lehrte er als ordentlicher Professor der Chemie an der Christian-Albrechts-Universität. Sein unvollkommenes Labor war in einem gemieteten Haus untergebracht. Karl Himly war ein Schwager von Werner von Siemens, der als preußischer Offizier im Schleswig-Holsteinischen Krieg 1848 nach Kiel gekommen war, um die Festung Friedrichsort gegen die dänische Kriegsflotte zu verteidigen. In einem Handstreich eroberte Siemens mit Hilfe der Bürgerwehr die Festung und ließ zusammen mit seinem Schwager Himly unterseeische Kabel in der Kieler Förde verlegen, an denen Seeminen befestigt waren. Unbeabsichtigt explodierte bereits eine der Minen im Bereich der Festung. Die dänischen Kriegsschiffe wagten daraufhin nicht mehr, in die Förde hineinzufahren. Die im Volksmund „Himlybombe" genannte Seemine hatte also ihre Wirkung erzielt. Karl Himly starb 1885 in Wien.

... war **August Ferdinand Howaldt** durch die Heirat mit Emma Diederichsen zum Kieler Bürger geworden. Zuvor war der 1809 in Braunschweig geborene Goldschmiedssohn zum „praktischen Mechanicus" ausgebildet worden. 1838 gründete er zusammen mit dem Kieler Kaufmann Johann Schweffel die Maschinenbauanstalt Schweffel & Howaldt. Hier wurden zunächst landwirtschaftliche Maschinen, später auch Maschinen für Schiffe gebaut. Schweffel&Howaldt baute nach den Plänen von Wilhelm Bauer das erste eiserne Unterseeboot, den Brandtaucher. 1879 übernahmen Howaldts drei Söhne das Unternehmen, das sich zum großen Werftbetrieb weiterentwickelte. Damit leistete Howaldt einen wesentlichen Beitrag zur Industrialisierung Kiels. (Vgl. Howaldtstraße)

... war **Schwen Hans Jensen** Bürgermeister von Kiel. 1795 auf Sylt geboren, ging er mit 19 Jahren zur See. Auf Drängen seines Sylter Freundes Uwe Jens Lornsen nahm er ab 1820 das Studium der Rechtswissenschaften, Philosophie und Geschichte in Kiel, Bonn und Göttingen auf. Nach seinem Examen machte er zunächst in der schleswig-holsteinisch-lauenburgischen Kanzlei in Kopenhagen Karriere. 1834 ernannte ihn der dänische König zum Bürgermeister von Kiel. Dieses Amt bekleidete er von 1837 bis 1844. Sein Verdienst ist die Einführung eines Finanzhaushalts in der Stadt und die Planung der Altona-Kieler Eisenbahn. Aus gesundheitlichen Gründen zog er sich in seine Heimat Sylt zurück, wurde aber dort vom dänischen König zum Landvogt ernannt. 1848 war Jensen Kieler Abgeordneter in der schleswig-holsteinischen Ständeversammlung und dort für die Finanzen zuständig. 1855 starb er in Tinnum auf Sylt. (Vgl. Jensenstraße)

... war **Herzog Karl von Schleswig-Holstein-Sonderburg-Glücksburg** zum Major des Lauenburgischen Jägerkorps befördert worden. Der älteste Sohn des Herzogs Wilhelm von Schleswig-Holstein-Sonderburg-Glücksburg war 1813 auf Schloss Glücksburg geboren worden. 1831 erbte er den Herzogtitel. 1838 heirateten Herzog Karl und Wilhelmine Marie, die jüngste Tochter des dänischen Königs Friedrich VII., in Kopenhagen. Das junge Paar sollte im Kieler Schloss residieren. Während der Umbauarbeiten 1838 zerstörte ein verheerender Brand weite Teile des Gebäudes. Im Herbst 1838 konnte das Herzogspaar das Kieler Schloss beziehen, das es 25 Jahre lang bis 1863 bewohnte, allerdings nur im Winter. Im Sommer lebte das Paar in Louisenlund. 1848 stellte sich der Herzog auf die Seite der schleswig-holsteinischen Erhebung gegen Dänemark. Er übernahm das Kommando der 2. Infanteriebrigade der schleswig-holsteinischen Armee. Nach dem verlorenen Krieg ging Karl zunächst nach Dresden, kehrte aber nach Kiel zurück. In preußischer Zeit zog das herzogliche Paar nach Glücksburg, wo Herzog Karl 1878 starb. (Vgl. ehemalige Karlstraße)

... war **Bernhard Rudolf Konrad Langenbeck** kurz vor seiner Habilitation in Göttingen. 1810 in Padingbüttel/Hannover geboren, begann er nach seiner Schulzeit in Hildesheim das Medizinstudium in Göttingen. Bereits 1842 wurde er zum ordentlichen Professor für Chirurgie an die Christian-Albrechts-Universität Kiel berufen. Hier leitete er das Friedrichshospital in der Flämischen Straße. 1848 übernahm Langenbeck die Leitung der Charité-Chirurgie in Berlin, die er zum Zentrum der Chirurgie Europas machte. Weltbekannt wurde Langenbeck mit Operationen im Gesichts- und Kopfbereich. Er gilt außerdem als ein Pionier der Neurochirurgie. 1887 starb Bernhard Langenbeck in Wiesbaden. (Vgl. Langenbeckstraße)

... war **Uwe Jens Lornsen** gerade von einer vierjährigen Reise nach Südamerika zurückgekehrt, mit der er sich der Demagogenverfolgung entzogen hatte und eine vermeintlich schwere Krankheit auskurieren wollte. Lornsen war 1793 in eine angesehene Sylter Seefahrerfamilie hineingeboren worden. Nach seinem Schulbesuch in Tondern und Schleswig studierte er Rechtswissenschaften in Kiel und Jena und wurde Mitglied in der Kieler Burschenschaft. Dem Staatsexamen 1820 folgte eine achtjährige Tätigkeit in der Schleswig-Holsteinischen Kanzlei in Kopenhagen. 1830 wurde er Landvogt auf Sylt. Im gleichen Jahr veröffentlichte er unter dem Eindruck der Julirevolution in Paris seine Schrift „Ueber das Verfassungswerk in Schleswigholstein" und galt seitdem als Freiheitskämpfer für ein vereintes und von Dänemark unabhängigeres Schleswig-Holstein. Daraufhin wurde er seines neuen Amtes enthoben und zu einer kurzen Festungshaft in Kiel und Rendsburg verurteilt. Nach seiner Rückkehr aus dem südamerikanischen Exil verfiel Lornsen immer mehr einer schweren Depression und nahm sich 1838 in Genf das Leben. (Vgl. Lornsenstraße)

... war **Gustav Adolph Michaelis** außerordentlicher Professor für Medizin an der Christian-Albrechts-Universität Kiel. Schon sein Vater war praktischer Arzt und Geburtshelfer gewesen. Nach dessen frühzeitigem Tod wurde der 1798 in Harburg geborene Gustav Adolf von seiner Tante aufgenommen, die mit dem Direktor der Kieler Hebammenanstalt Christian Rudolf Wilhelm Wiedemann verheiratet war. Nach seiner Schulzeit an der Kieler Gelehrtenschule studierte er in Göttingen Medizin und spezialisierte sich bereits in der Geburtshilfe. Weil er sein Studium im „Ausland" absolviert hatte, musste er bei seiner Rückkehr nach Schleswig-Holstein seine Doktorprüfung wiederholen. 1828 heiratete Michaelis Julie, die Tochter der einflussreichen Kieler Gelehrtenfamilie Jahn. 1830 wurde er Assistent seines Onkels Wiedemann und nach dessen Tod auch Leiter der Hebammenanstalt. Die ordentliche Professur aber blieb ihm von der dänischen Regierung verwehrt. Als 1847 dreizehn Wöchnerinnen an Kindbettfieber starben, schloss er die Anstalt. Seine Erkenntnis, dass er durch Missachtung der Hygiene den Tod vieler Frauen mitverursacht hatte, stürzte ihn in eine tiefe Depression. 1848 nahm er sich das Leben. (Vgl. Michaelisstraße)

... war **Carl Johannes Tycho Mommsen** seit drei Jahren zusammen mit seinem Bruder Theodor Schüler des Christianeums in Altona. Der 1819 in Garding als Sohn eines Pastors geborene Tycho zog 1839 nach Kiel und begann ein Studium der Philologie an der Christian-Albrechts-Universität. Gemeinsam mit seinem Bruder und Theodor Storm gab er 1843 das „Liederbuch dreier Freunde" heraus. Nach seinem Studium arbeitete Tycho Mommsen als Gymnasiallehrer in verschiedenen Städten. Von 1864 bis 1886 war er Direktor des Städtischen Gymnasiums in Frankfurt. Dort starb er im Jahr 1900.

... war **Christian Matthias Theodor Mommsen** noch Schüler des Christianeums in Altona, das der 1817 geborene Sohn eines Gardinger Pfarrers seit 1834 besuchte. Ab 1838 studierte er Jura an der Christian-Albrechts-Universität Kiel. Hier lernte er 1839 Theodor Storm kennen, gründete mit diesem eine Wohngemeinschaft und gab mit ihm und seinem Bruder Tycho 1843 eine Gedichtsammlung heraus, das „Liederbuch dreier Freunde". Neben seinem Jurastudium wandte er sich mehr und mehr dem Studium der Alten Geschichte zu. Nach einer Tätigkeit als Aushilfslehrer und nach einigen Reisen wurde er 1848 Journalist in Rendsburg, wo er seine liberalen Ansichten vertreten konnte. Seine wissenschaftliche Karriere begann mit einem Ruf an die Universität Leipzig. Nach weiteren Stationen in Zürich und Breslau erhielt er 1861 endlich den ersehnten Lehrstuhl für römische Altertumskunde in Berlin, wo er bis 1885 lehrte. Seine wissenschaftlichen Leistungen machten Mommsen weltberühmt. Für sein Hauptwerk, die „Römische Geschichte", erhielt er 1902 den Nobelpreis für Literatur. 1903 starb Theodor Mommsen in Berlin.

... war **Karl Viktor Müllenhoff** Student der Philologie an der Christian-Albrechts-Universität Kiel. Der in Marne 1818 geborene Kaufmannssohn besuchte von 1830 bis 1837 das Gymnasium in seiner Heimatstadt. Nach seinem Studium in Kiel, Leipzig und Berlin war er zunächst Bibliothekar in Kiel. Mit den Beiträgen von Theodor Storm und Theodor Mommsen gab er 1845 die „Sagen, Märchen und Lieder der Herzogthümer Schleswig, Holstein und Lauenburg" heraus. 1854 wurde Müllenhoff Professor für deutsche Literatur und Altertumskunde in Kiel. 1858 wechselte er als Professor für deutsche Philologie nach Berlin. Dort starb Karl Viktor Müllenhoff 1884. (Vgl. Karl-Müllenhoff-Weg)

... war **August Christian Niemann** bereits seit fünf Jahren tot. Niemann war 1761 in Altona geboren worden und studierte in Jena und Kiel Rechtswissenschaften und anschließend Kameralwissenschaft in Göttingen. Nach dem Studienabschluss arbeitete er an der Christian-Albrechts-Universität Kiel, an der er seit 1787 zum außerordentlichen und 1794 zum ordentlichen Professor ernannt wurde. 1811/12 und 1829/30 war er auch Rektor der Universität. 1787 eröffnete er in Düsternbrook als Direktor die Forstlehranstalt Kiel. Als engagierter Vertreter aufklärerischer Ideen nahm er sich in besonderer Weise der Armenpflege und sozialen Fürsorge an und begründete mit anderen Mitstreitern die Kieler „Gesellschaft freiwilliger Armenfreunde“. (Vgl. Niemannsweg)

... war **Justus Olshausen** Ordinarius an der Christian-Albrechts-Universität und im Wintersemester 1836/37 und danach noch weitere vier Male ihr Rektor. 1800 in Hohenfelde/Steinburg geboren, studierte er in Kiel, Berlin und Paris orientalische Sprachen. 1816 wurde er Mitglied der Kieler Burschenschaft und nahm am Wartburgfest 1817 teil. Seit 1823 lehrte er an der Kieler Universität, ab 1830 als ordentlicher Professor. 1848 wurde er Kurator der Universität und Vizepräsident der Landesversammlung. Den ihm 1840 verliehenen Danebrogorden gab er ostentativ zurück. Weil er sich in der Schleswig-Holsteinischen Bewegung sehr stark engagiert und für die Unabhängigkeit der Herzogtümer eingesetzt hatte, wurde er nach dem Schleswig-Holsteinischen Krieg aller seiner Ämter enthoben. 1853 verließ er Kiel, folgte einem Ruf nach Königsberg und war schließlich im preußischen Kultusministerium in Berlin tätig. 1882 starb Justus Olshausen in Berlin. (Vgl. Olshausenstraße)

... war **Theodor Olshausen** als Publizist ein wichtiger Vertreter der Schleswig-Holsteinischen Bewegung. 1802 in Glückstadt geboren, studierte er in Kiel und Jena Jura. Er war Mitglied der Kieler, dann der Jenaer Burschenschaft. Von 1830 bis 1839 arbeitete er als Advokat in Glückstadt, von 1839 bis 1843 als Gerichtsangestellter am dortigen Niedergericht. Er gehörte zu den Förderern des Eisenbahnprojektes Kiel-Altona und zu den Direktoren der Eisenbahngesellschaft. Als Herausgeber des „Kieler Correspondenzblatts“, der größten Zeitung im damaligen Kiel, engagierte er sich maßgeblich für die schleswig-holsteinische Unabhängigkeitsbewegung und für die Pressefreiheit. Wegen seiner Teilnahme an illegalen Volksversammlungen wurde er 1846 kurzzeitig in der Festung Rendsburg inhaftiert. 1848 wurde er Mitglied der Provisorischen Regierung in Kiel. Nach dem Scheitern der Revolution wanderte er 1851 in die USA aus. In Davenport/Iowa war er Herausgeber und Chefredakteur der deutschsprachigen Zeitung „Der Demokrat“. 1865 kehrte er nach

Deutschland zurück. Er starb 1869 in Hamburg. (Vgl. Olshausenstraße)

... war **Christoph Heinrich Pfaff** Professor für Pharmazie an der Christian-Albrechts-Universität und Direktor des schleswig-holsteinischen Sanitätskollegiums. Der 1773 in Stuttgart geborene Pfaff besuchte die Hohe Carlsschule in Stuttgart und studierte dort auch Medizin wie auch in Göttingen und Kopenhagen. 1798 nahm er eine Professur in Kiel an. Er hielt auch Vorlesungen über Physik und Chemie in der zum chemischen Laboratorium umgebauten alten Schlossküche im Kieler Schloss. Dreimal war er Rektor der Christian-Albrechts-Universität.

... war **Markus Georg Theodor Rehbenitz** in München als Maler religiöser Themen tätig. Der 1791 in Borstel/Holstein geborene Rehbenitz begann zunächst ein Jurastudium in Kiel und Heidelberg, das er aber zugunsten der Malerei und des Kunststudiums an der Kunstakademie Wien schließlich aufgab. Von 1816 bis 1832 war er in verschiedenen Orten Italiens tätig. Nach längeren Aufenthalten in Lübeck und München wurde er 1842 von der Universität Kiel als Universitätszeichenlehrer angestellt. Zugleich war er mit der Verwaltung der Kunstsammlung der Universität betraut, war Vorstandsmitglied im Kieler Kunstverein und in der „Gesellschaft zur Sammlung und Erhaltung vaterländischer Alterthümer". Theodor Rehbenitz starb 1861 in Kiel. (Vgl. Rehbenitzwinkel)

... war **Gregor Renard** entschlossen, sich bei Bertel Thorvaldsen in Kopenhagen zum Bildhauer ausbilden zu lassen. Dieser machte den 1816 auf Gut Knoop geborenen Schüler auf die Daguerreotypie aufmerksam. Daraufhin spezialisierte sich Renard auf die Porträtmalerei, auf das Silhouettieren, später tatsächlich auch auf die Daguerreotypie. 1847 eröffnete Gregor Renard am Wall in Kiel ein Atelier für Daguerreotypie und damit eines der ersten Fotoateliers der Stadt. Er machte diese neue Technik in Kiel bekannt. Ab 1855 verwendete er das Negativ-Verfahren. Seine drei Söhne arbeiteten später alle als Fotografen. Gregor Renard starb 1885 in Kiel.

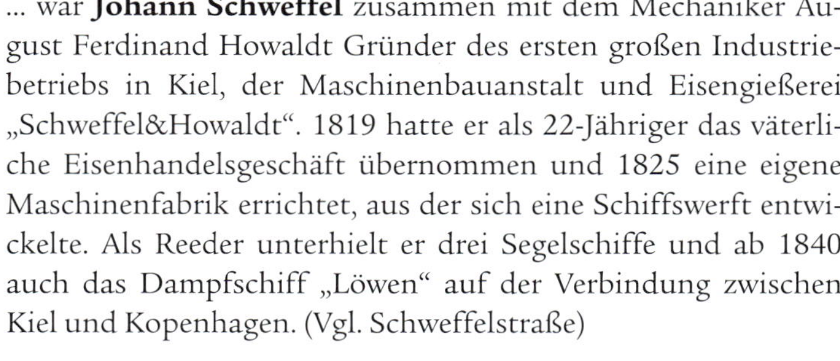

... war **Johann Schweffel** zusammen mit dem Mechaniker August Ferdinand Howaldt Gründer des ersten großen Industriebetriebs in Kiel, der Maschinenbauanstalt und Eisengießerei „Schweffel&Howaldt". 1819 hatte er als 22-Jähriger das väterliche Eisenhandelsgeschäft übernommen und 1825 eine eigene Maschinenfabrik errichtet, aus der sich eine Schiffswerft entwickelte. Als Reeder unterhielt er drei Segelschiffe und ab 1840 auch das Dampfschiff „Löwen" auf der Verbindung zwischen Kiel und Kopenhagen. (Vgl. Schweffelstraße)

... war **Lorenz von Stein**, der 1815 in Borby/Eckernförde geboren wurde, Kommilitone Storms. Er studierte in Kiel und dann in Jena Philosophie und Rechtswissenschaft und war Mitglied der Burschenschaft Albertina Kiel. Nach seinem Studium unternahm er Forschungsreisen nach Berlin und Paris. Nach seiner Habilitation wurde er Privatdozent und schließlich 1846 außerordentlicher Professor der Staatswissenschaften an der Christian-Albrechts-Universität. Wegen seines Engagements für die Schleswig-Holsteinische Bewegung wurde er entlassen und ging nach Wien, wo er dreißig Jahre lang als angesehener und einflussreicher Staatsrechtslehrer, Soziologe und Nationalökonom an der Universität wirkte. 1890 starb er in Wien.

... war **Georg Waitz** politisch engagierter Historiker in Kiel. 1813 wurde Waitz in Flensburg geboren, wo er auch die Gelehrtenschule besuchte. In Kiel begann er das Jurastudium, wandte sich aber nach seiner Übersiedlung nach Berlin der Geschichtswissenschaft zu. Im Alter von 28 Jahren hielt er seine Antrittsvorlesung in Kiel. Von 1842 bis 1848 hatte er eine Professur für Geschichte an der Christian-Albrechts-Universität. 1846 wurde er Mitglied der Holsteinischen Ständeversammlung. Nach der Erhebung von 1848 verließ er Kiel und folgte zunächst einem Lehrauftrag in Göttingen. Nach dem Wechsel nach Kiel zurück ging er als Bevollmächtigter der Schleswig-Holsteinischen Regierung nach Berlin und anschließend als Kieler Abgeordneter in die Frankfurter Paulskirche. Er starb 1886 in Berlin. Zu seinen bedeutendsten wissenschaftlichen Werken zählen die „Deutsche Verfassungsgeschichte" sowie ein zweibändiges Werk zur „Schleswig-Holsteinischen Geschichte". (Vgl. Waitzstraße)

... war **Christian Ludolf Wienbarg** seit einem Jahr von Kiel nach Hamburg umgezogen, um dort als Journalist zu arbeiten. Wienbarg, als Sohn eines Schmieds 1802 in Altona geboren, studierte ab 1822 Theologie in Kiel. Nach Tätigkeiten als Hauslehrer kehrte er 1833 an die Kieler Universität zurück, um eine Dozentenstelle anzunehmen. 1834 veröffentlichte er eine Sammlung seiner Vorlesungen unter dem Titel „Ästhetische Feldzüge". Mit der Widmung „Dir, junges Deutschland, widme ich diese Reden" schuf er den Begriff „Junges Deutschland". Wegen seines journalistischen Engagements für ein liberales, demokratisches, ein „junges Deutschland" wurde er massiv von den Zensurbehörden verfolgt. 1835 wurden Wienbargs Schriften wie alle anderen der sogenannten „Jungdeutschen" verboten. 1836 ließ Wienbarg sich in Hamburg nieder und arbeitete als Journalist und Herausgeber verschiedener Zeitschriften. Seine Pläne, nach Amerika auszuwandern, ließ er aufgrund seiner Begeisterung für die schleswig-holsteinische Bewegung wieder fallen. 1848 beteiligte er sich als Freiwilliger am schleswig-holsteinischen Krieg. Nach 1850 lebte er in Hamburg und Altona, alkoholkrank, verarmt und vergessen. Da er an Verfolgungswahn litt, wurde er 1869 in die Heilanstalt in Schleswig eingewiesen, wo er 1872 starb.

... war **Wilhelmine Marie von Dänemark**, Tochter des dänischen Königs Frederik VI., gerade von ihrem ersten Mann, ihrem Cousin Frederik, dem späteren König Frederik VII. von Dänemark, geschieden worden. Mit dieser Ehe sollten zwei Linien des dänischen Königshauses vereinigt werden. 1838 heiratete Wilhelmine ihren fünf Jahre jüngeren Cousin Herzog Karl von Schleswig-Holstein-Sonderburg-Glücksburg. 1848 ergriff Karl im Schleswig-Holsteinischen Krieg 1848–1851 als Brigadechef gegen Dänemark Position, was zu einem Zerwürfnis mit der dänischen Königsfamilie führte. Wilhelmine war 1808 im Kieler Schloss geboren worden. Dieses Schloss wählte das Herzogspaar als Residenz, nach dem preußischen Sieg über Dänemark zog sich das Paar auf Schloss Glücksburg zurück, wo Wilhelmine 1891 starb. (Vgl. Wilhelminenstraße)

... war **Friedrich Ernst Wolperding** auf Studienreise in Norwegen. Dem 1815 in Kiel gebürtigen jungen Künstler ermöglichte ein königliches Stipendium das Studium an der Kunstakademie in Kopenhagen. 1838 versuchte er sich vergeblich als Künstler in Kiel niederzulassen. Nach einigen Jahren in München kehrte er 1845 in seine Heimatstadt zurück, weil sich hier ein Kunstverein gegründet hatte. Sein künstlerisches Schaffen konzentrierte sich nun auf die Stadt, auf die Landschaft des Kieler Umlandes und auf Ostholstein. Von 1848 bis 1884 hatte er das Amt eines Zeichenlehrers an der Gelehrtenschule inne. Eine Bewerbung um die Stelle als Universitätszeichenlehrer blieb erfolglos. 1888 starb Friedrich Ernst Wolperding in Kiel. (Vgl. Wolperdingstraße)

Literaturverzeichnis

Auge, Oliver (Hg.): Christian-Albrechts-Universität zu Kiel. 350 Jahre Wirken in Stadt, Land und Welt. Wachholtz Murmann Publishers Kiel 2015

Bernhard, Marianne: Das Biedermeier. Kultur zwischen Wiener Kongress und Märzrevolution. Hermes Handlexikon. Econ Taschenbuch Verlag Düsseldorf 1983

Bock, Helmut/Heise, Wolfgang (Hg.): Unzeit des Biedermeiers. Historische Miniaturen zum Deutschen Vormärz 1830 bis 1848. Pahl-Rugenstein Verlag Köln 1986

Detering, Heinrich: Andersen und andere. Kleine dänische Kulturgeschichte Kiels. Boyens Buchverlag Heide 2005

Detering, Heinrich: Kindheitsspuren. Theodor Storm und das Ende der Romantik. Boyens Buchverlag Heide 2011

Erinnerungstage: www.kiel.de/kultur/stadtarchiv/erinnerungstage

Eversberg, Gerd (Hg.): Storms erste große Liebe. Theodor Storm und Bertha von Buchan in Gedichten und Dokumenten. Boyens Buchverlag Heide 1995

Eversberg, Gerd: Boyens Buchverlag Heide 2010

Eversberg, Gerd: Theodor Storm in Husum. In: www.g.eversberg.eu

Eversberg, Gerd: Theodor Storm. Künstler – Jurist – Bürger. Weimarer Verlagsgesellschaft Weimar 2017

Eversberg, Gerd: War ein Gesell zu Riekestadt – Ein Gedicht von Theodor Storm? In: www.g.eversberg.eu

Geckeler, Christa (Hg.): Erinnerungen an Kiel in dänischer Zeit 1773/1864. Husum Druck- und Verlagsgesellschaft Husum 2012

Gloy, Arthur (Hg.): Aus Kiels Vergangenheit. Ein Heimatbuch für jung und alt. Verlag Weidlich Frankfurt/Main 1979 (Nachdruck der Ausgabe von 1925)

Jensen, Jürgen (Hg.): H. Eckardt: Alt-Kiel in Wort und Bild. Karl Wachholtz Verlag Neumünster 1975 (Neudruck der Ausgabe von 1899)

Jensen, Jürgen/Wulf, Peter (Hg.): Geschichte der Stadt Kiel. Karl Wachholtz Verlag Neumünster 1991

Jensen, Jürgen: Alt-Kiel und die Kieler Altstadt. Historische Streifzüge. Verlag Boyens&Co. Heide 1998

Kaufmann, Gerhard: Das alte Kiel. Von der Gründung der Stadt bis an die Schwelle zur Gegenwart. Hans Christians Verlag Hamburg 1975

Kieler Stadtentwicklung: www.kieler-stadtentwicklung.de

Kinzler, Sonja (Hg.): Der Kieler Frieden 1814. Wachholtz Verlag Neumünster 2013

Klewin, Ferdinand: Aus Kiels Stadtgeschichte. Verlag Michael Jung Kiel 1986

Klewin, Ferdinand: Vom früheren Kiel. Verlag Michael Jung Kiel 1985

Klose, Olaf/Sedlmaier, Richard: Alt-Kiel und die Kieler Landschaft. Westholsteinische Verlagsanstalt Boyens&Co. Heide 1962

Laage, Karl Ernst (Hg.): Theodor Storms Welt in Bildern. Eine Bildbiographie. Westholsteinische Verlagsanstalt Boyens&Co. Heide 1987

Laage, Karl Ernst: Theodor Storm und die Universitätsstadt Kiel. In: Nordelbingen Band 70, Boyens Buchverlag Heide 2001

Landeshauptstadt Kiel, Amt für Bauordnung, Vermessung und Geoinformation (Hg.): Hilscher, Hans-G.: Kieler Straßenlexikon. Stand September 2017

Michaelis, Adolf: Julie Michaelis Familienerinnerungen. Ein Kieler Musenhof im Vormärz. Sonderveröffentlichung 21 der Gesellschaft für Kieler Stadtgeschichte Kiel 1988

Missfeldt, Jochen: Du graue Stadt am Meer. Der Dichter Theodor Storm in seinem Jahrhundert. Carl Hanser Verlag München 2013

Mommsen, Theodor/Mommsen, Tycho/Storm, Theodor: Liederbuch dreier Freunde. Kiel 1843

Prahl, Friedrich: Kiel und nächste Umgebung. Preetz 1858. Verlag Bernd Schramm Kiel 1992

Rackwitz, Martin (Hg.): Kieler Tagebücher aus dem Vormärz und der schleswig-holsteinischen Erhebung. Boyens Buchverlag Heide 2008

Rackwitz, Martin: Märzrevolution in Kiel 1848. Erhebung gegen Dänemark und Aufbruch zur Demokratie. Boyens Buchverlag Heide 2011

Schildt, Gerhard: Aufbruch aus der Behaglichkeit. Deutschland im Biedermeier 1815–1847. Westermann Verlag Braunschweig 1989

Schulte-Wülwer, Ulrich: Kieler Künstler. Kunstleben und Künstlerreisen 1770–1870. Boyens Buchverlag Heide 2014

Storm, Gertrud: Theodor Storm – Ein Bild seines Lebens. Severus Verlag Hamburg 2015

Storm, Theodor: Auf der Universität. 1863. Hrsg. Friedrich Ernst Laage. Boyens Buchverlag Heide 2001

Storm, Theodor: Aus dem eigenen Leben. Bruchstücke einer Lebensbeschreibung. In: Theodor Storm – Sämtliche Werke, Band 2. Tempel-Verlag Berlin/Darmstadt 1963

Stoy, Vera: Kiel auf dem Weg zur Großstadt. Die städtebauliche Entwicklung bis zum Ende des 19. Jahrhunderts. Ludwig Verlag Kiel 2003

Tillmann, Doris/Rosenplänter, Johannes (Hg.): Kiel Lexikon. Wachholtz Verlag Neumünster 2011

Tötschinger, Gerhard: Ach, wer da mitreisen könnte... Reisen im Biedermeier. Amalthea/Herbig Verlagsbuchhandlung 2001

Vollbach, Friedrich Ekkehard: Theodor Mommsen – Hochschullehrer, Politiker, Nobelpreisträger. In: www.leipzig-lese.de

Wenners, Peter: Kieler Objekte erzählen Stadtgeschichte. Boyens Buchverlag Heide 2017

Wolf-Timm, Telse: Kunst und Künstler im alten Kiel 1773–1864. Ein kultureller Mittelpunkt im Norden. Husum Druck- und Verlagsgesellschaft Husum 2005

Historischer Stadtführer auf den Spuren Theodor Storms

Epochen-Lexikon

1 Kehdenstraße 20
2 Jüdisches Gebetshaus Kehdenstraße 12
3 Veste
4 Rathaus
5 Persianische Häuser
6 Nikolaikirche
7 Stadttheater
8 Schuhmachertor
9 Zollhaus
10 Flämisches Tor
11 Friedrichshospital
12 Oberappellationsgericht
13 Flämische Straße 12
14 Fischertor
15 Kattentor
16 Reithaus
17 Kollegiengebäude der Universität
18 Schloss
19 Universitätsbibliothek
20 Dragonerstall
21 Exerzierhaus
22 Hafenwache
23 Seeburg
24 Pferdestall
25 Kunsthalle (seit 1857)
26 Chemisches Labor
27 Buchwaldtscher Hof
28 Warleberger Hof
29 Hauptwache
30 Heiligen-Geist-Klosterkirche
31 Jahnscher Hof
32 Gelehrtenschule
33 Harmonie
34 Börse
35 Eisengießerei Schweffel & Howaldt (seit 1851)
36 Hebammenanstalt
37 Waisenhaus
38 Stadtkrankenhaus an der Prüne
39 Katholische St. Marien-Kirche
40 Bahnhof (seit 1844)

A Kieler Hafen
B Kleiner Kiel
C Bootshafen
D Ziegelteich und Pferdeborn
E Alter Botanischer Garten
F Botanischer Garten
G Exerzierplatz
H Dorfgaarden

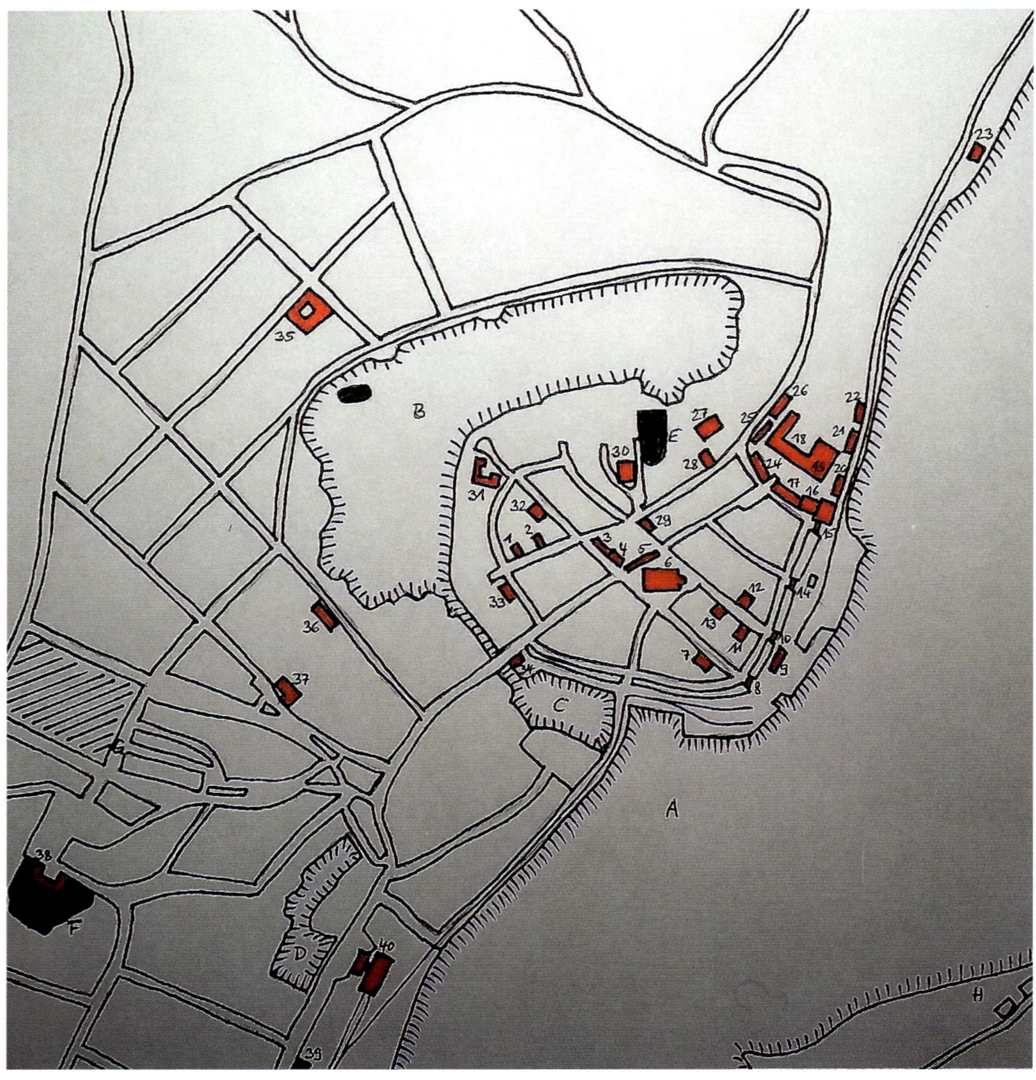

Stadtgrundriss Kiels in der ersten Hälfte des 19. Jahrhunderts, Zeichnung Wenners.
Legende siehe Seite 239.